Geistführer und Hellsichtigkeit

Ein unverzichtbarer Leitfaden für Verbindungen mit Ihren Schutzengeln, Erzengeln, Geisttieren, sowie für die Verbesserung übersinnlicher Fähigkeiten wie Intuition

© Copyright 2023

Alle Rechte vorbehalten. Kein Teil dieses Buches darf in irgendeiner Form ohne schriftliche Genehmigung des Autors reproduziert werden. Rezensenten dürfen in Besprechungen kurze Textpassagen zitieren.

Haftungsausschluss: Kein Teil dieser Publikation darf ohne die schriftliche Erlaubnis des Verlags reproduziert oder in irgendeiner Form übertragen werden, sei es auf mechanischem oder elektronischem Wege, einschließlich Fotokopie oder Tonaufnahme oder in einem Informationsspeicher oder Datenspeicher oder durch E-Mail.

Obwohl alle Anstrengungen unternommen wurden, die in diesem Werk enthaltenen Informationen zu verifizieren, übernehmen weder der Autor noch der Verlag Verantwortung für etwaige Fehler, Auslassungen oder gegenteilige Auslegungen des Themas.

Dieses Buch dient der Unterhaltung. Die geäußerte Meinung ist ausschließlich die des Autors und sollte nicht als Ausdruck von fachlicher Anweisung oder Anordnung verstanden werden. Der Leser / die Leserin ist selbst für seine / ihre Handlungen verantwortlich.

Die Einhaltung aller anwendbaren Gesetze und Regelungen, einschließlich internationaler, Bundes-, Staats- und lokaler Rechtsprechung, die Geschäftspraktiken, Werbung und alle übrigen Aspekte des Geschäftsbetriebs in den USA, Kanada, dem Vereinigten Königreich regeln oder jeglicher anderer Jurisdiktion obliegt ausschließlich dem Käufer oder Leser.

Weder der Autor noch der Verlag übernimmt Verantwortung oder Haftung oder sonst etwas im Namen des Käufers oder Lesers dieser Materialien. Jegliche Kränkung einer Einzelperson oder Organisation ist unbeabsichtigt.

Inhaltsverzeichnis

TEIL 1: GEISTFÜHRER 1
   EINFÜHRUNG 2
   KAPITEL 1: ÜBERBLICK ÜBER DIE BEDEUTUNG DER
   SPIRITUELLEN GEFÄHRTEN 3
   KAPITEL 2: DAS KENNENLERNEN DER ERZENGEL 13
   KAPITEL 3: SEELENTIERE – WIE SIE DAS IHRIGE FINDEN UND
   WARUM ES IHR LEBEN VERÄNDERN WIRD 23
   KAPITEL 4: AUFGESTIEGENE MEISTER UND SPIRITUELLE
   TRANSFORMATION 33
   KAPITEL 5: WIE SIE MIT IHREN VERSTORBENEN ANGEHÖRIGEN
   KONTAKT AUFNEHMEN KÖNNEN 43
   KAPITEL 6: WIE MAN SEINEN GEIST FINDET UND STÄRKT 51
   KAPITEL 7: WIE MAN SICH MIT SEINEN GEISTFÜHRERN
   VERBINDET 59
   KAPITEL 8: WAS GESCHIEHT, WENN DIE MENSCHLICHE
   SEELE IN DIE GEISTIGE WELT EINTRITT? 68
   KAPITEL 9: ANZEICHEN DAFÜR, DASS DIE GEISTER BEI IHNEN
   ANKLOPFEN UND WIE MAN SIE DEUTLICH HÖREN KANN 78
   KAPITEL 10: SICHERHEIT BEI DER KOMMUNIKATION 88
   KAPITEL 11: GEISTIGE ORTE UND ZEITEN 99
   SCHLUSSFOLGERUNG 107
TEIL 2: HELLSEHEREI 108
   EINFÜHRUNG 109

KAPITEL 1: ÜBERSINNLICHE FÄHIGKEITEN BEI IHNEN UND IHREN MITMENSCHEN 111

KAPITEL 2: DER NUTZEN DER AUßERSINNLICHEN WAHRNEHMUNGSKRAFT 123

KAPITEL 3: TYPEN VON HELLSEHERN - WELCHER SIND SIE? 126

KAPITEL 4: DAS AUFFINDEN UND LÖSEN VON BLOCKADEN 140

KAPITEL 5: DIE AKTIVIERUNG DES DRITTEN AUGES UND WAHRE ACHTSAMKEIT 153

KAPITEL 6: WIE MAN DIE ENERGIE DER MENSCHEN, DIE EINEN UMGEBEN, WAHRNEHMEN UND DEUTEN KANN 169

KAPITEL 7: DIE CHAKREN KENNENLERNEN 179

KAPITEL 8: AUREN LESEN 198

KAPITEL 9: TÄGLICHE ÜBUNGEN UND POSITIVE GEWOHNHEITEN ZUR STÄRKUNG VON INTUITION UND ÜBERSINNLICHEN FÄHIGKEITEN 209

FAZIT 213

HIER IST EIN WEITERES BUCH VON MARI SILVA, DAS IHNEN GEFALLEN KÖNNTE 214

REFERENZEN 215

Teil 1: Geistführer

Entschlüsseln Sie die Geheimnisse der spirituellen Verbindung mit Ihren Schutzengeln, Erzengeln, Geistertieren, verstorbenen Lieben und anderen Wesenheiten

Einführung

Halten Sie sich bereits für einen spirituellen Menschen, oder ist das etwas, über das Sie persönlich noch nie so richtig nachgedacht haben? Die aktuellen Umstände und die Zeiten des Wandels haben sich auf uns alle ausgewirkt, und einige Menschen glauben, dass es jetzt an der richtigen Zeit ist, ihr Bewusstsein zu erweitern. Bei der Spiritualität geht es nicht nur darum, sich mit einer anderen Welt zu verbinden und sich von der Realität zu lösen; es geht auch darum, alle verfügbaren Hilfen in Anspruch zu nehmen, die Ihnen zur Seite stehen können. Stellen Sie sich diese Unterstützung als eine Schar Geistern vor, die Sie auf Ihrem Weg begleiten und beschützen wollen! Spirituelle Wesenheiten, die mit Liebe und Weisheit erfüllt sind, und die nur darauf warten, dass Sie mit ihnen in Kontakt treten.

Wenn Sie schon einmal ein Déjà-vu erlebt haben oder ein Gefühl hatten, als sei jemand über Ihr Grab gelaufen, haben Sie vielleicht schonmal Kontakt mit der Geisterwelt gehabt. Wenn Sie Ihre verstorbenen Verwandten vermissen oder einfach neugierig sind, was auf der anderen Seite liegt, ist dieses Buch ideal für Sie.

Selbst wenn Sie bereits mit der spirituellen Welt und den dort lebenden Führern vertraut sind, ist dieses Buch voll von Informationen, die Ihre bisherigen Erfahrungen noch verbessern können. Jeder Mensch lernt im Laufe seines Lebens Lektionen, und das gilt auch für die Geisterwelt. Wenn Sie den Kontakt zu Ihren spirituellen Gefährten und den übrigen göttlichen Beschützern verbessern wollen, dann lassen Sie uns loslegen. Die folgenden Seiten halten die Antworten auf Ihre Fragen bereit!

Kapitel 1: Überblick über die Bedeutung der spirituellen Gefährten

Zunächst müssen Sie sich eingestehen, dass Sie auf spirituelle Hilfe angewiesen sind. Sie mögen eines der fähigsten Wesen auf der Erde sein, aber Sie brauchen dennoch Führung und Unterstützung auf einer höheren geistigen Ebene. Vielleicht haben Sie bereits das Gefühl, gut durch Ihre Freunde und Ihre Familie unterstützt zu werden, aber welche Ihrer verbleibenden Bedürfnisse, könnten durch spirituelle Hilfe erfüllt werden?

Geistführer sind dazu da, um Ihnen diese besondere Unterstützung zur Seite zu stellen. Manche Menschen glauben, dass ihnen vor der Geburt geistige Helfer und Führer zugewiesen werden, während andere Wesen aus der spirituellen Welt anrufen, wenn sie Hilfe brauchen. Menschen, die spirituelle Verbindungen aufgebaut haben, werden Ihnen sagen, dass die Geisterwesen ein Teil Ihres Unterbewusstseins sind. Diese Menschen können nur dann ein Gefühl der geistigen Vollkommenheit erleben, wenn der Kontakt mit den Geistführern intakt ist. Unabhängig von Ihren persönlichen Überzeugungen sollten Sie den Geistführern gegenüber aufgeschlossen sein.

Leider sind die wesentlichen Merkmale der Spiritualität durch kommerzielle Unternehmen in unserer heutigen Gesellschaft getrübt worden. Das Marketing und der Vertrieb verschiedener Online-Inhalte verfälschen das Verständnis viele Menschen. Diejenigen, die hinter dem Marketing stehen, haben erkannt, dass sie mit verletzlichen und hilfesuchenden Menschen Geld machen können. Das funktioniert zunehmend besser, je mehr die Welt leidet. Wenn Sie sich bereit fühlen, Ihre spirituelle Reise anzutreten oder nach einer neuen Erfahrung suchen, die Ihr Leben bereichern kann, werden Ihre Geistführer Sie auf dieser spirituellen Entdeckungsreise begleiten.

Geistführer nehmen verschiedene Formen an

Auf ihrer grundlegendsten Ebene sind Geistführer bloß Quellen spiritueller Energie. Sie existieren überall um Sie herum und in mehreren Dimensionen. Einige Geistführer werden sich mit Ihnen auf physische Weise verbinden, während andere sich auf die mentale Kommunikation beschränken. Sie werden die verschiedenen Arten von Geistführern kennenlernen und deren unterschiedlich hohes Maß an Intensität erleben. Einige Geistführer bleiben ein Leben lang bei Ihnen, während andere nur sporadisch mit Ihnen interagieren.

Oft werden Geistführer Ihre Reise durchs Leben intensivieren und Ihnen dabei helfen, den richtigen Weg einzuschlagen. Sie werden Sie vor Gefahren warnen und Sie lehren, wie Sie Ihre Gegner durch Weisheit und geistige Überlegenheit bezwingen können. Sie sind dazu da, um Sie in Zeiten der Trauer zu trösten und sich in Zeiten des Triumphs mit Ihnen zu freuen. Sie sind nicht voreingenommen; spirituelle Wesen verstehen die menschliche Psyche besser, als Sie selbst es tun. Schließlich gibt es die Geistführer schon seit Anbeginn der Zeit und sie haben schon viele Generationen von Menschen vor Ihnen kommen und gehen sehen.

Die verschiedenen Arten von Geistführern

Halb Mensch - halb Bestie

Viele Geistführer, die auch als Trans-Spezies bekannt sind, erscheinen als eine Art Mischwesen, halb Mensch und halb Tier. Wenn man sich historische Figuren in der Religion ansieht, kann man derartige Wesen an viele Stellen identifizieren.

1. *Pan*: In der griechischen Religion war Pan der Gott der Natur. Er nahm eine Mischgestalt an, die halb Mensch und halb Ziege war. Er war für die Bauern, Hirten und Schafherden zuständig. Er wachte außerdem über die Berge, die Tierwelt und die Musik und war auch dafür bekannt, Nymphen zu beschwören und zu

verführen. Durch sein kräftiges Hinterteil und seine phallischen Hörner wird er regelmäßig mit Fruchtbarkeit und sexueller Energie in Verbindung gebracht.

2. *Anubis*: Die alten Ägypter betrachteten Anubis als einen der mächtigsten Götter ihrer Zeit. Er hat die Gestalt eines muskulösen, dunkelhäutigen Mannes mit dem Kopf eines Schakals. Seine Ohren sind spitz, und seine Schnauze ragt aus dem Gesicht heraus. Er gilt als Gott der Unterwelt und des Jenseits und ist für die Führung verlorener Seelen und hilfloser Wesen nach ihrem Tod zuständig. Anubis ist nicht nur Teil des Todesprozesses, sondern auch ein Beschützer und eine Führungsgestalt. Er verspricht, dass alle Seelen, die ihn um Hilfe bitten, im Jenseits beschützt werden und je nach ihrem Lebenswandel Zuflucht finden können.

3. *Ra*: Ra ist ein weiterer Gott aus der ägyptischen Geschichte. Er ist als Sonnengott bekannt und steht für Wachstum und Stärke. Er wird mit dem Körper eines Mannes und dem Kopf eines Falken dargestellt, der mit einer Sonnenscheibe gekrönt ist. Es wird berichtet, dass der Baum des Lebens im Tempel des Ras wächst, und dass die Menschen aus seinen Tränen geformt wurden.

4. *Ganesh*: Der hinduistische Gott des Erfolgs wird mit dem Körper eines dickbäuchigen Mannes dargestellt, der vier Arme hat und von einem Elefantenkopf gekrönt wird. Als einer der bekanntesten speziesübergreifenden Götter hält er in seiner rechten Hand einen Ziegenbock, der ihm hilft, den Weg für seine auserwählten Anhänger zu ebnen. Auf diese Art und Weise sollen sie den Weg zum Erfolg und zum Glück finden. In seiner anderen Hand hält er einen Gebetsperlen, die das Streben nach Wissen symbolisieren. Er gilt als die Verkörperung von Weisheit, Bildung und Reichtum.

Tierische Geistführer

Im weiteren Verlauf des Buches werden Sie mehr über die Rolle der Tiere in der spirituellen Welt erkunden. Ihre Zugänglichkeit und ihre natürliche Verbundenheit mit dem Tierreich machen sie zu einer beliebten Wahl für Geistführer. Die amerikanischen Ureinwohner und die Chinesen haben eine lange Tradition von heiligen Darstellungen, die Tiergestalten zeigen. Die Totempfähle der amerikanischen Ureinwohner waren oft mit Tierbildern geschmückt, um den Glauben und die

Abstammung der einzelnen Stämme zu repräsentieren.

Die Chinesen verwendeten über dreißig verschiedene Tiere, um ihren Glauben darzustellen. Sie benutzen die Symbole aus dem Tierreich, um die Qualitäten einer Person hervorzuheben und gleichzeitig auch die negativen Aspekte ihrer Persönlichkeit zu beschreiben. Das Totemtier war in dieser Geisterwelt der Drache, der für seine Macht bekannt war. Die meisten chinesischen Staatsoberhäupter trugen Roben, die mit dem Bild des Drachens geschmückt waren und dem Träger ein Gefühl von Würde und Macht vermittelten.

Der chinesische Tierkreis ist ebenfalls mit Tierbildern verbunden. Er zeigt einen Zwölf-Jahres-Zyklus, der für jede Periode ein anderes Tier vorsieht. Die Chinesen glauben, dass Ihr Tierkreiszeichen einen großen Einfluss auf Ihre Persönlichkeit und Ihren beruflichen Erfolg hat.

Schutzengel

Ihr Schutzengel, der auch als Lichtwesen bezeichnet wird, wird Ihnen schon vor der Geburt zugewiesen – zumindest gibt das der Glaube der Menschen so vor. Manche Menschen kennen sich mit dem Glauben an Engel nicht aus und denken, dass die Idee der Engel eng mit der christlichen Religion in Verbindung steht. Das ist aber nicht wahr. Engel sind nicht an religiöse Konfessionen gebunden und stehen den Anhängern aller Religionen zur Verfügung. Auch Atheisten haben einen Schutzengel, mit dem sie sich in Verbindung setzen können, wenn sie das Bedürfnis nach spiritueller Unterstützung verspüren. Engel respektieren den freien Willen der Menschen und lassen sich von deren persönlichen Präferenzen leiten.

Jeder Schutzengel ist wie eine traditionelle nährende Mutter. Sie beschützt Sie mit der Kraft einer Löwin und wacht über Sie, und zwar von Geburt an. Man kann sich das Aussehen eines Schutzengels schwer vorstellen. Die Medien und die Filme aus Hollywood stellen Engel oft als eindimensionale Wesen dar, die von der Menschheit verehrt werden sollten.

Engel sind jedoch hoch emotionale Wesen, die ein Herz und eine Seele haben. Sie sind barmherzige Geschöpfe voller Mitgefühl für die Menschheit. Sie haben eine Affinität zu Ihnen, und sie haben die Verbindung zu Ihnen selbst gewählt. Sie standen an der Seite Ihrer ungeborenen Seele und versprachen Ihnen, Sie durch das Leben zu führen. Sie beide sind durch ein heiliges Band verbunden, das von der

Liebe und der Verbundenheit Ihrer beiden Seelen gespeist wird. Es kann sogar sein, dass Sie schon in einem früheren Leben miteinander verbunden waren. Selbstverständlich könnte der Schutzengel seine derzeitige Inkarnation aber auch zum ersten Mal gewählt haben.

Dabei gilt es zu beachten, dass Sie Ihrem Schutzengel die Freiheit bieten, die er braucht, wenn Sie ihn um Hilfe bitten - die Hilfsbereitschaft Ihres Schutzengels ist bedingungslos. Stellen Sie sich die Engel wie spirituelle Schmetterlinge vor, die Sie unbemerkt umflattern, und die nur auf ein Zeichen von Ihnen warten, das besagt, dass Sie Hilfe brauchen. Schutzengel versuchen niemals, den freien Willen ihrer Schützlinge zu beeinflussen und würden Sie auch nie dazu zwingen, Dinge zu tun, die Sie nicht tun wollen. Als eine nährende Kraft in Ihrem Leben wollen sie einfach nur das Beste für Sie.

Die meisten Menschen haben mehrere Schutzengel, die ihnen zu Hilfe kommen, je nach Art des Problems. Betrachten Sie diese also wie einen ausgedehnten Freundeskreis, der immer für Sie da ist. In einem solchen Kreis gibt es dann auch verschiedene Persönlichkeiten, beispielsweise den Spaßvogel, der Sie aufmuntern kann, wenn Sie niedergeschlagen sind. Diese unbeschwerte, spielerische Art wird Ihnen helfen, Ihren Sinn für Humor wiederzufinden. Im Gegensatz dazu steht Ihnen vielleicht ein zweiter, sensibler und ernsthafter Schutzengel zur Verfügung, der Perlen der Weisheit verteilt und Ihnen dabei hilft, die richtigen Entscheidungen zu treffen. Ganz gleich, wie viele Schutzengel Sie haben, sie alle sind mit guten Freunden vergleichbar, die alles über Sie wissen. Wann immer Sie sie brauchen, sind diese für Sie da, als wahre Freunde, die Ihre Geheimnisse mit ihrem Leben beschützen und Ihnen Platz geben, damit Sie Ihre Gefühle ausdrücken können.

So sollten Sie Ihre Schutzengel sehen - als liebevolle, zärtliche Wesen, die wie Ihre allerbesten Freunde sind. Sie sind unvoreingenommen und immer vergebend und werden Ihnen immer die Wahrheit sagen und Ihnen Hilfe anbieten. Im weiteren Verlauf des Buches werden Sie mehr über die Erzengel erfahren und darüber, wie Sie mit ihnen kommunizieren können. Die Schutzengel sind bereits für Sie da. Erkennen Sie Ihre Existenz an und gewöhnen Sie sich an ihre Anwesenheit, dann werden Sie irgendwann auch wissen, wann es an der Zeit ist, sich mit ihnen zu verbinden.

Vorfahren

Ahnengeister sind die Geister Ihrer verstorbenen Verwandten. Wenn diese ihren Körper verlassen, erheben sich ihre Seelen und treten in die universelle Geisterwelt ein. Diese sind dazu da, um Ihnen bei der Lösung von Problemen in Ihrem Leben zu helfen, und können mit traditionellen Riten angerufen werden. Diese Wesenheiten stehen ihren Familienmitgliedern auf der Erde zur Seite, schützen sie und führen sie durch das Leben.

Ahnengeister sind traditionell ein Ausdruck des Respekts, den die Menschen für ihre Vorfahren empfinden, und stellen eine direkte Blutsverbindung zu höheren Wesenheiten dar. Da sie bereits Mitglieder der Geisterwelt sind, die einst auf der Erde gelebt haben, können sie Ihnen helfen, mit irdischen Problemen wie Scheidung, Sucht, gesundheitlichen Problemen, finanziellen Sorgen und Unfruchtbarkeit umzugehen. Das Ziel der Ahnen ist es, Ihnen dabei zu helfen, Ihr volles Potenzial auszuschöpfen und ein erfolgreicher Mensch zu werden.

Die Geister der Vorfahren besuchen Sie oft während des Schlafens, wenn Sie träumen. Zu dieser Zeit können viele Ihrer Ahnen Sie besuchen und Ihnen erlauben, mit ihnen in Verbindung zu treten. Ahnengeister können vage, schemenhafte Wesen sein, in deren Gegenwart Sie sich sofort wohlfühlen, diese könnten beispielsweise die Geister Ihrer verstorbenen Großeltern sein. Waren Sie schon einmal an einem Ort und dachten kurz, Sie hätten ein Mitglied Ihrer Familie gesehen, nur um sich dann zu erinnern, dass diese Person bereits verstorben ist und es sich daher unmöglich um sie gehandelt haben kann? Nun, die Wahrheit ist, dass es sich um den Geist eines Vorfahren gehandelt haben könnte.

Bei solchen Begegnungen werden Sie sich sicher und geborgen fühlen. Ihre Erinnerungen an Ihre Vorfahren sollten Sie mit Freude erfüllen, wenn Sie erkennen, dass Ihre verstorbenen Lieben noch immer ein Teil Ihres Lebens sind. Die Botschaften, die diese überbringen, sind oft sehr persönlich und beziehen sich auf Ihre gemeinsamen Erfahrungen, die Sie zu Lebzeiten gemacht haben.

Ahnengeister sind kohärenter als andere Geistführer und haben ein echtes Interesse an Ihrer Zukunft. Sie haben einen Einblick in Ihr Leben, der tief von der Familiengeschichte beeinflusst ist. Ahnengeister kennen die Geschichte Ihrer Seele und sind mehr als andere spirituelle Wesen mit Ihrem Familienleben beschäftigt. Sie wünschen sich, dass Sie den

Familiennamen weiterführen und helfen Ihnen bei der Wahl des perfekten Partners, mit dem Sie später Kinder bekommen könnten.

Da sie relative Neulinge in der geistigen Welt sind, werden sie spirituell nicht so weit fortgeschritten sein, wie es andere Geistführer sind. Sie sind eher praktisch veranlagt und stehen im Zusammenhang mit der modernen Lebensweise. Bitten Sie sie also um Hilfe bei der Erziehung Ihrer Kinder, bei der Bewältigung Ihrer Arbeit und beim Bezahlen der Rechnungen. Sie können Ihnen auch dabei helfen, negative Energie zu heilen, die durch vergangene Vergehen in der Familiengeschichte entstanden ist. Wenn Sie zu Hause von negativer Energie betroffen sind, rufen Sie Ihre Ahnengeister an, um die Umgebung zu heilen und wohnlicher zu machen.

Pflanzen

Obwohl sie ein fester Bestandteil der lebendigen Welt sind, sollten Sie die Spiritualität der Pflanzen, die Sie umgeben, nicht verleugnen. Die amerikanischen Ureinwohner wussten um die Bedeutung der Pflanzen und die spirituelle Bedeutung, die diese haben. Die heilige Verwendung von Kräutern und Pflanzen lässt sich über Generationen zurückverfolgen.

In Europa wurde die Mistel zur Feier der Wintersonnenwende verwendet, und Wicca-Gläubige führen diese Traditionen auch heute noch fort. Trotz ihrer Giftigkeit wurde die Pflanze als Symbol für Fruchtbarkeit und als Gift verwendet. Die frühen Bewohner Großbritanniens glaubten, dass diese Pflanze für Unsterblichkeit steht, und die Druiden bauten sie in ihre Rituale ein, um deren Erfolg zu sichern.

Die alten Griechen und Ägypter verehrten hingegen das Eisenkraut. Sie glaubten, es besäße magische Kräfte und würde es ihnen ermöglichen, sich direkt mit höheren Mächten in Verbindung zu setzen.

In Amerika hat die Verwendung vom Peyote-Kaktus und Meskalin in traditionellen Ritualen die Dinge sicherlich noch interessanter gemacht! Diese natürlichen psychoaktiven Pflanzen wurden verwendet, um Trancezustände herbeizuführen, in denen die Mitglieder der Stämme mit ihren Göttern und Geistern sprechen konnten. Bei derartigen Ritualen wurde auch gerne weißer Salbei verwendet, um Halluzinationen hervorzurufen und sich in einem dissoziierten Zustand mit höheren Wesen zu verbinden.

In der heutigen Zeit kennt man die Gründe für diese „spirituellen" Erfahrungen, die die Menschen nach der Einnahme dieser psychoaktiven Pflanzen gemacht haben. Die Wissenschaft kann diese Wirkung zwar erklären, aber man weiß gleichzeitig auch, dass die Welt der Lebenden auch früher schon unentdeckte Ecken und erklärliche Ereignisse beherbergte. Pflanzen können das Leben der Menschen mit ihrer symbolischen Bedeutung bereichern, und sie können mit in die eigene Ernährung aufgenommen werden, um eine eher körperliche Verbindung zur Geisterwelt herzustellen.

Manche Menschen gehen mit den Geistern von Pflanzen sogar eine ähnliche Verbindung ein wie andere mit den Geistertieren. Wenn Sie also eine Affinität zu bestimmten Pflanzen oder Blumen haben, kann deren Geist Sie beeinflussen.

Verschiedene Möglichkeiten zur Kontaktaufnahme mit den Pflanzengeistern

1. *Der Ruf des Grüns*: Schamanen glauben, dass die Pflanzen ständig versuchen, mit uns zu sprechen. Versuchen Sie, bei Gelegenheit hinaus in die Natur zu gehen, um die Rufe der Pflanzen mit eigenen Ohren zu hören. Machen Sie einen Spaziergang in der Natur, z. B. in einem Wald oder auf einem offenen Feld, und lauschen Sie mit offenen Ohren. Wenn Sie offen bekunden, dass Sie eine Verbindung zur Pflanzenwelt herstellen wollen, werden Sie auch eine Antwort erhalten.

    Wenn Sie die Pflanzen um Hilfe bitten, werden diese Ihnen ihre besonderen Heilqualitäten mitteilen. So könnten Sie die Pflanzen auch dazu benutzen, Ihren Geist, Ihren Körper und Ihre Seele zu behandeln, indem sie Ihre Psyche mit Ihren spirituellen Sinnen verbinden.

2. *Betrachten*: Sobald Sie eine Verbindung zu den Pflanzen aufgebaut haben, werden Sie diese Erfahrung beim nächsten Mal noch intensivieren wollen. Dies kann zum Beispiel durch die schamanische Praxis des „Betrachtens" erreicht werden. „Verschmelzen Sie einfach Ihr Bewusstsein mit dem der Pflanze und spüren Sie ihre Achtsamkeit. Werden Sie ein Teil der Pflanze und spüren Sie, wie stark ihre Wurzeln sind und wie sie sich an der Erde festhalten. Spüren Sie die Wirkung, die Wind und Sonne auf die Pflanze haben, und das ständige Gefühl des Wachstums, das sie verspürt. Wenn Sie auf diese Weise Teil ihres

Wesens werden, wird die Pflanze auch ein Teil Ihres Selbst. Spüren Sie den Saft und die natürliche Wärme, die sie mit Ihnen teilen, und lassen Sie sie Ihre Seele erfüllen.

3. *Behandeln Sie sie mit Respekt*: Die moderne Forschung zeigt, dass Pflanzen Gefühle haben und auf ihr Umfeld reagieren können. Das bedeutet, dass Sie mit allen Pflanzen in Ihrem Leben auf intelligente und sinnvolle Weise interagieren können. Behandeln Sie sie mit Liebe, und Sie werden sehen, wie die Pflanzen als Reaktion darauf gedeihen und Früchte tragen. Die Pflanzen haben die Menschen eingeladen, Teil ihrer unglaublichen Welt zu werden und teilen ihre heilenden Eigenschaften mit uns. Diese Einladung sollten wir mit Freude annehmen!

Götter und Göttinnen

Wenn Sie sich über eine beliebige Kultur, Religion oder über ein Glaubenssystem informieren, werden Sie immer eine Form von höheren Wesen finden, die als Götter und Göttinnen bezeichnet werden. Diese Wesen können viele Formen annehmen und werden in allen Teilen der Welt verehrt, gefürchtet und respektiert. Die nordische Religion unterscheidet sich dabei etwas von anderen Glaubensrichtungen, denn sie betrachtet die Götter und Göttinnen als Teil einer Großfamilie und würde daher auch nie auf die Idee kommen, die Menschen müssten sich vor den Göttern niederwerfen. Stattdessen akzeptieren sie die Schwächen und Kräfte der Götter und erkennen die Eigenschaften an, die sie menschlicher machen.

Christen glauben, dass Gott sieben verschiedene Geister hat: den Urgeist, die Weisheit, den Verstand, den Rat, die Erkenntnis, die Stärke und die Furcht. Diese Interpretationen stammen aus dem Buch der Offenbarung in der Bibel. Christen glauben, dass die Zahl „7" eine spirituelle Bedeutung hat, und sie erscheint regelmäßig in religiösen Texten.

In einem späteren Kapitel werden Sie noch mehr über die Geister der Götter und Göttinnen erfahren.

Aufgestiegene Meister

Diese Geister haben auf der Erde gelebt und ein spirituelles Erwachen erlebt, das sie auf eine höhere Ebene befördert hat. Es wird angenommen, dass sie den Prozess der Reinkarnation, den der Rest der Menschheit durchläuft, dadurch hinter sich gelassen haben. Stattdessen haben sie ihren rechtmäßigen Platz in der geistigen Welt eingenommen und stehen den Menschen nun als Geistführer zur Verfügung.

Obwohl sie die höchsten Lehrer und die weisesten aller Geister sind, antworten sie dennoch auf alle Rufe der Sterblichen. Sie beschränken ihre Weisheit und ihr Wissen nicht auf diejenigen, die sie für würdig halten. Sie können solch beeindruckende Koryphäen wie Jesus, Konfuzius, Krishna und andere aufgestiegene Meister anrufen, wann immer Sie deren Hilfe benötigen.

Die Geister der aufgestiegenen Meister werden auch als kosmische Meister und Aufstiegslehrer bezeichnet, denen das Erreichen des ultimativen Bewusstseinszustands, des göttlichen Bewusstseins, gelungen ist. Sie haben Zeit und Raum gemeistert, lernen aber weiterhin von den Sterblichen. Nur weil sie einen so hohen Grad an Spiritualität erreicht haben, bedeutet das nicht, dass sie sich von den Menschen abgewandt haben. Vielmehr erkennen sie die Notwendigkeit, sich mit ihnen zu verflechten und ihnen dabei zu helfen, den nächsten Schritt auf ihrem Weg zum spirituellen Bewusstsein zu tun.

Es gibt Tausende von aufgestiegenen Meistern, die Sie anrufen können, und auf dieses Thema wird auch später nochmal eingegangen. Je nach Ihren persönlichen Bedürfnissen können Sie sich ein Mitglied der Schar aufgestiegener Geister aussuchen. Die aufgestiegenen Meister sind für das Wohl der Menschheit da und werden Ihre Bitte nach Rat immer beantworten.

Kapitel 2: Das Kennenlernen der Erzengel

Engel sind seit dem Altertum Teil des menschlichen Glaubenssystems. Sie wurden auf ägyptischen Gräbern, griechischen Artefakten und Gegenständen verstreut in ganz Kleinasien abgebildet. Es ist bekannt, dass auch Menschen, die Nahtoderfahrungen gemacht haben, von ihnen berichten.

Diejenigen, die Engeln begegnet sind, gehören zwei verschiedenen Lagern an. Die einen betrachten die Existenz von Engeln als theologische Tatsache. Sie berufen sich auf die Bibel und andere religiöse Texte, um ihren Glauben zu untermauern, und sprechen gerne über religiöse Beweise für die Taten von Engeln und dafür, wie sie der Menschheit durch das Leben helfen. Manche akzeptieren die Existenz von Engeln als philosophisches Dogma. Sie brauchen ihre Überzeugungen nicht mit Beweisen zu untermauern, weil sie fest daran glauben, dass Engel existieren; für sie ist die Existenz der Engel bereits durch ihren Glauben gesichert.

In den abrahamitischen Religionen bedeutet der Begriff Erzengel „oberster Engel", und nur zwei von solchen Engeln werden in der Bibel direkt genannt. Gabriel und Michael erscheinen im kanonischen Buch, doch im Buch Henoch ist von insgesamt sieben Erzengeln die Rede. In diesem Kapitel geht es hauptsächlich um die sieben wichtigsten Erzengel. Die tatsächliche Zahl der Erzengel ist nicht offiziell bestätigt, aber man geht davon aus, dass es mindestens siebzehn gibt, die zur Unterstützung der Menschen angerufen werden können und Weisungen erteilen.

Die sieben Erzengel im Buch Henoch

Michael

Michael, der als Schutzengel bekannt ist, ist der oberste Anführer der Engelsschar und der einzige Engel, der in der Thora, im Koran und in der Bibel vorkommt. Er wird als kriegerischer Engel dargestellt, der mit einem Schwert der Gerechtigkeit und einem Schild des Lichts bewaffnet ist. Er wird auch oft als Gottes Champion und Drachentöter bezeichnet.

Er wird Sie sowohl in physischer als auch in psychischer Form vor Chaos und vor dem Bösen schützen. Er ist ein reines Kraftpaket, das für Gott die erste Verteidigungslinie gegen Satan und alle seine Dämonen darstellt. Er behauptet nicht, weise oder allwissend zu sein und verlässt sich auf seine Stärke, um seine Schützlinge zu hüten.

Wenn Sie Schutz brauchen oder sich verletzlich fühlen, sollten Sie sich an Michael wenden.

Gabriel

Gabriel, der als der Starke bezeichnet wird, ist der ultimative Bote zwischen den göttlichen und den irdischen Welten. Es ist nicht bekannt, ob Gabriel männlich oder weiblich ist, daher wird der Engel oft als ungeschlechtliches Wesen dargestellt. Engel sind Energiequellen, und die Anhänger können an einem Tag einen männlichen und an einem anderen Tag einen weiblichen Wesenskern annehmen. Gabriels wichtigste Aufgabe in der Bibel war es, der heiligen Maria zu erscheinen, um sie über die Geburt Jesu und die Aufgabe, die dieser auf Erden hatte, zu informieren.

Wenn Sie sich direkt mit den Engeln in Verbindung setzen wollen, sollte Gabriel Ihr Ausgangspunkt sein.

Ariel

Ariel, bekannt als der Löwe Gottes, herrscht über das Tier- und Pflanzenreich der Welt. Sie ist persönlich für die vier Elemente verantwortlich und strebt danach, Harmonie unter allen Lebewesen zu schaffen.

Wenn Ihnen die ökologischen Probleme, mit denen die Welt konfrontiert ist, am Herzen liegen, sollten Sie sich an Ariel wenden und um Hilfe beim Schutz von Mutter Natur bitten.

Azrael

Azrael ist als Engel des Todes oder der Zerstörung bekannt und tritt in verschiedenen Erscheinungsformen auf. Seine Aufgabe ist es, die Seelen zu trösten, die zwischen den Welten von Leben und Tod feststecken. Er wird oft als Hüter der Leere bezeichnet und bietet den Menschen Hilfe beim Überschreiten dieser wichtigen Grenze an. Manche Menschen glauben, dass Azrael in einem ursächlichen Zusammenhang mit der Legende des Sensenmannes steht, doch andere bestreiten dies. Azrael entscheidet nicht, wer stirbt; seine Aufgabe ist es, den Verstorbenen und den Menschen, die sie zurücklassen, Erleichterung zu verschaffen.

Azrael ist der Buchhalter der Geburten und der Todesfälle und ist verantwortlich für die Führung eines Berichts über das irdische Leben und alle Aspekte der Menschheit. Wenn Sie einen geliebten Menschen vermissen, der verstorben ist, sollten Sie also ihn um Hilfe bitten, um Ihre Trauer zu bewältigen.

Raphael

Raphael ist der Engel, der für die Heilung und das Wohlbefinden zuständig ist und über die medizinische Gemeinschaft wacht. Er ist einer der wenigen Engel, die in der Kirche den Status eines Heiligen erlangt haben. Er ist der Schutzpatron der Kranken und bietet den Menschen neben Heilkräften auch Mitgefühl und Fürsorge.

Wenn Sie an einer Krankheit leiden, die Ihnen Schmerzen und seelische Unruhe bereitet, sollten Sie Raphael um Hilfe bitten. Er ist auch als Beschützer der Reisenden bekannt. Wenn Sie sich also auf irgendeine Art von Reise begeben, sei es physisch oder spirituell, sollten Sie ihn um Hilfe bitten.

Jophiel

Dieser Engel, der in bestimmten Glaubensrichtungen auch als Sophiel und Iofiel bekannt ist, ist für Schönheit und Weisheit zuständig. Jophiel wird manchmal als Engel mit einer trivialen Bedeutung abgetan, der sich mehr um körperliche Schönheit als um andere spirituelle Angelegenheiten kümmert, aber er hat trotzdem eine positive Kraft. Der Engel der Schönheit kann Ihnen dabei helfen, alle Negativität durch die Kraft der natürlichen Schönheit hinter sich zu lassen.

Wenn Sie sich eines Tages voller Bewunderung für die Wunder der Natur verloren fühlen, könnte dies das Werk von Jophiel sein. Er kann Ihnen dabei helfen, negative Situationen zu bewältigen und Ihre innere Ruhe wiederherzustellen.

Wenn Sie Ihren Kopf freimachen und mit positiver Energie füllen wollen, rufen Sie die Kraft des Jophiel an und profitieren Sie von dessen kreativer Energie.

Camael

Gabriel ist zwar der wichtigste Bote zwischen den Welten, aber Camael ist der Engel, der hauptsächlich praktische Zusammenhänge erkennt. Er kann Ihnen dabei helfen, in der Welt der Engel das zu finden, wonach Sie suchen. Man hat ihn einst als die Augen Gottes bezeichnet, da er dafür verantwortlich ist, zu wissen, wo sich alles und jeder zu einem bestimmten Zeitpunkt befindet.

Wenn Sie sich aber einmal verloren fühlen, oder sich von der Welt alleingelassen und enttäuscht fühlen, beten Sie zu Camael. Er kann Ihnen dabei helfen, den Frieden zurück in Ihr Leben zu bringen, egal wie schlecht es Ihnen geht. Camael hilft den Menschen bei persönlichen Beziehungen, der Suche nach dem Seelenfrieden und dem Verarbeiten von Ereignissen, die in der Welt geschehen. Wenn Sie auf der Suche nach Inspiration oder nach einem wichtigen Gegenstand sind, wird er Ihnen zu Hilfe kommen.

Andere Erzengel, die Sie um Hilfe bitten können

Metatron

Metatron gilt als Engel des Lebens und ist dafür verantwortlich, den Baum des Lebens zu schützen und die guten Taten der Menschen aufzuzeichnen. Er zeichnet auch die Ereignisse am Himmel auf und notiert sie im Buch des Lebens.

Wenn Sie das Gefühl haben, in einer Sackgasse zu stecken, oder wenn Sie kurz vor einer wichtigen Entscheidung stehen, können Sie Metatron konsultieren. Er ist auch dafür zuständig, Heranwachsenden beim Übergang ins Erwachsenenalter zu helfen.

Haniel

Haniel wird auch als die „Freude Gottes" bezeichnet. Er ist einer der hilfreichsten Engel, die es gibt. Er ist der Beschützer der Seelen und hilft Ihnen dabei, Ihre Lebensaufgabe zu entdecken. Er hat eine Affinität zu Frauen und widmet sich der Aufgabe, Frauen bei der Bewältigung ihrer Menstruationszyklen zu helfen.

Wenn Sie ein intuitiverer und erfolgreicherer Hellseher werden wollen, kann Haniel Ihnen dabei helfen.

Muriel

Der Muriel Name bedeutet „Parfüm Gottes", und er ist für Emotionen zuständig. Er wird jeden Ihrer Hilferufe beantworten und ist für sein Mitgefühl bekannt. Er kann eine starke Verbindung zu Ihnen aufbauen und immer dann an Ihrer Seite sein, wenn Sie ihn brauchen.

Wenn Sie unter emotionalen Problemen leiden und Hilfe für Ihre psychische Gesundheit benötigen, wird Muriel Ihnen die nötige Unterstützung geben.

Uriel

Uriel wird oft als das „Feuer Gottes" beschrieben und ist auch als Engel der Weisheit bekannt. Er steht Gott nahe und kann Ihnen dabei helfen, eine starke Verbindung zu dem Schöpfer zu entwickeln. Er steht an den Toren des Gartens Eden und wacht mit Wind und Donner über sein Gebiet. Dieser Erzengel ist ein starker Dirigent, der Ihnen helfen wird, sich mit der geistigen Welt zu verbinden.

Wenn Sie das Gefühl haben, dass Ihre persönlichen Schwingungen schlecht sind, und dass Sie bessere Verbindungen zu anderen Menschen herstellen möchten, rufen Sie Uriel um Hilfe an.

Zadkiel

Der Engel der Vergebung ist einer der wichtigsten Engel des Himmels. Er wird Ihnen helfen, Freude und Freiheit in Ihr tägliches Leben zu bringen und Ihre persönlichen spirituellen Schwingungen zu intensivieren. Er kann Ihnen außerdem helfen, die Vergangenheit zu vergessen, Ihren Feinden zu vergeben und in Ihrem Leben voranzukommen.

Wenn Sie in der Vergangenheit feststecken und von negativer Energie erfüllt sind, wenden Sie sich an Zadkiel. Er wird Ihnen seine Energie bringen und Sie mit Positivität erfüllen, während er gleichzeitig Ihren Geist reinigt.

Jeremiel

Er war einer der ursprünglichen sieben Engel, die für den Kontakt mit den Menschen auserwählt wurden, ist aber heute einer der weniger bekannten Erzengel. Das liegt daran, dass er besser mit dem Geist als mit der Sprache kommunizieren kann. Er ist der Meister der mentalen Bilder und Visionen und ergänzt den Erzengel Michael, indem er Symbole und Träume verwendet, um die eher physischen Kommunikationsmittel zu ersetzen.

Sein Name ist direkt mit der Barmherzigkeit Gottes verbunden, und er kann Sie mit der Weisheit des Himmels vertraut machen.

Wenn Sie unter negativen Emotionen oder schädlichen Erinnerungen leiden, sollten Sie Jeremiel um Rat fragen. Er kann Ihnen geistige Klarheit geben und Ihnen dabei helfen, über die Lektionen des Lebens nachzudenken.

Sandalphon

Dieser Erzengel ist einer der zugänglichsten Engel des Himmels. Er ist der Hüter der Natur und wird sich oft als Naturwesen manifestieren. Er nutzt Musik und Gebet, um mit den Menschen zu kommunizieren, und kann zu Ihrer persönlichen Verbindung mit der spirituellen Welt werden. Er ist ein wunderbarer Verbündeter für kreative Seelen und hilft diesen bei ihren Projekten. Schriftsteller, Musiker und Maler können besonders von seiner Hilfe profitieren, da er die Schwingungen anheben kann, die die kreative Kraft hinter ihrer Arbeit bilden und sie in eine göttliche Präsenz verwandeln.

Wenn Sie eine Verbindung zu einem bodenständigen Engel suchen, bei dem Sie sich sofort wohlfühlen, ist Sandalphon Ihr Engel der Wahl. Sein Führungsstil ist sanft und doch bestimmt, und er wird Ihnen das Gefühl geben, geerdet zu sein, aber dennoch eine spirituelle Verbindung mit göttlichen Wesen aufrechtzuerhalten.

Sachiel

Sachiel, der als Engel des Reichtums und des Erfolgs bekannt ist, wird oft unterschätzt, tritt aber jetzt hervor, um seinen rechtmäßigen Platz einzunehmen und die Menschheit zu unterstützen. Seine Energie ist ein helles Licht, das auch die menschliche Seele besänftigt. Er bringt Hoffnung und Sinn in das Leben derer, die den Glauben verloren haben und orientierungslos sind. Er glaubt, dass Überfluss für alle da sein sollte, aber nicht nur in finanzieller Hinsicht.

Seine Hilfe erlaubt es den Menschen, durch ihre Verbindung mit dem Planeten von einer stärkeren Lebenskraft zu profitieren. Er hat sowohl mit belebten als auch zu unbelebten Objekten eine kraftvolle Verbindung und kann Ihnen dabei helfen, Verbindungen zu Tieren, Pflanzen, Ozeanen und Ihrer Gesellschaft herzustellen.

Man glaubt, dass er in jüngster Zeit in das Bewusstsein der Menschen eingetreten ist, um ihnen dabei zu helfen, sich dem Schaden zu stellen, den sie auf der Erde verursacht haben, und ihn zu beheben. Er ist der Engel, der Sie lehren wird, die materiellen Werte, die Ihre Gedanken beherrschen, loszulassen und damit zu beginnen, Ihre Lebensweise zu ändern. Er wird Ihnen helfen, die Welt langsam zu verändern und Ihnen bei dieser Aufgabe mit Harmonie und Stabilität zur Seite zu stehen, wenn es nötig ist.

Wenn Sie Ihr spirituelles Wachstum vorantreiben und materialistische Wünsche hinter sich lassen wollen, können Sie Sachiel um Führung und Rat bitten.

Orion

Orion, benannt nach dem dritthellsten Stern im Universum, ist einer der weniger bekannten Engel des Himmels. Er hat der Erde Zeit seiner Existenz gedient, ist aber erst kürzlich für die Menschen sichtbar hervorgetreten, um seine Energie bereitwilliger anzubieten. Wenn Sie sich auf ihn einlassen, werden Sie in ihm einen gesprächigen Begleiter finden, der leicht zu verstehen ist.

Orion kann Ihre negativen Energien reinigen und Sie mit einem Gefühl der inneren Wahrheit erfüllen. Er erscheint oft als leuchtendes Licht, genau wie es sein Name vermuten lässt. Er wird Ihnen helfen, zu einem erleuchteten kosmischen Wesen zu werden und seine Weisheit mit Ihnen teilen. Er kann Ihnen praktische und hilfreiche Ratschläge geben, damit Sie Ihre Negativität loslassen und seine Positivität annehmen können.

Wenn es Ihnen schwerfällt, Ihre Träume zu verwirklichen, und sollten Sie eine helfende Hand brauchen, wenden Sie sich an Orion. Er ist mehr als bereit dazu, Sie bei jedem Schritt der Reise zu begleiten.

Wie man die Engel anruft

Wenn Sie das Bedürfnis haben, die Engel um Hilfe anzurufen, ist das Verfahren im Grunde genommen recht einfach. Sie können Meditation, Kerzen und Räucherstäbchen verwenden, um die Erfahrung zu verstärken, aber das ist mehr zu Ihrem Nutzen als zu dem der Engel.

Das Wichtigste ist, dass Sie daran denken, dass die Engel auf Sie warten und dass Sie sie nur hereinbitten müssen, aber Sie müssen Ihre spirituellen Schwingungen dennoch erhöhen, um eine erfolgreichere Verbindung herzustellen.

Es gibt viele Möglichkeiten, mit denen sich Ihre eigenen Schwingungen erhöhen lassen, z. B. durch Ernährung, Bewegung und Meditation, und all dies sollte Teil Ihrer täglichen Routine sein. Wenn Sie Engel anrufen, kann auch Ihre Umgebung eine wichtige Rolle bei der Erhöhung Ihrer Schwingungen spielen. Denken Sie daran, dass die Erhöhung Ihrer Schwingung ein fortlaufender Prozess ist und dass es immer Raum für Verbesserungen gibt.

Seien Sie freundlich zu sich selbst und öffnen Sie Ihr Herz für Liebe und Mitgefühl. Lernen Sie, die Vergangenheit loszulassen und Ihre Energien auf positive Ergebnisse zu richten.

Die Kulisse für die Anrufung schaffen

1. Wählen Sie einen sicheren Ort. Sie müssen wissen, dass Sie dort nicht gestört werden, damit Sie sich völlig entspannen können. Denken Sie daran, dass die Engel auf Sie warten, und dass Sie ganz bei der Sache sein wollen, wenn sie antworten. Wenn Sie die Anrufung in einer natürlichen Umgebung durchführen können, sind Sie den Engeln so schon einen Schritt nähergekommen.

2. Schließen Sie Ihre Augen und füllen Sie Ihr Herz mit Licht. Stellen Sie sich vor, dass dieses Licht Sie umgibt und Ihre physische Form erleuchtet. Stellen Sie sich dann vor, dass das Licht in Ihre Adern und Organe strömt, so dass Sie zu einer fließenden Einheit werden, die mit Ihrer Umgebung verbunden ist.

3. Stellen Sie sich Ihr Herz und die Energie, die es umgibt, vor. Spüren Sie, wie sich Ihr Herz ausdehnt und voller Liebe mit den Energien mitschwingt. Stellen Sie sich nun das Chakra vor, das von Ihrem Herzen ausgeht, und lassen Sie es sich ausdehnen und mit Ihrer Spiritualität verbinden.

4. Erkennen Sie Ihr Bewusstsein. Jetzt ist es an der Zeit, sich ganz in Ihre Erfahrung zu vertiefen. Lassen Sie alle Gedanken und Gefühle los, die für Ihre Verbindung mit den Engeln nicht relevant sind. Sie müssen sich völlig bewusst sein, was Sie zu erreichen hoffen, und alle anderen Ablenkungen sollten Sie hinter sich lassen.

5. Stellen Sie sich vor, wie Ihr inneres Licht zum Himmel reist und sich mit den göttlichen Wesen verbindet, die auf Sie warten.

6. Atmen Sie, erlauben Sie Ihrem Geist, sich zu entspannen, und spüren Sie, wie sich Ihre innere Schwingung mit dem Licht und dem Weg verbindet, den es gebildet hat.

7. Jetzt ist es an der Zeit, die Engel anzurufen und um ihre Hilfe zu bitten. Versuchen Sie, diese einfache Anrufung zu benutzen:

„Ich rufe die Engel, Erzengel und Hüter des Himmels an, sich jetzt mit mir zu verbinden. Ich rufe sie an, um mir zu helfen, meine Schwingung zu erhöhen und meine Verbindung mit der göttlichen Welt zu stärken. Ich öffne mein Herz und meine Seele für die Kräfte und die Weisheit, die sie mir anbieten, und ich begrüße die Führung und Unterstützung, die sie anbieten. Ich danke dem göttlichen Wesen, dass es mir erlaubt, in diese geistige Welt einzutreten und mich mit seinen mächtigsten Engeln zu verbinden."

Sie sollten sich jetzt Ihrer psychischen Verbindung mit der himmlischen Welt bewusst sein. Dies ist der Zeitpunkt, an dem Sie Ihre Konzentration erhöhen und Ihre Atmung kontrollieren können. Sie sind jetzt bereit, Ihre Erfahrung zu einer persönlichen Verbindung mit dem Engel Ihrer Wahl zu machen. Verschiedene Engel wählen unterschiedliche Wege, um sich mit der menschlichen Welt zu verbinden. Jeremiel zum Beispiel geht eine mentale Verbindung ein und verbindet sich vielleicht mit einem Bild oder einem Tagtraum, der seine Botschaft vermittelt.

Einige Engel verlassen sich auf Hellhörigkeit und verbinden sich durch ihre Stimmen, Klänge und akustischen Botschaften aus dem Jenseits. Dies kann in Form von Musik geschehen oder vielleicht durch den Gesang eines Vogels. Die Natur hat einige erstaunliche Klänge zu bieten, und die Engel nutzen sie gerne zur Kommunikation.

Wenn Sie dafür bekannt sind, dass Sie Ihren Instinkten folgen und auf Ihr Bauchgefühl vertrauen, werden die Engel vielleicht beschließen, sich auf hellsichtigem Wege mit Ihnen zu verbinden. Sie werden Ihnen energetische Botschaften schicken, die die Informationen betreffen, die Sie brauchen. Sie werden instinktiv den Rat und die Hilfe spüren, die die Engel Ihnen zukommen lassen.

Sobald Sie die erforderlichen Verbindungen hergestellt haben, werden die Engel immer für Sie da sein. Gebete und Mantras helfen Ihnen dabei, sich wieder mit ihnen zu verbinden, wenn die Zeit reif ist. Kontemplation in Verbindung mit Gebet wird Ihnen helfen, eine starke spirituelle Verbindung zu Ihren Erzengeln aufzubauen und sie zu Ihren ständigen Begleitern im Leben zu machen.

Jeder Praktizierende wird seinen eigenen Weg der Verbindung finden, und seine bevorzugten Methoden werden sich von denen anderer unterscheiden. Manche Menschen verwenden Kristalle, Runen und Siegel, um ihre spirituelle Verbindung zu visualisieren. Alle Rituale sind persönliche Reisen in die spirituelle Welt und sollten so gestaltet sein, dass sie den effektivsten Weg in den Himmel für Sie darstellen.

Engel sind wohlwollende Wesen und werden Sie nicht bestrafen, wenn Sie etwas falsch machen. Sie verstehen die menschliche Natur und sind bestrebt, Sterblichen dabei zu helfen, spiritueller zu werden. Sie möchten, dass Sie Zugang zu den spirituellen Ebenen erhalten und Ihr höheres Selbst erforschen. Manche Menschen müssen einfach nur stillsitzen, tief durchatmen und dann darum bitten, mit den Engeln verbunden zu werden, und schon wird es geschehen. Andere müssen sich etwas mehr anstrengen und Requisiten und Hilfsmittel verwenden, um ihre Verbindung herzustellen.

Es gibt keine festen Regeln für die Anrufung von Engeln. Nutzen Sie Ihre Intuition und Ihre Gefühle, um den besten Weg zu finden, die Engel zu rufen. Aufrichtigkeit und emotionaler Einsatz sind mächtiger als jedes magische Werkzeug oder Ritual. Die Engel wissen, wenn Sie nur so tun, als ob, oder wenn Sie nicht ganz bei der Sache sind, und sie werden nicht auf Ihre Bitten eingehen.

Denken Sie daran, dass die Engel darauf warten, Ihnen zu helfen, und wenn Ihre Bitte von Herzen kommt und mit guten Absichten erfüllt ist, werden sie sie bestätigen und Ihre Bitten beantworten.

Kapitel 3: Seelentiere - Wie Sie das Ihrige finden und warum es Ihr Leben verändern wird

Wenn Sie bereit sind, Ihrem Geisttier zu begegnen und die Energie, die es in Ihr Leben bringt, willkommen zu heißen, werden Sie es wissen. Ihr Leben wird einen Punkt erreicht haben, an dem Sie erkennen, dass materielle Hilfe und Unterstützung Sie an diesen Punkt gebracht haben, aber es noch so viel mehr da draußen gibt.

Ihr Geisttier zu finden ist eine berauschende Erfahrung und ein erstaunliches spirituelles Erwachen. Sie werden über die physischen Ebenen der Erde hinaus transportiert und in die Welten der spirituellen Reiche eingeführt. Sie werden in Ihrer Seele wissen, wann Sie bereit dazu sind, in dieses Reich zu transmutieren und Ihre Beziehung zu den Geisttieren, die es bewohnen, zu verbessern.

Wie werden Geisttiere Ihr Leben verändern?

- *Mut*: Sie werden mit einem gesteigerten Ausmaß an Mut ausgestattet sein, der Ihnen dabei helfen wird, in Ihrem Leben voranzukommen. Sie werden in der Lage sein, toxische Beziehungen loszulassen und echte Bindungen mit Menschen einzugehen, die Sie glücklich machen. Wenn Sie das Gefühl haben, dass Sie beruflich in einem Trott feststecken, wird Ihnen dieser Mut dabei helfen, einen neuen Job zu finden, der zufriedenstellender ist und besser bezahlt wird.

- *Kommunikation:* Geisttiere wissen, wie sie mit allen Menschen kommunizieren können. Sie können die schüchternste und ängstlichste Seele zum Blühen bringen. Sie werden diese Fähigkeit an Sie weitergeben und Sie zu einem besseren Kommunikator machen.
- *Stärke*: Wenn Sie im Leben schlechte Entscheidungen treffen, aber nicht die Kraft dazu haben, sich tatsächlich zu ändern, wird Ihnen Ihr Geisttier helfen, die innere Kraft zu finden, um Ihre Dämonen zu überwinden. Sollte Ihr Leben von Sucht und Depression geplagt sein, kann die Stärke Ihnen helfen, wieder Freude zu empfinden.
- *Weisheit*: Jeder macht Fehler, aber der Trick ist, aus ihnen zu lernen. Geisttiere haben ihre eigene Form von Weisheit, die sie mit Ihnen teilen werden.

Was sind Geistertiere und warum gibt es sie?

Zunächst ist es wichtig, die menschliche Form zu studieren, bevor man herausfindet, wie man sich mit Geisttieren verbinden kann. Die Wissenschaft mag als ein seltsamer Ort erscheinen, um mit einer spirituellen Suche zu beginnen, aber sie gibt Ihnen die grundlegenden Erkenntnisse, die eine spirituelle Verbindung zu ihnen zur Folge haben. Alle Menschen haben, die sich mit der von Tieren und Pflanzen überschneidet. Alle sind miteinander verflochten und bilden die spirituelle Gruppe der Lebewesen.

Dieses Konzept lässt sich besser verstehen, wenn man sich vorstellt, dass alles in der Welt durch Zellen verbunden ist. Durch den Gedanken kommt man schnell zu der Erkenntnis, dass Menschen allen anderen Lebewesen einen Notruf senden können, damit diese ihre Notlage spüren. Auf diese Weise bitten die Menschen die Geisttiere um Hilfe. Oft kann die engere Verbindung zur spirituellen Welt uns Menschen helfen.

Betrachten Sie Ihre Verbindung zu Ihrem Geisttier als eine Familienangelegenheit. Stellen Sie sich einmal vor, wie eng Sie an Ihre Familie gebunden sind und wie viele Dinge Sie gemeinsam haben. Inwiefern sind Sie Ihren Eltern ähnlich? Haben Sie braune Augen wie Ihre Mutter oder hassen Sie Essiggurken wie Ihr Vater? Betrachten Sie nun das Gesamtbild. Sie sind buchstäblich mit jedem anderen Lebewesen auf diesem Planeten auf ähnliche Art verwandt.

Einfach ausgedrückt lässt sich also sagen: In Ihrem menschlichen Körper befinden sich Erinnerungen daran, wie es war, in einem früheren Leben wie ein Adler durch die Lüfte zu fliegen. Sie haben eine zelluläre Erinnerung daran, wie es ist, eine Katze, eine Eule oder eine Spinne zu sein.

Wenn Sie das Bedürfnis verspüren, diese Verbindungen zu finden, versuchen Sie, die Teile Ihres Wesens wiederherzustellen, die zerbrochen, verletzt oder verloren gegangen sind. Die Suche nach Ihrem Geisttier wird Ihnen helfen, die Kraft, die Sie von Ihren tierischen Vorfahren geerbt haben, wiederzubeleben und sie als Ihre eigene Kraft zu nutzen.

Finden Sie Ihr Geisttier

Meditation

Die Verbindung mit Ihrem Tiergeist kann während der Meditation stattfinden. Befolgen Sie diese einfachen Schritte, um Ihr Geisttier anzurufen, und es aufzufordern, sich mit Ihnen zu verbinden.

1. Wählen Sie einen Ort, an dem Sie sich wohlfühlen und nicht gestört werden können.
2. Laden Sie die vier Himmelsrichtungen ein, sich Ihnen anzuschließen. Verwenden Sie eine Formulierung wie „Willkommen an Norden, Osten, Süden und Westen. Ich lade euch ein, mich bei meiner Suche zu unterstützen. Mutter Erde und Vater Himmel, auch ihr seid willkommen, mich auf meiner Reise zu begleiten."
3. Legen Sie sich flach auf den Boden und lassen Sie die Energie durch Ihren Körper fließen, während Sie einem beruhigenden Soundtrack, wie beispielsweise fließendem Wasser oder Naturgeräuschen, lauschen.
4. Während Sie sich entspannen und mit der Erde verbunden fühlen, bitten Sie Ihr Geisttier, Ihnen zu erscheinen.
5. Danken Sie ihm bei der Kontaktaufnahme für seine Zeit und heißen Sie es in Ihrer Welt willkommen.
6. Fragen Sie es, ob es Ihr Geisttier und Ihr Geistführer ist und ob es irgendwelche Botschaften für Sie hat. Wenn es dies bejaht, lassen Sie es wissen, dass Sie für alle Botschaften offen sind, auch wenn sie schwer zu verstehen sind.

7. Sobald es sich mit Ihnen verbunden und seine Nachrichten übermittelt hat, bedanken Sie sich für die Verbindung und fragen Sie, ob Sie etwas für Ihr Geisttier tun können.
8. Sobald die Sitzung mit Ihrem Geisttier einen natürlichen Abschluss gefunden hat, kehren Sie langsam in die physische Welt zurück. Nehmen Sie sich Zeit, um sich wieder an Ihre Umgebung zu gewöhnen, bevor Sie den vier Himmelsrichtungen und der Erde für ihre Hilfe danken.
9. Machen Sie eine zehnminütige Pause, um die Gedanken und Botschaften zu sammeln, die Sie erhalten haben.
10. Führen Sie ein Tagebuch über Ihre Erfahrungen und halten Sie alle Details fest, an die Sie sich erinnern können. Dies ist vor allem bei frühen Treffen wichtig, da Sie dann auf die Erfahrung zurückblicken und mehr aus dem Treffen lernen können.

Tiere können verschiedene Formen annehmen

Ihr Geisttier kann sich dafür entscheiden, physische Hinweise zu platzieren, die Ihnen dabei helfen, Ihre Verbindung zu erkennen. Wenn Sie beispielsweise feststellen, dass plötzlich überall Bilder von Pferden in Filmen, Büchern oder Gesprächen auftauchen, könnte dies bedeuten, dass Ihr Geisttier versucht, eine Verbindung zu Ihnen herzustellen. Ebenso berichten Menschen von roten Admiral-Schmetterlingen, die ihnen bei ungewöhnlichem Wetter oder an ungewöhnlichen Orten erscheinen.

Träume

Geisttiere lieben es, mit Menschen zu sprechen, wenn diese schlafen. Wenn man sich in einem ruhenden, friedlichen, schlafenden Zustand befindet, ist man offener dafür, seiner Intuition zu vertrauen und grundsätzlich weniger skeptisch, als wenn man wach ist. Die spirituelle Welt erkennt an, dass die Menschen manchmal kleine Schritte machen müssen, da Sie die Anwesenheit von Geistern und spirituellen Wesen erstmal akzeptieren müssen. Deshalb ziehen die Geister es vor, während eines tiefen Schlummers mit uns Menschen in Verbindung zu treten.

Die Qualitäten, die Geisttiere in Ihr Leben bringen

Im Folgenden finden Sie einige der häufigsten Geisttiere und Informationen darüber, was sie für Ihre geistige Gesundheit tun können.

1. *Bär*: Die immense Stärke des Bären kann Ihnen helfen, Ihre eigene innere Stärke zu finden. Er hat einen praktischen Bezug zur Erde und ist eine heilende Kraft für die Seele. Er hilft Ihnen, die erdende Kraft zu finden, auf die Sie zurückgreifen können, wenn Sie sich unsicher fühlen. Bären sind ein Symbol für Tatkraft und Führungsqualitäten, das Ihnen einen eisernen Willen verleiht.

2. *Schmetterling*: Diese wunderschönen Geschöpfe verkörpern persönliche Veränderungen. Stellen Sie sich vor, wie sie aus ihrer Puppenform schlüpfen und sich in farbenfrohe Wesen verwandeln, die sich in den Himmel erheben können. Wenn Ihr Geisttier zur Familie der Lepidoptera gehört, haben Sie einen Volltreffer gelandet! Der Schmetterling wird Ihnen dabei helfen, Veränderungen in Ihrem Leben vorzunehmen, die es Ihnen ermöglichen, sich zu verwandeln und sich über Ihre Probleme zu erheben.

3. Sie stehen auch für das Bedürfnis nach Spaß und Verspieltheit in Ihrem Leben. Wenn Sie ständig von ernsten Gedanken übermannt werden, kann Ihnen Ihr Schmetterlingsgeisttier helfen, die Freude am Leben wiederzuentdecken.

4. *Katze*: Jeder weiß, dass Katzen unabhängig sind, und dass sie dennoch liebevoll und treu sein können. Das gilt auch für die Geisttiere, die die Gestalt einer Katze annehmen. Dazu gehören zum Beispiel die Neugier, das Abenteuer und die Unabhängigkeit – all diese positiven Einflüsse werden Ihnen dabei helfen, die Tugend der Geduld zu erlernen.

5. *Kojote*: Dieser Tiergeist ist voller Widersprüche. Er kann als der Witzbold des Rudels angesehen werden und bringt unbeschwerte Energie und einen Sinn für Humor in Ihren Geist. Er repräsentiert die Balance zwischen Humor und Weisheit mit einem Hauch von Verspieltheit. Wenn ein Kojote in physischer Form erscheint, wird er seine alberne Seite zeigen, um Ihren Geist zu beruhigen und zu entspannen.

6. *Die Krähe*: Diese prächtige schwarze Kreatur wird mit Geheimnissen und Verzauberung in Verbindung gebracht. Wenn Sie diesen Vogel dazu einladen, zu Ihrem Geisttier zu werden, wird er Sie auf eine höhere Ebene führen. Krähen sind außerdem auch intuitiv und werden Sie in Ihren Träumen und Erwartungen unterstützen.
7. *Hirsche*: Diese sanften, anmutigen Tiere suchen die Verbindung zu Menschen, die sensibel und intuitiv sind. Sie bringen Kraft und Stärke in Ihren Geist und ermöglichen es Ihnen, wachsamer zu werden und Gefahren zu vermeiden. Diese schnellen und bewegungsfreudigen Tiere können große Entfernungen mit Anmut und scheinbar mühelosen Bewegungen zurücklegen. Sie werden diese Qualitäten auf Ihren inneren Geist übertragen und Ihnen zum Erfolg verhelfen.
8. *Delfin*: Er ist vielleicht eines der bekanntesten Geisttiere und steht für Harmonie und Frieden. Aufgrund ihrer ausgeprägten Intelligenz verbinden sich Delfine am liebsten mit Menschen, die von innerer Stärke durchdrungen sind und ein ruhiges und entspanntes Wesen haben. Das Geisttier Delfin beschützt diejenigen, mit denen er im Einklang ist, und hilft ihnen, ihren natürlichen Frieden und ihre innere Harmonie zu finden.
9. *Libelle*: Diese farbenfrohen Geschöpfe sind für ihre kräftigen Flügel und facettenreichen Augen bekannt. Das macht sie anpassungsfähig und fröhlich zugleich. Wer sich mit der Libelle verbindet, erfährt eine starke Verbindung zur Natur, die ihm hilft, von innen heraus zu strahlen. Ihre wahren Farben kommen zum Vorschein, und sie bringen die Fähigkeit mit, ihren Charakter zum Positiven zu verändern.
10. *Fuchs*: Manche Menschen assoziieren den Fuchs mit seiner schlauen Natur, aber das Geisttier bedeutet noch etwas ganz anders. Füchse nutzen ihre natürliche Intuition, um den Menschen bei der Bewältigung kniffliger Situationen zu helfen. Ihre Wahrnehmung ist von Natur aus geschärft, und sie vermitteln ein Gefühl von Bewusstsein und Verantwortlichkeit.
11. *Frosch*: Dieses Geisttier wird mit Veränderungen assoziiert. Frösche erinnern die Menschen daran, dass der Wandel wichtig ist, um im Leben voranzukommen, und dass es normal ist, als Mensch an den eigenen Fehlern zu wachsen. Sie verfügen über

uralte Weisheit, die sie durch ihre spirituelle Verbindung zu den Menschen teilen und sind mit starken emotionalen Bindungen gesegnet. Sie bringen ein weibliches Element in die Energien der Menschen und helfen ihnen, ihre Auren und ihre spirituelle Ausstrahlung zu reinigen.

12. *Falke*: Diese spirituellen Tiere verbinden sich oft mit Menschen, die eine gute Beobachtungsgabe haben und Situationen aus verschiedenen Blickwinkeln betrachten können müssen. Feuerwehrleute und andere Mitglieder von Rettungsdiensten profitieren von der Weisheit des Falken und seinem Sinn für Perspektive. Sie helfen den Menschen dabei, ihre klare Sicht auf die Dinge fördern und ihre Konzentrationsfähigkeit zu verbessern.

13. *Pferd*: Es ist das motivierendste aller Geisttiere. Pferde bringen den Geist der sexuellen Energie, der Leidenschaft und des Freiheitsdrangs mit sich. Es gibt zwei Formen von Geisttieren, die durch das Pferd repräsentiert werden, je nachdem, was der Mensch braucht. Pferde können als wildes Wesen oder als eine eher zurückhaltende Kraft erscheinen. Pferde vermitteln denjenigen, die eine Stärkung ihres Selbstbewusstseins brauchen, ein Gefühl von begründetem Anspruch auf Privilegien und eine höhere Lebensqualität.

14. *Kolibris*: Diese winzigen Kreaturen sollten trotz ihrer Größe nicht übersehen werden. Obwohl sie die kleinsten Geistervögel sind, haben sie eine enorme spirituelle Präsenz. Sie haben immense Kraft in ihren Flügeln und sind bereit, diese Kraft mit Menschen zu teilen, mit denen sie sich verbinden. Sie sind unabhängig, freudig und haben gerne Spaß. Wenn Sie sich mit einem Kolibri verbinden, werden Sie sich sofort ermutigt fühlen.

15. *Löwe*: Wenn Sie jemanden brauchen, der Ihnen als Kämpfer zur Seite steht, wenden Sie sich an das Geisttier, das die Form eines Löwen annimmt. Während die Löwen in der Natur manchmal faul erscheinen, ist das Geisttier des Löwen ganz anders veranlagt. Es bringt Ihnen den Mut, sich allen Widrigkeiten zu stellen, und gibt Ihnen Ratschläge, auch dann, wenn etwas Aggression erforderlich ist. Wenn Ihnen dieses Tier erscheint, ohne dass Sie es gerufen haben, kann das bedeuten, dass sich Ihr Leben gerade in einer Spirale befindet. Der Löwe bieten Ihnen in turbulenten Zeiten seine Unterstützung an.

16. *Eule*: In der Natur wird die Eule oft als aufrechtes, weises, allsehendes Wesen mit der Fähigkeit, fast ihre gesamte Umgebung zu sehen bezeichnet. Die spirituellen Eulen besitzen eine ähnliche Gabe. Sie ermöglichen es Ihnen, über traditionelle Barrieren hinwegzusehen und sich ein klareres Bild von der Situation zu machen. Sie sind intuitiv und weise und haben ein angeborenes Wissen darüber, ob jemand versucht, sie zu täuschen. Sie können jederzeit den Geist einer Eule anrufen, er wird Ihnen umgehend zu Hilfe eilen.

17. *Panda*: Das weiche, flauschige Äußere dieses Bären erweckt den Eindruck von Vertrautheit und Niedlichkeit, aber die wahre Natur des Pandas ist viel intensiver. Dessen ruhige Haltung und träge Kraft erfüllen seine Beziehung zu den Menschen mit einem Gefühl der sanften Stärke. Sie bringen jedem, der ihnen die Hand reicht, Glück und friedliche Schwingungen.

18. *Panther*: Wenn Sie das Glück haben, einen Panther zum Geisttier zu haben, werden Sie dabei von den wildesten Wächtern beschützt. Mit ihrer Verbindung zum dunklen Mond und dem Nachthimmel bringen sie eine himmlische Kraft mit sich. Ihre Verbindungen sind voller kraftvoller Symbolik, und sie können oft für Tod und Wiedergeburt stehen.

19. *Schafe*: Diese sanften Geisttiere suchen die Verbindung zu Menschen, die den Kontakt zu ihrem inneren Kind verloren haben. Sie haben das Gefühl, dass ihre Unschuld und ihre Arglosigkeit sie für den Druck der Gesellschaft besonders anfällig macht. Die Anwesenheit der Schafe zeigt ein Bedürfnis an, zu einfacheren Zeiten zurückzukehren und einer kindlichen Version Ihrer selbst zu werden.

20. *Schlange*: Viele Kulturen respektieren die Schlange und die Verbindung, die sie mit den Lebenskräften hat. Sie erkennen an, dass ein Schlangengeist-Führer Ihnen dabei helfen kann, sich mit Ihrem ursprünglichen Selbst zu verbinden und durch dessen Kraft energetisiert zu werden. Schlangengeister helfen Ihnen, den richtigen Weg durchs Leben zu finden, wenn Sie auf eine andere Ebene wechseln müssen. Die Führung wird auch Möglichkeiten zur Heilung auf der Reise beinhalten.

21. *Die Spinne*: Mit ihrer erstaunlichen Fähigkeit, aus den fadenscheinigsten Materialien ein starkes Netz zu weben,

verkörpern Spinnen die weibliche Energie. Das bedeutet nicht, dass sie ausschließlich Frauen zur Verfügung stehen, denn sie sind eine Quelle der Kraft für beide Geschlechter. Sie werden sich mit Menschen verbinden, die die gleichen kreativen Fähigkeiten und eine hohe Aufnahmefähigkeit besitzen. Spinnen lehren Sie, wie Sie eine metaphorische Falle aufstellen können, um Ihre Beute zu fangen. Diese Fähigkeit kann besonders bei der Partnersuche oder beim Besiegen eines Feindes nützlich sein!

22. *Tiger*: Mit seinem rollenden Gang und seinen kräftigen Koteletten ist der Tiger ein prächtiges Tier, das von natürlicher Aggression beherrscht wird. Das Geisttier hat auch einen Sinn für persönliche Macht und hilft Ihnen dabei, sich mit Ihren innersten Gefühlen zu verbinden. Er wird Sie lehren, Ihren Instinkten zu vertrauen und diesen schnell zu folgen. Tiger wissen, dass Vorhersehbarkeit in der Natur zu Katastrophen führen kann, und helfen Ihnen dabei, sich an die Umgebung anzupassen, in der Sie sich befinden.

23. *Der Truthahn*: Diese seltsam aussehenden Vögel sind das Symbol des Überflusses. Sie stehen oft für Zeiten des Überflusses, wie z. B. Erntedank- und Weihnachtsfeste, und ihre spirituelle Präsenz wird Ihnen Nahrung und Sättigung bringen. Das kann körperlich sein, wenn Sie sich von einer Krankheit erholen, oder geistig, wenn Sie trauern. Sie bringen Ihnen die Erkenntnis, dass Sie nicht nur sich selbst, sondern auch Ihre Gemeinschaft ernähren sollten.

24. *Schildkröte*: Während sie an Land schwerfällig erscheinen, sind Schildkröten geschickt darin, sich im Wasser fortzubewegen. Dieser Energietyp spricht Menschen an, die sich in ihren irdischen Rollen gefangen fühlen und die Freiheit der Natur suchen. Die Schildkröten als spirituelle Tiere bringen emotionales Gleichgewicht und Mut mit sich, die es Ihnen möglich machen, vorwärtszugehen. Sie sind außerdem bescheidene Geschöpfe, die nur dann auftauchen, wenn sie das Gefühl haben, gebraucht zu werden. Wenn Sie das Gefühl haben, dass die Welt Sie überwältigt und Sie einen anderen Lebensrhythmus finden müssen, könnten Sie die Schildkröte um Hilfe bitten.

25. *Wal*: In der geistigen Welt ist das Geisttier des Wals der Buchhalter der Erde. Es hat die Aufgabe, alles, was auf der Erde geschieht, und jede Interaktion zwischen lebenden und geistigen Wesen aufzuzeichnen. Das ist keine einfache Aufgabe. Wenn

Ihnen also ein spiritueller Wal als Ihr Tier erscheint, ist es an der Zeit, Ihr eigenes Leben genauer unter die Lupe zu nehmen. Der Wal ist gut organisiert, er kann mit allen Ebenen der Wesen kommunizieren und ist mit der Geschichte der Welt verbunden. Nutzen Sie seine Fähigkeiten, um die unangenehmen Wahrheiten, die Sie in Ihrem Leben erkennen, wahrzunehmen, anstatt Sie mit Abweisung zu betrachten. Seine Anwesenheit könnte ein Hinweis darauf sein, dass Sie Ihre Augen öffnen und Ihr Leben bewusster leben sollten.

26. *Wolf:* Wann immer von Geistertieren die Rede ist, ist eines der ikonischsten Bilder der mächtige Canis lupus mit seinem prächtigen Fell und seinen leuchtenden Augen. Der Wolf ist ein wildes Wesen mit einem angeborenen Appetit auf Freiheit. Er kann in Rudeln arbeiten, aber am effektivsten ist er, wenn er allein agiert. Wölfe erscheinen oft, um Sie daran zu erinnern, dass Sie Ihren Instinkten vertrauen und sich auf Ihre Intuition verlassen sollten. Sie sind sich der Macht der sozialen Interaktion bewusst, aber sie erinnern Sie auch daran, dass Isolation nicht immer etwas Schlechtes ist.

Die oben genannten Wesen sind die in der Geisterwelt am häufigsten vertretenen Tiere, aber das bedeutet nicht, dass diese Liste alle relevanten Tiere umfasst. Wundern Sie sich nicht, wenn Ihre Beschwörung oder Evokation den Kontakt zu einem Tier herstellt, das nicht auf dieser Liste steht. Das Tierreich ist voll von mächtigen Kreaturen, die sich darauf verstehen, auf den Hilferuf Ihrer Seele zu reagieren, und es hat eine ganze Menagerie von Tieren zur Auswahl.

Ihr spezielles Geisttier könnte so unterschiedlich sein wie ein Ameisenbär, der Ihnen bei Problemen hilft, oder ein Krokodil, das Ihnen zeigt, wie Sie Ihre emotionalen Energien anpassen können, um Ihr Leben zu verbessern. Ein bescheidener Grashüpfer könnte Ihnen signalisieren, dass Sie Glück brauchen, während ein Pfau Ihnen ein Gefühl von Selbstwert und Zuversicht vermitteln könnte.

Sie verstehen also schon: Die physischen Charakteristika eines Tieres sind oft mit den spirituellen Elementen verbunden, die es mit sich bringt.

Kapitel 4: Aufgestiegene Meister und spirituelle Transformation

Was sind aufgestiegene Meister?

Sie sind Geister, die als Menschen gelebt und eine spirituelle Transformation erreicht haben, die sie über den karmischen Kreislauf hinausbefördert hat. Sie haben ihre karmische Schuld beglichen und ihre Verbindung mit ihrem höheren Selbst gemeistert. Aufgestiegene Meister haben die ihnen zugewiesenen Reinkarnationen durchlaufen und sind aus diesen mit der Weisheit und der Kraft hervorgegangen, die erforderlich waren, um zu einem verehrten spirituellen Meister und Führer zu werden.

Auf ihrem Weg durch die spirituellen Ebenen haben sie die Beschränkungen des physischen Körpers gemeistert und durch ihre verschiedenen Reinkarnationen eine Fülle von Weisheit erlangt. Jeder Mensch versucht, seine Spiritualität zu verbessern und die Ehre des spirituellen Aufstiegs zu erleben, und die aufgestiegenen Meister sind dazu, um Ihnen dabei zu helfen.

Sich spirituell weiterzuentwickeln und sich auf eine Reise der Selbstentdeckung zu begeben, kann zwar erhellend sein, sich aber gleichzeitig wie eine isolierende Erfahrung anfühlen. Wenn Sie Schwierigkeiten dabeihaben, die Unterstützung zu finden, die Sie von Ihren Freunden und Ihrer Familie brauchen, ist es vielleicht an der Zeit, aufgestiegene Meister anzurufen, die Ihnen dabei helfen können, die vor Ihnen liegende Herausforderung zu bewältigen.

Wer sind die aufgestiegenen Meister?

Jesus Christus

Jesus Christus ist der vielleicht bekannteste aufgestiegene Meister von allen. Er verbrachte einige Zeit in der Wildnis, um seine Dämonen zu bekämpfen und über seine Spiritualität nachzudenken. Er wurde auf die Erde geschickt, um unter den Menschen zu wandeln und sie seine Segnungen zu lehren. Er wurde geopfert, um die Menschheit zu retten, und stieg nach seinem Tod in den Himmel auf.

Er kann Sie in den Künsten der bedingungslosen Liebe, der heilenden Energien, der Vergebung und der Beständigkeit unterrichten. Er erhört Gebete und besucht Sie in Ihren Träumen oder wenn Sie meditieren. Jesus ist gewissermaßen der ultimative aufgestiegene Meister.

Milarepa

Der vollständige Name dieses berühmten tibetischen Yogis lautet Jetsun Milarepa. Seine Geschichte ist in der tibetischen Folklore berühmt und wurde über Generationen von seinen Anhängern überliefert und weitererzählt. Seine frühen Erfahrungen im Leben waren von Gewalt geprägt, und er wandte sich dem Mord zu, um sein Bedürfnis nach Rache zu befriedigen. Als er über seine grausamen Taten in der Vergangenheit traurig wurde und Reue empfand, versuchte er, sich durch die Religion zu rehabilitieren.

Der Yogi wandte sich ihm zu, da er seine Aufrichtigkeit erkannte, wusste aber auch, dass er für seine Vergangenheit büßen musste. Er beauftragte Ihn mit Prüfungen, die sowohl seelisch sehr herausfordernd waren, als auch seinen Charakter auf die Probe stellen sollten. Milarepa erfüllte seine Aufgaben mit Ehre, und ein Turm, den er einst baute, steht noch immer in Tibet. Neben seinen Prüfungen überlebte er eine Reihe von gefährlichen Angriffen und ging ohne negatives Karma aus diesen Erfahrungen hervor.

Anschließend verbrachte er einige Zeit in einsamer Kontemplation in den Höhlen Tibets und besuchte Rückzugsorte in den Bergen, um seine eigene Sicht der Dinge zu entwickeln. Später sagte er, dass seine Zeit der Einsamkeit ihm dabei half, den Weg des wahren Glaubens und der spirituellen Erleuchtung zu finden. Milarepa ist das perfekte Beispiel dafür, wie sich ein Leben in nur wenigen Jahren von einem frevelhaften zu einem heiligen Leben wandeln kann. Ihm wird zugeschrieben, dass er den schnellsten Wandel zum tantrischen, spirituellen Leben gefunden hat.

Der heilige Franz von Assisi

Der 1182 nach Christus geborene Franziskus wurde als Kind Gottes getauft, was seinen Vater verärgerte, der die Wirtschaft der Religion vorzog. In jungen Jahren war er ein beliebter Mensch, der aber in der Schule nicht gut abschnitt. Er führte ein sündiges Leben voller Wein, Frauen und Gesang.

Der Wendepunkt der Geschichte ereignete sich während des Vierten Kreuzzuges. Er war fünfundzwanzig Jahre alt und in eine prächtige Rüstung gekleidet, bereit, in die Schlacht gegen die Feinde Frankreichs zu ziehen. Eines Nachts hatte er einen Traum, in dem ihm Gott erschien. Dieser sagte ihm, er sei auf dem falschen Weg und müsse in sein Dorf zurückkehren und sein Leben überdenken.

Es war noch nicht einmal ein Tag vergangen, als Franziskus ruhmreich und mit der Gewissheit der triumphalen Rückkehr eines Ritters abgereist war. Sein Vater und seine Familie waren wütend über sein Handeln, das sie als schändlich und feige empfanden. Franziskus ließ sich davon nicht abschrecken und zog sich in die Einsamkeit einer Höhle zurück, wo er über seine Sünden weinte. Gott besuchte ihn regelmäßig und erfüllte ihn mit Gnade, bis es an der Zeit war, die Höhle zu verlassen und seine neue Mission anzutreten.

Er verbrachte Jahre damit, Gottes Gebote zu befolgen und die weniger Glücklichen auf ihrem Lebensweg zu unterstützen. Schließlich begann er zu predigen, und obwohl er nie ein Priester war, strömten die Menschen in Scharen herbei, um ihn sprechen zu hören. Er lebte ein einfaches Leben, bettelte um Nahrung und lebte unter freiem Himmel, und er ermutigte andere, es ihm gleichzutun. Er ermutigte auch reiche Menschen dazu, ihren Reichtum mit den Armen zu teilen und nach dem Evangelium zu leben.

Franziskus glaubte, dass sein Handeln die Lehren, die er predigte, unterstützen musste. Er wollte die Armut nicht abschaffen, er wollte sie zu einer heiligen Lebensart machen. Eine Geschichte erzählt, dass er einen Mann, der seines Essens beraubt worden war, dazu ermutigte, den Räuber zu verfolgen und ihm sein Gewand anzubieten.

Seine Liebe zur Natur und zu den Tieren war für alle offensichtlich, doch andere nutzten seine Liebe aus. Als er nach Italien zurückkehrte, um seine letzten Jahre in seinem Heimatland zu verbringen, gründete er eine Bruderschaft in seinem Namen, die in seiner Abwesenheit über 5.000 Mitglieder zählte. Es fiel ihm schwer, mit dem Druck seiner

Anhänger zu leben, sich weniger strengen Normen anzupassen, und er übergab die Leitung der Bruderschaft an andere.

Die letzten Jahre im Leben des Franziskus waren von Leiden und Krankheit geprägt, da seine langen Jahre der Armut und des einfachen Lebens ihren Tribut forderten. Er begann, sein Augenlicht zu verlieren, und seine Hände und Füße waren mit Stigmata bedeckt, die die Wundmale Christi bei der Kreuzigung darstellen sollten. Er starb 1226 nach Christus im Alter von 45 Jahren und wurde als Beschützer der Ökologen und Tiere heiliggesprochen.

Lady Portia

Lady Portia, auch bekannt als die aufgestiegene Meisterin, ist die weibliche Version einer Flamme der Transformation. Sie ist für den inneren Frieden und die Stabilität verantwortlich und kann immer angerufen werden, um die Harmonie wiederherzustellen. Sie hilft den Menschen, ihre Schwingungen von den niederen Ebenen der Kritik, des Urteils und der Negativität auf höhere Schwingungen, geprägt durch Liebe, Mitgefühl und Gerechtigkeit, anzuheben.

Lady Portia wird Ihnen bei Fragen zu den folgenden Themen helfen:

- Wie Sie das Karma verstehen und die Negativität vertreiben
- Wie Sie ein persönliches Gleichgewicht zwischen Arbeit und Freizeit finden
- Wie Sie Vergebung im Umgang mit anderen praktizieren können
- Wie Sie Selbstvergebung und Selbstliebe praktizieren sollten
- Wie Sie lernen, Ihre Träume zu verwirklichen und Ihre Bestimmung zu entdecken
- Wie Sie die Macht über Ihr Handeln zurückgewinnen
- Wie Sie sich bei rechtlichen Problemen Hilfe suchen können

Lady Portia ist besonders mächtig, wenn es darum geht, Frauen dabei zu helfen, ihre Ziele zu erreichen, und sie ist eine inspirierende Kraft in spirituellen Bereichen. Sie hat ein spezielles Refugium, bekannt als die Höhle des Lichts im Himalaya, das sie mit Manu teilt, der ebenfalls eine Höhle in Transsylvanien besitzt, die Rakoczy Mansion.

Ein Buch mit dem Titel *Magic Presence* beschreibt die Reise einer Gruppe von ihren Anhängern und ihren Besuch in den Höhlen. Es beschreibt, wie amerikanische Gläubige die Höhle betreten und mit natürlichen Lebenskräften und Elementen aufgeladen werden, die ihre Seelen erhben. Sie werden 48 Stunden lang Zeuge von Wundern und Demonstrationen der Alchemie, bevor sie wiederauftauchen, mit dem Gefühl, eine vollständige spirituelle Wiedergeburt erlebt zu haben.

Was ist die spirituelle Entwicklung, und wie können Sie wissen, ob Sie Ihre bereits erlebt haben?

Betrachten Sie sich selbst als eine Art Fahrzeug. Ihr Körper und Ihr Geist sind die physischen Bestandteile des Fahrzeugs, während Ihr Geist der Fahrer ist. So wie das Autofahren ein Lernprozess ist und man mit zunehmender Erfahrung besser wird, hat auch die spirituelle Reise durch das Leben eine lange Lernkurve. Wenn Sie ein Auto fahren, ist es wichtig, Hindernissen auszuweichen. Beim Autofahren im Leben ist es nicht anders, und während Sie die spirituellen Ebenen erklimmen, werden Sie Unterschiede in Ihrer Sichtweise bestimmter Ereignisse feststellen.

Die Reise durch das Leben hat ein Endziel – nämlich den inneren Frieden. Wenn Sie spirituelle Techniken beherrschen und Ihre Kommunikationsfähigkeiten verbessern, werden Sie zu einem Meisterfahrer. Sie werden instinktiv wissen, welchen Weg Sie nehmen müssen und welche Routen Sie vermeiden sollten. Stattdessen werden Sie eine friedliche Route wählen, die angenehm zu fahren ist. Nennen wir Sie zum Beispiel den „Highway to Heaven".

Die oben genannten aufgestiegenen Meister haben ein gemeinsames Band, das sich in ihrer Geschichte zeigt. Sie alle nahmen sich eine Auszeit von ihrem Leben, um zu kontemplieren und sich neu zu formieren, meist in Höhlen. Auch wenn Höhlen für die moderne Gesellschaft nicht ohne weiteres zugänglich sind, können Sie sich dennoch Zeit für einen Rückzug nehmen. Einen heiligen Ort zu finden, an dem Sie Ihren inneren Frieden finden können, wird Ihnen helfen, einen sanfteren Weg zu Ihrem inneren Frieden zu gehen.

Erkennen Sie Ihre spirituelle Transformation

1. *Sie werden sich bewusster, wie Sie auf negative Aspekte Ihres Lebens reagieren*

    Manche Menschen glauben, dass der Wunsch nach Glück eines der größten Hindernisse ist, die sie von einem schnellen spirituellen Fortschritt abhalten. Es ist wichtig zu verstehen, dass Leiden und Trauma Ihnen helfen, sich weiterzuentwickeln, und dass der Schmerz, den Sie empfinden, Sie zu einer höheren Ebene der Spiritualität motivieren wird. Die meisten Menschen erleben täglich Negativität und halten sie oft sogar für normal. Sie müssen lernen, ihr Leiden anzunehmen und es in eine positive Kraft zu verwandeln.

2. *Sie verlieren das Interesse an den oberflächlichen Merkmalen Ihrer Umgebung*

Wenn Sie sich dabei ertappen, ein Buch zu lesen oder ein informatives Programm im Fernsehen zu sehen, anstatt mit Ihren Freunden zu feiern, könnten Sie einfach erwachsener werden! Oder Sie entwickeln sich zu einem geistig reifen Wesen.

Langweilen Sie sich auch mit Klatsch und Tratsch und der Kultur der Prominenten? Die Gesellschaft ist besessen von Prominenten und voll von Bildern, die zeigen, wie sie leben und lieben. Geschichten über Prominente beherrschen oft die Nachrichten. Vielleicht hat Ihnen das früher gefallen, aber jetzt sind Sie angewidert von den oberflächlichen Gesprächen, die Sie umgeben.

Leider werden Sie eine Zeit lang das Gefühl haben, verloren und einsam zu sein, wenn Sie über die gewöhnlichen Beschäftigungen derjenigen hinausgehen, die weniger spirituell sind als Sie. Das wird vorübergehen, und die Entdeckung Ihrer spirituellen Erfüllung ist befriedigender als jede weltliche Belohnung.

3. *Sie schätzen die Einsamkeit und verbringen lange Zeiträume allein, ohne sich einsam zu fühlen*

Wenn Ihre Vorstellung vom Himmel ein Urlaub im Wald inmitten der Natur ist, könnte das bedeuten, dass Sie spiritueller werden. Wenn Sie früher dachten, der ideale Urlaub bestehe aus einem überfüllten Strand voller Partygänger, gefolgt von lauten Nachtclubs, in denen bis in die frühen Morgenstunden getrunken wird, aber diese Art von Veranstaltungen jetzt meiden, entwickeln Sie sich spiritueller weiter.

Stille und Einsamkeit helfen Ihnen, die Ablenkung durch eine laute Welt auszublenden. Wenn Sie es vorziehen, einen Ort der Schönheit zu wählen und die Wunder eines Naturphänomens zu genießen, beschleunigen Sie Ihre spirituelle Transformation.

4. Sie werden weniger geneigt sein, Trends zu folgen

Wenn Sie sich von der Schafsmentalität der Menschen frustriert fühlen und es vorziehen, sich den Trends zu widersetzen, dann wachsen Sie spirituell gerade. Sie müssen einen Glaubenssprung wagen und Ihre Komfortzone verlassen. Wenn Sie mit einem Gefühl der Verwunderung über das, was vor Ihnen liegt, erfüllt sind, sind Sie von der Kraft der Geister erfüllt.

5. Sie sind offen für alle religiösen Konzepte und versuchen, ein tiefes Verständnis für weltliche Überzeugungen zu entwickeln

Wenn Sie das Bedürfnis verspüren, Ihren Glauben zu hinterfragen und ihn mit anderen Kulturen zu vergleichen, ist das ein Zeichen für geistiges Wachstum. Je mehr Sie lernen, desto mehr erkennen Sie, dass Ihr Wissen große Lücken aufweist. Je mehr Sie lernen, desto mehr erkennen Sie auch, dass Lesen nicht der Weg zu spirituellen Offenbarungen ist. Sie beginnen, sich nach Erfahrungen zu sehnen, die Sie mit der geistigen Welt verbinden, und sind eher bereit, höhere Wesen mit verschiedenen kulturellen Riten anzurufen.

Machen Sie sich keine Sorgen, wenn Sie spüren, dass Ihre ursprünglichen Überzeugungen zu bröckeln beginnen. Das ist eine gute Sache. Sie werden das Fundament für höhere Wahrheiten bilden, wenn Sie beginnen, Ihr neues Glaubenssystem aufzubauen.

6. Sie finden Gewalt und Negativität inakzeptabel

Die modernen Medien sind voll von gewalttätigen Bildern und Erzählungen über Mord und Todschlag. Wenn Sie sich von diesen Bildern und dem Horror abgestoßen fühlen, erleben Sie ein spirituelles Erwachen. Warum lassen sich die Menschen von Bildern des Grauens und der Negativität unterhalten, wenn die Welt voller Schönheit ist?

Diese plötzliche Veränderung mag Sie zunächst schockieren, aber sie wird Ihnen helfen, Schönheit und Gelassenheit in den Medien zu erkennen. Sie müssen sie nur finden. Sie werden sich zu Filmen und Fernsehsendungen hingezogen fühlen, die positiv und voller Freude sind, und Sie werden sich vielleicht klassischer Musik zuwenden, um die Einfachheit der Kompositionen zu genießen. Sie werden wissen, welchen Weg Sie einschlagen müssen und wann Sie ihn einschlagen sollten.

7. Sie beginnen, Ihre Gefühle tief zu erleben

Dies kann für viele Menschen, die spirituelles Wachstum anstreben, ein Grund zur Sorge sein. Sie fragen sich, warum sie sich so deprimiert fühlen und auf ihrer Suche inneren Aufruhr erleben? Manche Menschen glauben, dass der Weg zur Selbsterkenntnis voller Licht und Glück ist, und werden von ihren tief verwurzelten Gefühlen der Traurigkeit verwirrt.

Die Wahrheit ist, dass lange Perioden der Depression oft einen bedeutenden Durchbruch in diesem Prozess bedeuten.

Sie haben zur Folge, dass Sie sich der Negativität um Sie herum bewusster werden und dass Sie sich davon befreien müssen. Es ist ein Zeichen für die Reinheit Ihrer Absichten und die Notwendigkeit, sich von negativen Kräften zu reinigen. Die Gefühle der Euphorie, die auf eine solche Reinigung folgen, machen die Zeiten der Traurigkeit die Mühe wert.

8. Ihre Ziele ändern sich

Wenn Sie sich auf diese spirituelle Reise begeben, wird Ihnen klarwerden, dass materialistische Dinge außerordentlich wenig Freude bringen. Wenn Sie anfangen, sich zu fragen, wer Sie sind und wer Sie eines Tages gerne sein wollen, verändert sich die Art und Weise, wie Sie Erfüllung wahrnehmen. Wenn Sie anfangen, nach Verbesserungen an sich selbst zu suchen und nicht an Ihrer Umgebung, sind Sie auf dem richtigen Weg.

9. Sie sind körperlich erschöpft und brauchen mehr Schlaf

Die Freisetzung von Negativität kann sich auf Ihr körperliches und geistiges Energieniveau auswirken. Dies kann zum Freisetzen von Hormonen in Ihrem Körper führen, die Ihre Sinne überstimulieren. Das kann sich zwar euphorisch anfühlen, kann aber auch anstrengend sein. Akzeptieren Sie, dass Sie mehr Ruhe brauchen, und sorgen Sie dafür, dass Sie den nötigen Schlaf auch bekommen. Wenn Sie den natürlichen Wunsch nach Schlaf bekämpfen, fehlt Ihnen möglicherweise die Energie, um die unterdrückten Emotionen loszulassen. Das könnte bedeuten, dass Sie Gefahr laufen, Ihre Emotionen zu unterdrücken und den Prozess erneut beginnen müssen.

10. Sie sehen die Schönheit um Sie herum

Dies ist ein deutliches Zeichen dafür, dass Sie auf dem Weg zum inneren Frieden große Fortschritte machen. Wenn Sie bei den einfachsten Dingen Tränen vergießen, haben Sie Ihre Seele für einfachere Wahrnehmungen geöffnet. Wenn Sie die Schönheit eines Betonpfostens sehen können, der eine städtische Landschaft überragt, sind Sie auf dem besten Weg, spirituell voranzukommen.

11. Sie wollen etwas bewirken

Beim spirituellen Erwachen geht es darum, ein ausgeglichener Mensch zu werden, der die Freude und das Leid in der Welt versteht und etwas bewirken will. Diese Gefühle können sich auf vielerlei Weise manifestieren. Das Bedürfnis, sich ehrenamtlich für örtliche Wohltätigkeitsorganisationen zu engagieren, Geld oder Zeit für Bedürftige zu spenden oder einfach seine Gedanken mit anderen zu teilen, sind alles Zeichen von Mitgefühl.

Wenn Sie Selbstsucht in Selbstlosigkeit verwandeln, sind Sie auf Ihrer spirituellen Reise schon weit gekommen.

12. Sie beginnen, über das Leben nach dem Tod nachzudenken

Der Tod ist unvermeidlich, warum also fürchten die Menschen ihn? In manchen Kreisen ist es ein Tabu, über den Tod zu sprechen und darüber, was mit den Seelen geschieht, wenn sie diese sterbliche Hülle verlassen haben. Wenn Sie mit spirituell reifen Menschen sprechen, werden sie gerne über das Leben nach dem Tod sprechen und darüber, was sie dort zu finden erwarten.

Wenn Sie erst Ihre geistigen Muskeln gestärkt haben, erkennen Sie, dass, egal was mit Ihrem sterblichen Körper geschieht, ein Teil von Ihnen für immer weiterleben wird. Diese Erkenntnis wird Ihnen dabei helfen, voranzukommen und Ihre Suche nach innerer Stärke weiterzubringen.

Diese Art von Fragen sollten Sie stellen, wenn Sie sich am wohlsten fühlen. Versuchen Sie es mit Meditationstechniken oder einem Rückzug in die Einsamkeit, damit Sie die Möglichkeit haben, die wichtigste aller Fragen zu stellen: Was wird mit Ihnen geschehen, wenn Ihr physisches Selbst stirbt?

Wenn eine der oben genannten Situationen auf Sie zutrifft, befinden Sie sich bereits auf einem Weg des spirituellen Erwachens. Diese Dinge brauchen Zeit. Erlauben Sie sich, diese Veränderungen zu akzeptieren, und erinnern Sie sich daran, dass Sie für jedes Gefühl von Kummer und Einsamkeit mit zahlreichen Gefühlen von Freude und Liebe belohnt werden. Die Suche nach innerem Frieden ist eine Reise, die man nicht auf die leichte Schulter nehmen sollte. Fragen Sie sich, warum Sie dies tun, und die Antworten sollten Ihnen helfen, alle Hindernisse zu überwinden, auf die Sie stoßen.

Wenn Sie noch weitere Hilfe brauchen, wenden Sie sich an die aufgestiegenen Meister. Sie alle haben Zeiten des Zweifels erlebt und wurden auf Ihrem Weg zum spirituellen Erwachen mit Hindernissen konfrontiert. Die aufgestiegenen Meister sind immer dazu bereit, Ihnen dabei zu helfen, Ihren spirituellen Weg zu finden.

Kapitel 5: Wie Sie mit Ihren verstorbenen Angehörigen Kontakt aufnehmen können

Die geistige Welt ist ein faszinierender Ort voller Geister, die bereit sind, zu kommunizieren und Ihnen auf Ihrer irdischen Reise zu helfen. Aber was ist, wenn Sie mit jemandem ganz bestimmten sprechen möchten? Vielleicht haben Sie kürzlich jemanden verloren und stehen vor unbeantworteten Fragen, die Sie ihm oder ihr gerne stellen würden. Vielleicht ist jemand verstorben, bevor Sie ihn ein letztes Mal besuchen konnten, und Sie möchten sich von ihm verabschieden.

Die Geister aus dem Jenseits könnten auch eine persönliche Verbindung zu Ihnen herstellen und Ihnen mitteilen wollen, wie Ihre Angehörigen in der spirituellen Welt zurechtkommen. Was auch immer der Grund ist, es gibt einen Weg, Ihre Probleme zu lösen, indem Sie mit Ihren Angehörigen aus dem Jenseits Kontakt aufnehmen.

Manche Menschen empfinden das Sprechen mit den Toten als beängstigend, während andere erkennen, wie tröstlich es sein kann. Wenn Ihnen der Gedanke an Gespenster und Geister aus dem Jenseits Angst macht, fragen Sie sich, warum. Diese Verwandten haben Sie vor ihrem Tod nicht erschreckt, warum sollten Sie sie also in Geisterform fürchten?

Das Sprechen mit den Toten und die Kontaktaufnahme mit Geistern wird in Film und Fernsehen allzu oft als ein unheimlicher Vorgang voller Gefahren dargestellt. Es stimmt zwar, dass es böse Geister gibt und dass sie beschworen werden können, aber wenn Sie sich zunächst um Ihre Sicherheit kümmern, müssen Sie sich keine Sorgen machen. Alle Sicherheitsaspekte werden in einem späteren Kapitel behandelt, daher werden Sie sich jetzt auf die verschiedenen Möglichkeiten konzentrieren, mit geliebten Verstorbenen, die in die geistige Welt übergegangen sind, Kontakt aufzunehmen.

Kristallkugel

Die Kristallkugel wird oft beim Hellsehen und Hellfühlen verwendet und ist ein sicherer Weg, um mit Geistern zu sprechen. Sie können ein Medium aufsuchen und es bitten, mit Ihren Verwandten zu sprechen, oder Sie können versuchen, selbst mit ihnen Kontakt aufzunehmen. Kristallkugeln sind online bei seriösen Anbietern von metaphysischen Artikeln erhältlich, oder Sie können sie in Fachgeschäften kaufen! Die Wahl liegt bei Ihnen. Eine gute Kristallkugel sollte aus Glas, Amethyst oder Rauchquarz hergestellt sein. Sie ist lediglich ein Hilfsmittel, um mit der anderen Seite in Kontakt zu treten und Ihnen zu helfen, Ihr inneres Auge zu fokussieren.

Wie man eine Kristallkugel benutzt

- Reinigen Sie den von Ihnen gewählten Raum mit Essenz und dimmen Sie das Licht. Vielleicht sollten Sie Kerzen anzünden und spirituelle Musik spielen, um Ihren Geist zu fokussieren.
- Legen Sie die Kristallkugel auf einen Ständer oder auf ein dunkles Kissen.
- Starren Sie intensiv in die Kugel hinein und versuchen Sie, nicht zu blinzeln. Wenn Sie oft und gerne Bilder in der Kristallkugel sehen, können Sie herausfinden, was die Zukunft für Sie bereithält!
- Mit der Zeit werden Sie beginnen, Bilder in dem sich bildenden Nebel zu sehen.
- Wenn sich der Nebel lichtet, werden die Bilder klarer.

Jetzt müssen Sie die Bilder, die Sie gesehen haben, analysieren. Haben sie einen besonderen Bezug zu verstorbenen Familienmitgliedern, oder sagen sie Ihnen nichts? Denken Sie daran, dass Sie noch nicht festgelegt haben, mit wem Sie in der ersten Sitzung Kontakt aufnehmen wollen, also erwarten Sie nicht, dass Sie gleich beim ersten Versuch Erfolg haben werden. Vielleicht sehen Sie Bilder, Worte oder nur Farben, und nur die Zeit wird zeigen wie Ihre erste Erfahrung wirklich aussieht. Fragen Sie sich, was diese Bilder in Ihnen auslösen. Welche Gefühle rufen sie hervor? Angst, Liebe, Hoffnung und Verzweiflung sind ganz normale Gefühle.

Sobald die Sitzung beendet ist, müssen Sie Ihre Kugel wieder mit spiritueller Energie aufladen. Legen Sie sie nachts bei Vollmond auf eine Fensterbank. Setzen Sie sie niemals dem Sonnenlicht aus und laden Sie sie am besten drei Nächte lang auf.

Wickeln Sie Ihre Kugel in ein weiches Tuch und bewahren Sie sie an einem dunklen Ort auf, wo sie vor neugierigen Blicken geschützt ist. Lassen Sie niemals andere Personen Ihre Kugel berühren, sonst resultieren unterschiedliche Energieniveaus. Dies kann zu ungenauen Messwerten und negativen Bildern führen.

Bei Kerzenlicht zu den Toten sprechen

Nehmen Sie sich eine große weiße Kerze und stellen Sie sie in einen Halter. Legen Sie nun zwei Zettel in die Nähe der Kerze, auf denen „JA" und „NEIN" steht. Zünden Sie die Kerze an und streuen Sie Salz auf das geschmolzene Wachs, während Sie sich auf die Person konzentrieren, mit der Sie sprechen möchten. Dies bindet den Geist an die Kerze und ermöglicht es Ihnen, diese als Leitung zu benutzen.

Fragen Sie nun, ob der Geist bei Ihnen ist. Wenn Sie Kontakt aufgenommen haben, flackert die Flamme und neigt sich zu dem Papier, auf dem JA steht. Nun können Sie die Kerze benutzen, um Fragen zu stellen. Die Geister werden das Flackern der Flamme nutzen, um verschiedene Emotionen anzuzeigen, und es liegt an Ihnen, diese Antworten zu interpretieren.

Die Toten mit einem Zauberspruch beschwören

Diese Methode ist nichts für schwache Nerven und erfordert ein gewisses Maß an Engagement. Wenn Sie sichergehen wollen, dass die Geister durchkommen und drei Tage lang bei Ihnen bleiben, müssen Sie diesen mächtigen Zauberspruch benutzen.

Nehmen Sie sich fünf grüne Kerzen und zünde Sie sie an. Nehmen Sie sich nun eine rote Rose und pflücken Sie fünf einzelne Blütenblätter von der Blüte. Machen Sie ein kleines Lagerfeuer und werfen Sie die Blütenblätter in die Flammen. Während sie brennen, nehmen Sie sich ein kleines Messer und stechen Sie es in Ihren linken Daumen, so dass sich Blutstropfen auf der Haut bilden. Träufeln Sie das Blut auf die Kerzen, ohne die Flammen zu löschen, und sprechen Sie den folgenden Spruch:

„Geister der anderen Welt, ich rufe euch um Hilfe an. Ich möchte eure allsehende Macht nutzen, um den Geist von (fügen Sie den Namen der Person ein, mit der Sie sprechen möchten) zu besuchen und drei Monde lang mit ihm zu sprechen. Befreie sie aus der Dunkelheit und lass sie das Licht sehen."

Zum Schluss löscht man die Flammen der Kerzen mit dem Saft einer Zitrone und dankt den Geistern für ihre Hilfe.

Beschwören Sie mit Ihrem Gesang eine verstorbene Schwester herbei

Weibliche Geister werden von Natur aus von Göttinnen und ihrer Energie angezogen. Wenn Sie ein weibliches Familienmitglied, wie beispielsweise eine Schwester oder Mutter, verloren haben, nutzen Sie die Macht der Göttinnen. Die können Ihnen helfen, die Verbindung zu einer geliebten Person wiederherzustellen. Möglicherweise haben Sie bereits eine Verbindung zu einigen bekannteren Göttinnen aufgebaut, so dass Sie sich an sie wenden sollten, um den Geist Ihrer verlorenen Schwester zu finden.

Wenn dies Ihr erster Versuch ist, mit den weiblichen Göttern zu sprechen, wählen Sie eine wohlwollende Göttin wie Freya, Iris oder Minerva. Versuchen Sie einen Spruch wie den folgenden:

„Göttin (Name einer Göttin einfügen), ich appelliere an deine weibliche Kraft und dein Wohlwollen, mir bei meiner Suche zu helfen. Ich sehne mich danach, mit meiner abwesenden Schwester (Name des weiblichen Geistes einfügen) zu sprechen und unsere weiblichen Energien wieder zu vereinen. Sie ist mein Blut, und wir teilen die Kraft der Schwesternschaft. Gib sie mir zurück, und ich werde mein Herz mit Liebe und Kraft für dich füllen."

Familienhexen beschwören

Wenn Ihre Familie eine Geschichte der Magie und des Glaubens an die spirituelle Welt hat, werden Ihre Vorfahren auf einen Ruf von Ihnen in der physischen Welt reagieren.

Zeichnen Sie mit Kreide ein Pentagramm auf den Boden und stellen Sie weiße Kerzen auf jeden Punkt. Ziehen Sie einen Kreis aus Salz um den Bereich, um die Energie positiv zu halten. Bitten Sie andere Mitglieder Ihrer Familie, sich zu Ihnen in den Bereich zu begeben und sich an den Händen zu halten. Singen Sie gemeinsam die folgende Beschwörungsformel:

„*Familienmitglieder, wir rufen euch von unserer irdischen Ebene aus auf, uns aus dem Jenseits zu begleiten. Matriarchen, Patriarchen und Verwandte, wir bitten euch, uns mit eurer Gegenwart zu segnen und euer jenseitiges Wissen mit uns zu teilen. Wir wollen aus unseren familiären Bindungen Kraft schöpfen und unser Geschlecht stark machen.*"

Dieser Zauberspruch wird bald aufdecken, ob jemand aus Ihrer Familie in der Vergangenheit magische Kräfte und eine übersinnliche Ader hatte.

Einen heiligen Raum nutzen, um mit den Toten zu sprechen

Wenn Sie ein geschäftiges Leben führen und eine Familie haben, wissen Sie, wie schwierig es sein kann, einen ruhigen Ort zu finden, um sich mit den Geistern zu verbinden. Wenn möglich, sollten Sie in Ihrem Zuhause eine Oase der Ruhe schaffen, in die Sie sich zurückziehen können, wann immer Sie das Bedürfnis verspüren. Diese kann so klein oder groß sein, wie es die Umstände erfordern.

Der Garten kann ein großartiger Ort sein, um Ihr persönliches Nirwana zu schaffen, da er bereits ein natürlicher Raum ist. Räumen Sie einen kleinen Bereich frei und schaffen Sie einen Altar aus natürlichen Materialien wie Stein oder Holz. Legen Sie Ihren Lieblingskristall oder eine Kerze auf den Altar, bereit zum Gebrauch. Wenden Sie sich nun nach Norden und danken Sie den Göttern des Nordens für ihre Anwesenheit. Wiederholen Sie die Sequenz für die übrigen drei Himmelsrichtungen.

Legen Sie einen Teppich auf das Gras und meditieren Sie, bis Sie sich bereit fühlen, um Hilfe zu bitten. Sagen Sie den Geistern nun Ihre Absichten und warten Sie auf ihre Antwort. Die Beschwörung kann besser funktionieren, wenn Sie ein Bild der Person, mit der Sie Kontakt aufnehmen wollen, in der Hand halten - oder einen Gegenstand, der ihr zu Lebzeiten etwas bedeutet hat.

Wenn sich Ihr heiliger Raum in einem Innenraum befindet, versuchen Sie, dort natürliches Licht zu schaffen. Öffnen Sie die Fenster und verwenden Sie ein Salbeistäbchen oder ein Räucherstäbchen, um negative Energie zu vertreiben. Dekorieren Sie den Raum mit vertrauten Gegenständen und Bildern. Verwenden Sie Musik und spirituelle Geräusche, um Ihre Energie zu bündeln, während Sie die Geister bitten, Ihren verlorenen Angehörigen zu finden.

Verwenden Sie Tarotkarten, um mit Ihren Verwandten zu kommunizieren

Diejenigen, die mit Tarot-Lesungen vertraut sind, wissen, wie wichtig es ist, sich von verstorbenen Verwandten leiten zu lassen. Sie sind die Geister, die Sie am besten kennen und Ihnen daher die genauesten Antworten geben können.

Wenn Sie neu im Tarot sind, können Sie mit einer einfachen Übung herausfinden, ob Ihre Energie auf Ihre Vorfahren abgestimmt ist.

Entfernen Sie alle Haupt-Arkana-Karten aus einem Tarotkartenspiel. Diese werden auch als Trümpfe bezeichnet und sind von null bis einundzwanzig nummeriert, so dass zweiundzwanzig Karten übrigbleiben. Legen Sie die übrigen 56 Karten ab und mischen Sie die Trumpfkarten. Während Sie mischen, bitten Sie Ihre Verwandten um Hilfe und Rat. Stellen Sie nun Ihre Frage und ziehen Sie eine Karte.

Die Karten, die Sie austeilen, geben Ihnen die folgenden Antworten:

- *Der Narr*: Wenn Sie einen riskanten Schritt in Erwägung ziehen, tun Sie es einfach! Machen Sie sich keine Sorgen darüber, was andere denken; es wird Ihnen mit Ihrer Entscheidung gut gehen!
- *Der Magier*: Ihre Gedanken sind ganz durcheinander; bringen sie diese in Ordnung!
- *Die Hohepriesterin*: Sie müssen musst an Ihrer geistigen Entwicklung arbeiten; körperlich geht es Ihnen gut.
- *Die Kaiserin*: Sie müssen Ihren Freunden und Ihrer Familie die Hilfe und Unterstützung geben, die sie brauchen.
- *Der Herrscher*: Ihre Zeit als Anführer ist gekommen. Nutzen Sie jede Gelegenheit, um zu glänzen und Ihren wahren Wert zu zeigen.
- *Der Hierophant*: Nehmen Sie die Ratschläge der älteren Generation zur Kenntnis. Ältere Menschen sind weiser als Sie selbst, und Sie sollten genau zuhören, und respektieren, was sie zu sagen haben.
- *Die Liebenden*: Ihr Leben sollte mit Aktivitäten und Menschen ausgefüllt sein, die Sie lieben und die Ihre Liebe erwidern. Lassen Sie alles los, was Sie nicht mit Freude erfüllt.
- *Der Wagen*: Die Zeit drängt. Beeilen Sie sich, sonst verpassen Sie die Gelegenheit, Ihre Pläne in die Tat umzusetzen.

- *Die Stärke*: Sich um jemanden zu kümmern ist keine Schwäche, aber vergewissern Sie sich, dass man Sie nicht betrügt. Lassen Sie sich von niemandem etwas vormachen.
- *Der Einsiedler*: Sie haben vielleicht Angst, Ihre aktuelle Beziehung zu verlassen, aber Sie sollten wissen, dass es besser ist, glücklich und allein zu sein, als sich von anderen unglücklich machen zu lassen.
- *Das Glücksrad*: Das Glück ist auf dem Weg, also verlieren Sie nicht die Hoffnung.
- *Die Gerechtigkeit*: Karma ist ein großer Gleichmacher. Die Menschen bekommen am Ende immer das, was sie verdienen.
- *Der Gehängte*: Opfer werden belohnt. Wenn Sie Ihre Zeit, Ihr Geld oder Ihre Energie aufgeben müssen, um zu anderen Dingen überzugehen, werden Sie von der nächsten Phase Ihres Lebens profitieren.
- *Der Tod*: Bleiben Sie immer Ihrem Charakter treu. Wenn Sie sich ändern, um es anderen recht zu machen, werden Sie auf Dauer zu einem schlechteren Menschen. Diese Entscheidungen können Sie auf dem Weg durchs Leben Freundschaften kosten, aber der Preis wird es wert sein.
- *Die Mäßigkeit*: Sie brauchen einen Ort, an den Sie sich zurückziehen können, wenn die Welt hässlich wird.
- *Der Teufel*: Die menschliche Natur ist die stärkste Kraft in Ihrem Körper. Nur weil andere Menschen Ihnen sagen, dass Ihre Wünsche nicht konform sind, sollten Sie nicht gleich auf sie hören. Folgen Sie Ihrem Herzen und ergreifen Sie jede Gelegenheit, um Ihre Wünsche zu erfüllen.
- *Der Turm:* Trauern Sie nicht über die Zerstörung Ihrer Ideen. Freuen Sie sich über die Gelegenheit zum Wachstum, die sich Ihnen dadurch bietet.
- *Der Stern*: Es gibt immer einen Grund zur Hoffnung. Selbst die verzweifeltsten Situationen haben eine positive Seite.
- *Der Mond*: Sie sollten in der Lage sein, fundierte Entscheidungen auf der Grundlage weniger Details zu treffen. Wenn Sie zu viel Zeit mit der Suche nach Antworten verbringen, könnten Sie die Möglichkeit verlieren, eine entschieden eine

Wahl zu treffen.
- *Die Sonne*: Der Erfolg liegt in Ihrer Zukunft.
- *Das Gericht*: Schnelle Entscheidungen sind nicht immer schlecht. Auch bei den wichtigsten Entscheidungen sollte man schnell zu einem Ergebnis kommen.
- *Die Welt*: Das kommende Jahr wird episch sein. Die Dinge werden sich für Sie jenseits eurer Vorstellungskraft verbessern.

Der Schlüssel zu all diesen Methoden ist es, durchzuhalten, selbst wenn Sie das Gefühl haben, dass Sie keine erfolgreiche Verbindung herstellen können. Übung macht den Meister, und wenn Sie verschiedene Methoden ausprobieren, werden Sie wissen, mit welchen Sie sich am wohlsten fühlen. Wenn die Tarotkarten keinen Sinn ergeben, bedeutet das, dass der Beitrag Ihrer Verwandten nicht so stark wirksam ist, wie Sie es benötigen. Versuchen Sie, die Karten erneut zu legen und andere Fragen zu stellen.

Und schließlich: Auch wenn Sie keine unmittelbaren Bilder oder Antworten erhalten, sollten Sie sich darauf einstellen, dass Sie in den Tagen nach Ihrem Versuch, mit der Geisterwelt in Kontakt zu treten, interessante Träume haben werden. Den Geistern fällt es oft leichter, während der Stunden, in denen Sie schlafen, mit Ihnen zu kommunizieren.

Kapitel 6: Wie man seinen Geist findet und stärkt

Haben Sie schon einmal jemanden getroffen, der Sie von der ersten Sekunde an in seinen Bann gezogen hat? Ist er eine Naturgewalt, die Sie mit Freude erfüllt, die Sie dankbar macht, in seiner Gesellschaft zu sein, und der es nicht nötig hat, laut oder aufdringlich zu sein? Strahlt diese Person einfach nur Güte und Liebe aus? Wenn ja, dann wissen Sie, dass es sich um einen guten Menschen handelt, der vor nichts Angst hat und zu allem fähig ist, was er sich vorgenommen hat.

Diese Menschen haben eine höhere spirituelle Schwingung als andere. Sie sind spirituell im Einklang mit ihrem inneren Selbst, erfüllt von Positivität und Liebe und schwingen auf einer höheren Ebene, was die Menschen zu ihnen hinzieht wie Motten zu einer Kerzenflamme. In der spirituellen Welt ist eine höhere Schwingung auch die Art und Weise, wie man Geister anzieht.

Eine höhere Schwingung zeigt den Geistern, dass Sie bereit dafür sind, sie zu empfangen, und dass Sie ihre Weisheit willkommen heißen. Sie befinden sich also im richtigen Geisteszustand und sind bereit, den Weg des spirituellen Erwachens zu beschreiten. Angst ist die Hauptursache für eine niedrige und kurze spirituelle Schwingung, deshalb ist es wichtig, die Dinge zu vertreiben, die Ihnen Angst machen. Sie müssen Ihr Leben mit Freude erfüllen und Ihre Schwingung zum Singen bringen!

Das Erhöhen Ihrer Schwingungen ist nicht schwer, aber es kann seine Zeit brauchen. Wenn Sie Zeit Ihres Lebens von Angst beherrscht wurden, wird sich die Negativität in Positivität verwandeln. Sie müssen sich selbst ständig daran erinnern, auf dem Pfad der Positivität zu bleiben, und bereit sein, sich selbst zu verzeihen, wenn Sie eine Zeit lang davon abweichen. Wir alle sind nur Menschen und haben dementsprechend menschliche Gefühle, und das Beste, was Sie tun können, ist, geduldig und liebevoll zu sich selbst zu sein.

Wie Sie Ihre Schwingungen anheben und Ihre Spiritualität finden

1. **Seien Sie für die guten Dinge in Ihrem Leben dankbar**: Machen Sie sich ständig Gedanken darüber, was Sie nicht haben? Konzentrieren Sie sich auf das, was andere Menschen haben, statt auf das, wofür Sie selbst dankbar sind? Ändern Sie diese Denkweise und erstellen Sie eine Liste der Dinge, für die Sie dankbar sein sollten. Sie können einen Abschnitt in Ihrem spirituellen Tagebuch einrichten oder dem Thema ein ganz eigenes Buch widmen.

2. **Schreiben Sie etwas Positives**:
   - *Ihre Familie*: Was empfinden Sie, wenn Sie an Ihre Familie denken? Bietet sie Ihnen die perfekte Unterstützung oder sind sie alle ein Haufen von Individuen mit so unterschiedlichen Persönlichkeiten, dass sie keinerlei enge Beziehung zueinander haben?
   - Ihre Freunde: Haben Sie einen besten Freund? Warum lieben Sie diese Person so sehr? Welcher Ihrer Freunde ist immer für Sie da, wenn es Ihnen schlecht geht?
   - Ihr Mut: Sie haben Ihr Leben mit Mut gelebt und viele Herzensbrüche und Schmerzen überwunden.
   - Ihre Stärke: Das Leben ist nicht einfach. Sie haben es bis jetzt überlebt, also ist Ihre Stärke offensichtlich. Nutzen Sie diese Stärke, um als Mensch zu wachsen und noch stärker zu werden.
   - Ihr Verstand: Sie sind mit einem komplexen Verstand gesegnet, der Sie an Orte bringen kann, an denen Sie im Geiste noch nie gewesen sind. Ihr Verstand kann Ihnen helfen, auch die größten Probleme zu lösen. Ihr Verstand ist ein wichtiger Teil dessen, was Sie ausmacht, also seien Sie dankbar für ihn.

- **Ihre Tränen**: Erinnern Sie sich an das letzte Mal, als Sie geweint haben? War es, weil Sie traurig waren, oder waren es Tränen der Freude? Ihre Tränen sind Ehrenzeichen, die die besten und schlimmsten Zeiten Ihres Lebens markieren. Entgegen der Meinung mancher Menschen sind Tränen kein Zeichen von Schwäche, sondern zeigen tatsächlich emotionale Stärke.
- **Ihre Fehler**: Ja, Sie können für Ihre Erfolge dankbar sein, aber was ist mit Ihren Fehlern? Stehen Sie zu ihnen und verstehen Sie, was Sie aus ihnen gelernt haben. Mit dieser Einstellung werden Sie entschlossener sein, neue Dinge auszuprobieren und Veränderungen zu begrüßen.

3. **Schaffen**: Manchmal können das Leben und die Arbeit überwältigend sein. Sie arbeiten, gehen nach Hause und kümmern sich um Ihre Familie und sich selbst. Dann entspannt man sich und schläft, bevor man einen neuen Tag im gleichen Alltagstrott beginnt. Wann finden Sie also Zeit, kreativ zu sein, Ihren Talenten freien Lauf zu lassen, und neue Ideen zu haben? Nehmen Sie sich Zeit für etwas, das Ihnen Spaß macht, z. B. neue Rezepte zu kochen, Kunstwerke zu schaffen oder ein neues Musikinstrument spielen zu lernen. Wenn Sie Dinge finden, die Ihre inneren Sinne anregen, hebt sich Ihre Stimmung. Das hebt Ihre spirituellen Schwingung und macht Sie optimistischer.

4. **Geben, ohne zu nehmen**: Wenn Sie etwas aus der Güte Ihres Herzens geben, fühlen Sie nicht nur ein warmes Leuchten in Ihrem Inneren, sondern Sie erhöhen auch Ihre spirituelle Schwingung. Beispielsweise können Sie an eine wohltätige Organisation spenden, oder Sie können Zeit damit verbringen, ehrenamtlich zu arbeiten. Vielleicht kennen Sie auch jemanden, der in letzter Zeit eine schwere Zeit durchgemacht hat, und Sie sehen sich in der Lage, der Person zu helfen. Einfach zu geben, ohne eine Belohnung zu erwarten, wird Ihnen helfen, sich spiritueller zu fühlen.

5. **Setzen Sie Ihre Worte weise ein**: Ihre Worte sind möglicherweise die mächtigste Waffe, die Sie haben. Wenn Sie schlecht über jemanden oder sogar über sich selbst sprechen, bringen Sie sich selbst auf einen negativen Energiepfad zurück. Tratschen, sich beschweren und unfreundlich zu anderen sein bringt nichts, aber es senkt Ihre spirituellen Schwingungen. Benutzen Sie Ihre Worte, um Ihren Geist zu erheben, und seien Sie freundlich zu den Menschen.

Komplimente und Ermutigungen sind viel besser für Ihr inneres Gleichgewicht.

6. **Sport und Bewegung**: Wenn sich Ihr Körper träge fühlt, gilt das auch für Ihre Seele. Sie müssen viel Bewegung in Ihren Tagesablauf einbauen. Machen Sie einen Spaziergang in der Natur, um Ihre Stimmung zu heben. Erfreuen Sie sich an der Schönheit Ihrer Umgebung, während Sie Ihren Herzschlag in Schwung bringen. Spüren Sie die Frische der Luft und die Wärme der Sonne. Die Natur und die Bewegung sollten Ihre Seele mit Liebe und Positivität erfüllen und Ihre spirituellen Schwingungen anheben!

7. **Lassen Sie einfach los**: Wenn Sie sich als Opfer betrachten, das von anderen verleumdet wurde, werden Sie auch so behandelt werden. Niemand sonst hat die Kontrolle über Ihr Leben. Andere Menschen haben vielleicht die Macht, bestimmte Aspekte Ihres Lebens zu beeinflussen, aber letztlich haben Sie die Kontrolle. Wenn Sie diese Macht an andere abgeben, haben Sie immer Angst davor, was diese Ihnen antun könnten. Nehmen Sie sich die Kontrolle zurück und lernen Sie, diese Angst loszulassen. Vergeben Sie den Menschen für das, was sie Ihnen in der Vergangenheit angetan haben, und erkennen Sie die Machtverschiebung an, die daraus resultiert.

8. **Erstellen Sie eine Regel für das Leben**: Jeder braucht einen spirituellen Fahrplan mit einem bestimmten Ziel. Dies ist eine Regel für das Leben und sollte ein Leitfaden für die Verbindung mit Ihrem höheren Selbst, Ihrer wahren Kraft und Ihren Geistführern sein. Dies soll kein strikter Plan sein, sondern ein fließender und veränderbarer Leitfaden, der Sie inspiriert, wenn Sie sich ein wenig verloren fühlen. Verwenden Sie ein Tagebuch, um Gebete und Mantras zu notieren, die Sie verwenden können, um Ihre Stimmung zu heben. Sie können auch Meditationstechniken einfügen, die Sie besonders hilfreich finden.

9. **Ändern Sie Ihre Ernährung**: Die Lebensmittel, die Sie essen, beeinflussen Ihr Aussehen und Ihr Verhalten. Eine gesunde Ernährung ist wichtig, um Ihren Körper aktiv und fit für einen bestimmten Zweck zu halten. Frische, gesunde Zutaten bedeuten, dass Sie mehr Nährstoffe und Vitamine verdauen und somit besser funktionieren. Aber können Lebensmittel auch die Spiritualität beeinflussen? Die einfache Antwort lautet: „Ja, das können sie."

Wenn sich Ihre Schwingung eine Stufe höher bewegt, kann sich das auf Ihren Körper auswirken. Wenn die Frequenzen erhöht werden, können Sie sich manchmal instabil und wackelig fühlen. Ihre Träume können lebhafter und beunruhigender werden, während sich Ihre Emotionen verstärken.

Die unten aufgeführten Lebensmittel helfen Ihnen, Ihren Körper zu nähren, um Sie bei diesem Prozess zu unterstützen. Die Schilddrüse im menschlichen Körper wird oft als drittes Auge bezeichnet, und sie braucht bestimmte Nährstoffe, damit sie richtig funktioniert.

- o *Gesunde Fette*: Wenn Sie Ihren Lebensmitteln natürliche gesunde Fette hinzufügen, stellen Sie einen Kontakt zur Natur her, der Sie erdet. Kokosnuss-, Mandel- und Olivenöl sorgen dafür, dass Ihr Essen hervorragend schmeckt und Ihr Nervensystem unterstützt wird.
- o *Kakao*: Dies ist ein wahres Superfood! Kakao wird aus dem reinsten Teil der Kakaobohne gewonnen und kann als Nahrungsergänzungsmittel eingenommen oder für die Zubereitung von Speisen verwendet werden, die Sie lieben werden. Er enthält ein starkes Entgiftungsmittel, das Ihnen helfen wird, Ihren Körper und Ihre Seele zu reinigen. Er beseitigt negative Energie und vertreibt toxische Energie. Kakao versorgt Sie mit einem hohen Energielevel, ohne die Folgen eines Absturzes zu verursachen. Ersetzen Sie Zucker durch Kakao, wo immer Sie können, und profitieren Sie von seinen ernährungsphysiologischen Vorteilen.
- o *Rote Beete*: Dieses wunderbare Gemüse hilft Ihnen, Ihr System zu reinigen und Schäden *an* der Hypophyse zu reparieren. Rote Beete ist vollgepackt mit Nährstoffen und enthält Antioxidantien sowie entzündungshemmende Eigenschaften. Sie können roh oder gekocht verzehrt werden und sind eine farbenfrohe Ergänzung zu Ihren Lieblingsgerichten. Der Saft der Roten Bete kann eine gesunde Alternative zu Fruchtsaft in Ihrer Ernährung darstellen.
- o *Kräuter*: Diese leicht zu züchtenden Pflanzen sind nicht nur eine schnelle Möglichkeit, Speisen zu *verfeinern*; sie sind wichtige Bestandteile Ihrer Ernährung, die Ihnen bei

Aufstiegssymptomen helfen werden. Sie können sie dem Essen beifügen oder die getrockneten Blätter für Kräutertees verwenden. Probieren Sie Rosmarin, Brennnessel, Thymian, Basilikum und Kamille, um sich zu beruhigen und Ihre Schwingung in höhere Bewusstseinsebenen zu bringen.

- *Wasser*: Eine ausreichende Flüssigkeitszufuhr ist unerlässlich. Der Aufstieg kann für den Körper anstrengend sein und unangenehme Nebenwirkungen verursachen. Wenn Sie Wasser *trinken*, unterstützen Sie Ihre Gehirnfunktion, was die Gesundheit Ihrer Hypophyse fördert.

Was Sie Ihrer Ernährung hinzufügen, ist ebenso wichtig wie das, was Sie weglassen. Vermeiden Sie Fluorid, Zucker, Alkohol, verarbeitete Lebensmittel, Fast Food, frittierte Lebensmittel und alle Produkte, die mit Pestiziden behandelt wurden. Ihr Körper ist Ihr Tempel, und Sie müssen ihn mit Stoffen und Nahrungsmitteln füllen, die Ihnen helfen, spirituell aufzusteigen, anstatt Sie herunterzuziehen.

10. Verbringen Sie Zeit mit geliebten Menschen: Die Art und Weise, wie Sie Ihre Freizeit verbringen, ist entscheidend für Ihre spirituelle Entwicklung. Manchmal nehmen die Menschen ihre Lieben als selbstverständlich hin, da sie ständig auf der Suche nach neuen Beziehungen und Erfahrungen sind. Es ist zwar wichtig, sich zu öffnen und neue Menschen zu treffen, aber Sie müssen sich auch um die Menschen kümmern, die Sie bereits bedingungslos lieben. Verbringen Sie Zeit mit ihnen bei einer gemeinsamen Mahlzeit oder entspannen Sie sich einfach und reden Sie mit ihnen.

Es mag klischeehaft klingen, aber man kann vergessen, Romantik und Liebe mit seinem Partner am Leben zu erhalten. Kinder, Arbeit, Haushalt und andere alltägliche Aufgaben können endlos erscheinen, und am Ende des Tages fühlen Sie sich beide erschöpft. Nehmen Sie sich eine Minute Zeit, um sich daran zu erinnern, wie es war, sich zum Abendessen zu verabreden, als Sie sich kennenlernten. Das Zählen der Minuten, bis man sich wiedersah, und dann das erhebende Gefühl, wenn man den Partner erblickte.

Dieses Gefühl wiederzuerlangen ist der perfekte Weg, um Ihre inneren Schwingungen zu erhöhen. Liebe lässt Seelen aufsteigen, und Menschen, die geliebt werden, fühlen sich unbesiegbar.

Nehmen Sie sich einmal im Monat Zeit für ein Date. Es hört sich kitschig an, aber was ist falsch an ein bisschen Kitsch? Ziehen Sie sich schick an, verlassen Sie das Haus und verbringen Sie ein paar schöne Stunden mit Gesprächen bei einem gemütlichen Essen oder einem leckeren Getränk.

11. **Engagieren Sie sich in Ihrer Gemeinde**: Wie gut kennen Sie Ihre Gemeinde? Erinnern Sie sich noch an die Zeit, als jeder jeden zu kennen schien und Sie sich mit Ihren Nachbarn verbunden fühlten? Nun, es gibt diese Gemeinschaften noch, und es kann sehr befriedigend sein, sich als Teil von einer Gemeinde fühlen.

Hier sind einige wichtige Möglichkeiten, wie Sie sich wieder mit Ihrer Gemeinschaft in Verbindung setzen können:

- o *Kaufen Sie vor Ort ein*: Auch wenn es bequemer ist, alle Einkäufe in einem großen Geschäft zu erledigen, verlieren Sie auf diese Weise doch das Gefühl der Verbundenheit. Versuchen Sie, Ihre Einkäufe in lokalen Geschäften zu tätigen, und besuchen Sie Bauernmärkte in Ihrer Umgebung. Die Lebensmittel sind frischer, und Sie können in der Nähe echte Schnäppchen machen.

- o *Unterstützen Sie Ihre lokalen Sportteams*: Gibt es in Ihrer Gegend kleine *Ligamannschaften*? Gibt es in Ihrer Nähe eine Schul- oder Hochschulmannschaft, die regelmäßig gegen andere Teams spielt? Die Teilnahme an diesen Amateursportveranstaltungen kann für Sie von großem Nutzen sein. Die Teams spielen mit viel Elan und Energie und geben Ihnen das Gefühl, Teil des Geschehens zu sein.

- o *Besuchen Sie lokale Veranstaltungen*: Gibt es in Ihrer Nähe ein Freiluftkino? Informieren Sie sich in lokalen Zeitungen und Facebook-Gruppen über Veranstaltungen, die Sie besuchen können. Sie könnten den Besuch eines lokalen Musikfestivals mit einem Date verbinden und einen gewöhnlichen Wochentag in ein unvergessliches Ereignis verwandeln.

    Kunstfestivals sind eine gute Möglichkeit, mit Gleichgesinnten in Kontakt zu treten. Das Essen *kommt* von kleinen Läden, während lokale Künstler ihre Waren ausstellen. An den Ständen werden Schmuck, Kleidung und andere Kunsthandwerksartikel angeboten, und Sie können wirklich tolle Sachen direkt von den kreativen Menschen erwerben, die sie in der Nähe Ihres Hauses hergestellt haben.

Das *Engagement* in der Gemeinde bietet Ihnen eine erbauliche Möglichkeit, um Körper, Geist und Seele zu stärken.

Die Anhebung Ihrer spirituellen Schwingungen muss nicht zwangsläufig mühsam sein. Der Vorgang sollte Spaß machen, energiegefüllt sein und dazu beitragen, dass Sie den Eindruck haben, Ihr Leben sinnvoller zu gestalten. Wenn Sie dies nicht als Aufgabe, sondern als eine Art spielerische Übung sehen, sind Sie schon einen Schritt weiter auf dem Weg zur spirituellen Erleuchtung.

Kapitel 7: Wie man sich mit seinen Geistführern verbindet

Geistführer sind die ultimative Quelle von Liebe und Licht. Sie sind die treibende Kraft hinter der Gruppe der göttlichen Wesen, die über uns wacht. Sie wissen, wie sie Sie in die richtige Richtung führen und von Gefahren wegführen können. Sie überwachen jeden Ihrer Schritte und feuern Sie vom Reich der Geister aus an.

Wenn Sie jemals eine stille, beruhigende Präsenz gespürt haben, die Sie in schwierigen Zeiten umgibt, dann hat es sich dabei um Ihren Geistführer gehandelt. Dieser wollte Sie wissen lassen, dass Sie nicht allein sind. Ihre Geistführer sind seit Ihrer Zeugung ein Teil Ihres Lebens und werden auch über Ihren Tod hinaus für Sie da sein. Für manche Menschen ist die passive Begleitung durch die Geistführer schon genug. Sie haben es nicht nötig, die Verbindung persönlicher zu gestalten, denn sie sind froh darüber, wenn die Geistführer ihre Arbeit im Hintergrund erledigen.

Manche Menschen sind mehr im Einklang mit ihren Geistführern. Sie heißen sie in ihrem Leben willkommen und suchen aktiv nach einer Verbindung. Ihre Geistführer wollen sich gegebenenfalls mit Ihnen verbinden und werden Ihren Bemühungen gegenüber offen sein, aber seien Sie gewarnt: Der Aufbau der Kommunikation kann Zeit brauchen. Der Schlüssel zu einer erfolgreichen Verbindung ist, dass Sie sich entspannen. Lassen Sie sich nicht stressen, wenn Sie beim ersten Versuch, eine Beziehung aufzubauen, nicht zum Zuge kommen.

Ihre Geistführer wissen, dass Sie sich bemühen, aber sie wissen auch, dass Sie vielleicht noch nicht bereit sind für eine so intensive Erfahrung. Ihre spirituellen Begleiter müssen zunächst sicherstellen, dass Sie sich von ganzem Herzen für eine dauerhafte Bindung einsetzen. Betrachten Sie die als Voraussetzung für den Bau einer spirituellen Brücke.

Wenn das alles ein wenig weit hergeholt klingt, seien Sie beruhigt - derartige Verbindung sind tatsächlich möglich. Sie müssen sich bloß Zeit für Ihre Geistführer nehmen, wenn Sie eine ständige Quelle der Freude, der Weisheit und der Liebe in Ihrem Leben haben wollt.

Schritt 1: Stellen Sie sich vor, was Sie erleben werden

Erinnern Sie sich an die Zeit, als Sie jung waren und sich stundenlang ausmalten, was die Zukunft bringen könnte? Welchen Beruf würden Sie eines Tages ausüben oder wie könnte Ihr Hochzeitstag aussehen? Vielleicht haben Sie einst davon geträumt, Astronaut zu werden und durch den Weltraum zu fliegen - oder Ihre Träume waren eher praktisch orientiert. Vielleicht haben Sie sich gewünscht, Feuerwehrmann oder Arzt zu werden. Erinnern Sie sich an die Details, die Sie sich ausgemalt haben? Nun, jetzt ist es an der Zeit, diese Gabe der Fantasie erneut zu nutzen.

Zu oft stecken die Menschen in ihrer logischen, erwachsenen Denkweise fest, die die Existenz von Geistführern nicht anerkennt. Sie müssen das ändern, und spielerischer in Ihrem Denken werden. Als Kind gab es keine Grenzen, die bestimmten, wohin der eigene Geist reisen konnte. Alles war möglich, und man reiste frei in seinen Gedanken.

Es kann schwierig sein, seine übersinnlichen Fähigkeiten zu entfalten, wenn man die Dinge im Leben zu ernst nimmt oder zu skeptisch ist.

Nehmen Sie sich einen Stift und ein Blatt Papier und schreiben Sie die folgenden Fragen auf:

- Wer sind meine geistigen Führer, und wann haben sie auf der Erde gelebt?
- Wie heißen sie?
- Sind sie jung oder alt?
- Welche Art von Persönlichkeit haben sie? Sind sie lustig oder ernst?
- Wie viele von ihnen gibt es?

- Tragen sie himmlische Gewänder oder sind sie normal gekleidet?
- Warum haben sie beschlossen, mich zu schützen?
- Wie alt sind sie?

Wenn Sie die Übung noch intensiver gestalten wollen, wählen Sie ein glitzerndes Tagebuch und bunte Stifte, um Ihre Liste aufzupeppen. Ein spirituelles Tagebuch ist eine gute Möglichkeit, Ihre Erfahrungen festzuhalten und auch in Zukunft immer wieder über sie nachzudenken.

Das Wichtigste ist, dass Sie Ihrer Fantasie freien Lauf lassen. Zeichnen Sie Bilder von Ihren Geistführern, und wenn Sie dann Kontakt aufnehmen, können Sie die Bilder mit der tatsächlichen Gestalt Ihres Geistführers vergleichen. Sie werden überrascht sein, wie genau Ihre Zeichnungen sind!

Schritt 2: Legen Sie Ihre Absichten fest

Dies kann ein weiterer Abschnitt Ihres Tagebuchs sein, oder Sie können es einfach gedanklich tun. Ihre Absichten sind eine Wunschliste von Dingen, die Sie mit Hilfe Ihrer Geistführer zu erreichen hoffen. Absichten sind der Ausgangspunkt für jeden einzelnen Wunsch, den Sie haben. Sie können keine Handlung ausführen, ohne vorher eine genaue Absicht zu haben.

Grundlegende Intentionen, die Sie auf Ihre Liste setzen können:

- Ich möchte bei der Arbeit erfolgreicher sein. Ich möchte mehr Fähigkeiten erlernen und eine bessere Führungskraft werden. Meine Arbeit ist mir wichtig, aber ich möchte auch lernen, mich zu entspannen, wenn ich nach Hause komme. Können die Geistführer mir helfen, ein natürliches Gleichgewicht zwischen meiner Arbeit und meinem Bedürfnis nach Entspannung zu finden?
- Ich beabsichtige, einen energiegeladenen Körper zu haben, den ich mit Respekt behandle. Ich vermeide schädliche Nahrungsmittel und treibe regelmäßig Sport. Ich beabsichtige, meine Geistführer um Hilfe zu bitten, um mich fit und frei von Giftstoffen zu halten.
- Ich möchte ein glückliches Ehe- und Familienleben führen. Ich werde mich mit Herz und Seele für meine Familie einsetzen,

und ich bitte darum, dass die Mitglieder meiner Familie dasselbe für mich tun. Werden die Geistführer mir helfen, meine Beziehungen gesund zu erhalten?

- Ich beabsichtige, ein spirituell erleuchtetes Wesen zu werden, und bitte die Geistführer um ihre Hilfe. Bin ich auf dem richtigen Weg, oder muss ich die Richtung ändern?
- Ich beabsichtige, ein besser funktionierendes Mitglied meiner Gemeinschaft zu werden. Wird es mir helfen, denjenigen, die mich brauchen, mehr zur Verfügung zu stehen, oder werde ich von den Bedürfnissen anderer überwältigt werden? Ich bitte die Geister um ihren Rat und ihren Beistand.

Natürlich hat jeder Mensch andere Absichten, und die können so unterschiedlich sein, wie Sie wollen. Die wichtigsten Regeln, an die man sich halten sollte, stellen sicher, dass Sie rein und erreichbar sind. Die Geistführer sind ziemlich flexibel, aber sie würden gierige oder egozentrische Absichten nicht begrüßen.

Schritt 3: Bitte um Führung durch die höchste Ordnung der Geistführer

Wie in der natürlichen Welt gibt es auch in der geistigen Welt viele verschiedene Persönlichkeiten, und wenn Sie Ihre Absichten nicht genau beschreiben, könnten Sie den falschen Geistführer bekommen. Es gibt fünf Haupttypen von Geistführern, und sie werden Ihnen auf unterschiedliche Weise helfen. Bitten Sie um einen Führer, der auf Ihre persönlichen Bedürfnisse zum Zeitpunkt der Anfrage abgestimmt ist.

Die wichtigsten Arten von Leitfäden, die Ihnen helfen können:

1. *Schützende Geistführer*: Dies sind die Geister, die Sie brauchen, um sich physisch zu beschützen. Wenn Sie das Gefühl haben, dass Ihr Leben durch eine physische Kraft in Gefahr gebracht wird, rufen Sie Ihre Geistführer an, um sich zu schützen. Die Schutzgeister sind immer bei Ihnen und erschaffen einen energetischen Schild um Sie herum, um Sie vor Gefahren zu schützen, ohne dass Sie genaue Anweisungen erhalten. In Zeiten der Gefahr verspüren Sie jedoch vielleicht das Bedürfnis, Ihre Hilferufe zu verstärken und sich so in Ihrer gefährlichen Welt etwas sicherer zu fühlen.

2. *Boten Geisterführer:* Wenn Sie an einem Scheideweg stehen und Rat brauchen, können Sie sich an diese Art von Ratgeber wenden, die Ihnen die Informationen geben, die Sie brauchen, um eine fundierte Entscheidung zu treffen. Sie geben Ihnen einen Einblick in die Ergebnisse, die Sie erwarten können, wenn Sie einen bestimmten Weg einschlagen. Sie unterstützen Sie bei jeder Entscheidung und machen Ihnen Mut, neue Erfahrungen zu machen.

3. *Torwächter-Führer:* Diese Art von Führern ist dazu da, Sie zu beschützen, wenn Sie in die spirituelle Welt übertreten. Sie unterrichten Sie in der Kunst des spirituellen Wachstums und darin, wie Sie Ihre übersinnlichen Fähigkeiten nutzen können. Torführer helfen Ihnen, die Astralebenen zu bereisen, ohne Schaden zu nehmen, und sind für Sie da, wenn Sie schließlich hinübergehen.

4. *Heilungsbegleiter:* Was diese Führer tun, mag zwar offensichtlich erscheinen, aber es muss geklärt werden, welche Art von Hilfe sie leisten. In Zeiten von Krankheit, bei Operationen und wenn der Körper Schmerzen hat, bringen diese Führer ihre Heilkräfte ein. Sie können mit ihrer Energie dem Körper bei der Heilung helfen und die Belastung, die man durch eine Krankheit empfindet, verringern. Sie sind aber auch für Zeiten emotionalen Stresses da und bieten spirituelle Unterstützung, wenn man sich niedergeschlagen fühlt.

5. *Mentor:* Im Laufe Ihres Lebens lernen Sie ständig dazu. Sie erfahren täglich spannende neue Dinge, stellen Sie sich also vor, wie erfüllend es sein könnte, einen Mentor zu haben, der den Erfolg noch intensiviert. Sie verfügen über eine Fülle von Wissen und Weisheit, die Ihnen helfen, einige der größten Herausforderungen des Lebens zu meistern. Sie rüsten Sie mit einem tiefen Verständnis aus, so dass Sie sich auf alles vorbereitet fühlen, was das Leben Ihnen vorsetzt! Die Mentoren können Ihnen auch mit praktischen Tipps helfen und Sie dabei unterstützen, das nötige Maß an Konzentration zu entwickeln, um das Wissen richtig aufzunehmen.

Es ist wichtig zu verstehen, dass es viele Arten von Geistführern gibt, die Sie anrufen können. Genau wie in der physischen Welt gibt es einige Geister, die erst am Anfang Ihrer Existenz stehen, während andere bereits erfahrene Führer sind. Wenn Sie einen erfahrenen Führer anrufen, werden Sie wahrscheinlich auch auf einige Führerlehrlinge treffen. Genau wie wir müssen auch Geistführer durch Erfahrung lernen!

Auch bösartige Geister bevölkern die geistige Welt, aber machen Sie sich nicht zu viele Gedanken über sie. Die spirituelle Sicherheit wird später in diesem Buch ausführlich aufgeführt, aber im Allgemeinen haben Sie auf Ihrer spirituellen Reise das Sagen. Böse Geister können nicht einfach in Ihren geistigen Raum eindringen, es sei denn, Sie laden sie selbst ein.

Schritt 4: Mit Gebeten und Meditation aufmerksamer zuhören

Bis jetzt haben Sie etwas über Schwingungen gelernt und darüber, wie sie Ihre Beziehung zu den Geistern beeinflussen. Wenn Sie eine starke Schwingung erleben, können Sie sich mit höheren Wesen verbinden, aber Sie können durch die Stärke Ihrer Schwingungen genauso gut abgelenkt werden und nicht hören, was die Geister Ihnen sagen wollen. Wenn Sie die Schwingungen verlangsamen, öffnen Sie Ihre Sinne, um sich auf die Botschaften einzustellen, die Ihnen aus der Geisterwelt geschickt werden.

Beginnen Sie die Einstimmung mit einem Gebet

„Ich appelliere an meine Geistführer, sich mir im Gebet anzuschließen. Ich bitte darum, dass sie meinen Ruf nach Hilfe und Weisheit hören und auf meine Bitten um Hilfe antworten. Ich danke den höheren Wesen, die meine Seele umarmen und meinen freien Willen befreien. Ich danke ihnen von Herzen."

Die Geistführer-Meditation

Während die meisten Formen der Meditation Ihre Schwingungen verlangsamen und den Geistern erlauben, die Basis Ihres Wesens zu berühren, ist diese Meditation auf die Verbindung mit den Geistführern zugeschnitten. Es handelt sich um eine wunderschöne Praxis, die Ihre Seele mit Liebe und Licht erfüllt, während Sie die Geistführer bitten, in Ihr Leben zu kommen.

Stellen Sie sicher, dass Sie Ihr Geisttagebuch zur Hand haben, damit Sie alle Botschaften, die Sie erhalten, detailliert aufzeichnen können.

Setzen Sie sich nun aufrecht auf einen Stuhl oder auf den Boden, so dass Ihre Fußsohlen flach auf dem Boden liegen. Stellen Sie sicher, dass Sie keine Ablenkung haben und dass niemand für die nächsten zwanzig Minuten Ihr Zimmer betritt.

Kontrollieren Sie Ihre Atmung, bis sie das Einzige ist, dessen Sie sich bewusst sind. Atmen Sie tief ein und atmen Sie dann achtsam aus. Atmen

Sie zehn Mal ein, bis Sie spüren, dass Ihre Herzfrequenz zu sinken beginnt.

Lassen Sie Ihre Sorgen los. Stellen Sie sich diese als physische Objekte vor, die Sie belasten und an Ihren Körper gebunden sind. Schneiden Sie nun die Fesseln durch und spüren Sie, wie Ihr Körper leichter wird. Stellen Sie sich vor, wie sie von Ihnen wegschweben oder wegrollen, während Sie spüren, wie sie gleichzeitig auch Ihr Bewusstsein verlassen.

Versenken Sie sich in Ihr Inneres und blenden Sie unnötiges Geschwätz aus, das in Ihrem Kopf existiert. Vielleicht sind Sie in dieser Phase etwas nervös, weil Sie daran denken, was passieren könnte. Lassen Sie es einfach zu, bleiben Sie ruhig und atmen Sie langsam, um Ihre Gedanken neu zu ordnen.

Heißen Sie die Geistführer mit einer gesprochenen Beschwörung in Ihrem Bewusstsein willkommen. *„Ich heiße die Führer der Wahrheit und der höchsten Visionen willkommen, die mich heute und jeden Tag begleiten. Ich danke euch für euer Mitgefühl und eure Weisheit, wenn ihr mich durch das Leben führt. Ich bitte euch, aufzuzeigen, wie ich ein besseres Leben führen und ein spirituelles Wesen werden kann."* Dies könnte ein guter Zeitpunkt sein, um sich auf Ihre Absichten zu beziehen, wenn Sie das Gefühl haben, dass Sie eine Verbindung zur Geisterwelt aufgebaut haben.

Rufen Sie die Macht der Wahl an. Während Sie sich noch in einem meditativen Zustand befinden, können Sie sich entscheiden, Ihre Denkweise zu ändern, um spirituellen Kontakt zuzulassen. Erkennen Sie hierbei an, dass Sie Ihr Leben damit verbracht haben, ausschließlich auf Ihre Vernunft zu hören, und dass Sie sich dadurch unzufrieden gefühlt haben. Erklären Sie nun Ihre Absicht, Ihren Geist für äußere Einflüsse zu öffnen.

„Ich entscheide mich, meine Art des Zuhörens zu ändern. Ich stimme mich mit meinen geistigen Führern ab und verlagere meine Aufmerksamkeit weg von der irdischen Welt. Ich erkenne, dass ich einen Geist mit vielen Gaben habe, die mir zur Verfügung stehen. Die Geister zeigen mir den Weg, sie erlauben es mir, diese Gaben zu entdecken und helfen mir, mich weiterzuentwickeln."

Schritt 5: Glauben Sie an sich selbst

Erkennen Sie Ihren Wert. Die Menschen werden ständig von Leuten zurückgehalten, die ihnen sagen, sie seien nicht gut genug oder verdienten bestimmte Dinge nicht. Wenn Sie diese Überzeugungen ablegen, gibt Ihnen das die Freiheit, Großes zu leisten. Die Geistführer glauben an Sie. Sie wissen, dass Sie zu Großem fähig sind und wollen, dass Sie Erfolg haben. Manchmal ist das größte Hindernis, das Ihnen im Weg steht, schlicht und ergreifend Ihr Selbstzweifel.

Seit dem Moment, in dem Sie Ihren ersten Atemzug getan haben, sind Sie ein Teil eines Teams. Die Götter und Göttinnen, die das spirituelle Reich regieren - und Ihre Vorfahren - bilden dieses Team. Die Engel und Erzengel, die Sie umgeben, und die Geistführer, die über Sie wachen, sind ebenfalls für Sie da. Es gibt viele Seelen und Geister, die an Sie glauben, warum sollten Sie also nicht an sich selbst glauben?

Schritt 6: Schreiben Sie über die Geister

Die Verbindung mit den Geistführern muss keine ernste Erfahrung sein. Geister haben genauso gerne Spaß wie Sie selbst. Probieren Sie die unten genannten lustigen Ideen aus, um sich mit ihnen zu verbinden, und Sie werden über das Ergebnis Ihrer Erfahrung erstaunt sein!

Zuerst müssen Sie Ihr logisches Gehirn loswerden. Erinnern Sie sich daran, wie Sie die Vorstellungszone betreten haben, um sich vorzustellen, wie Ihr Geistführer aussieht? Dies ist eine praktische Erweiterung des Prozesses.

Nehmen Sie sich ein leeres Blatt Papier, Stifte und Buntstifte zur Hand und bitten Sie die Geister einfach, sich Ihnen anzuschließen. Wenn Sie eine Vorstellung davon haben, wen Sie kontaktieren möchten, können Sie die Geister direkt nach ihrem Namen oder Titel fragen. Wenn Sie zum Beispiel wissen, dass der Geist, den Sie kanalisieren wollen, weiblich ist, können Sie ihn bitten, sich Ihnen anzuschließen, indem Sie sagen: „Hey, Schwester, würdest du mit mir eine kreative Übung machen?"

Vielleicht haben Sie bereits einige Schreibanregungen vorbereitet, die Ihnen helfen können. Diese können so vage oder so detailliert sein, wie Sie möchten. Sie können auch versuchen, die Worte frei von Vorgaben einfach fließen zu lassen. Die Entscheidung liegt bei Ihnen.

Wenn Sie anfangen zu schreiben oder zu zeichnen, sollten Sie spüren, wie die Energie Ihren Stift leitet. Ihre Handschrift kann sich verändern, und der Ton des Geschriebenen kann anders sein als sonst. Manchmal werden die Geister die Gelegenheit sogar nutzen, um ein Portrait von Ihnen zu zeichnen! Machen Sie sich keine Sorgen, wenn Sie nicht künstlerisch begabt sind, Sie können sich einfach auf die Führung der

Geister verlassen, die Ihre Hand leiten.

    Stellen Sie sicher, dass Sie eine Reihe von Materialien haben, mit der Sie die Bilder gestalten können. Schließlich müssen die Geister die Möglichkeit haben, Ihnen zu zeigen, was sie erschaffen wollen. Experimentieren Sie mit verschiedenen Farben, Glitzer und anderen Bastelmaterialien. Die Geister lieben es, ihrer Kreativität freien Lauf zu lassen! Sobald sie diese Kunstwerke oder Literatur geschaffen haben, können Sie die Ergebnisse der Übung in Ihrem heiligen Raum aufhängen. So haben Sie ein visuelles Bild vor Augen, auf das Sie sich während der Meditationsphasen konzentrieren können.

Kapitel 8: Was geschieht, wenn die menschliche Seele in die geistige Welt eintritt?

Zunächst müssen Sie verstehen, dass die geistige Welt und die natürliche Welt nebeneinander existieren. Die natürliche Welt ist der Ort, an dem Sie Ihr menschliches Leben verbringen. Sie besteht aus allem, was Sie um sich herum sehen - Gras, Himmel, den Vögeln und Bienen und Ihrem Zuhause. Die Umgebung verändert sich mit den Jahreszeiten, und Sie können die Sonne auf Ihrem Gesicht spüren. In der natürlichen Welt sind Sie körperlichen und geistigen Schäden ausgesetzt, sowohl durch andere als auch durch Sie selbst.

Sie erleben emotionale Schwankungen und Momente tiefer Freude, die von Momenten der Traurigkeit begleitet werden. Sie feiern die Geburt neuer Wesen, und Sie trauern, wenn Ihre Lieben sterben. Aber was geschieht, wenn man stirbt? Ist das das Ende des Seins, oder gibt es eine weitere Phase unserer Existenz?

Manchmal ist das Schwerste am Verlust eines geliebten Menschen das Gefühl, dass man ihn nie wiedersehen wird. Aber was wäre, wenn man das ändern könnte? Was wäre, wenn man sich von jemandem verabschieden könnte und wüsste, dass es nur ein vorübergehender Abschied ist?

Die spirituelle Welt ist voll von Menschen, die verstorben und in die Spiritualität übergegangen sind. Sie haben Körper und Häuser und sind von Landschaften umgeben, die denen der Erde ähneln. Sie haben Gemeinschaften, in denen sie Beziehungen zu Gleichgesinnten aufbauen, und sie können bei Bedarf auch mit der irdischen Welt kommunizieren.

Der Unterschied ist, dass die spirituelle Welt lebendiger ist. Es ist eine viel positivere Umgebung, in der Gedanken Wirklichkeit werden und Zeit keine Rolle spielt. Es gibt keinen Stress, nur Liebe und Frieden. Die Art und Weise, wie Sie auf der Erde leben, bestimmt den Platz, den Sie in der geistigen Welt einnehmen.

Worauf stützen sich diese Vermutungen? Auf die Aussagen der Geistwesen. Sie beschreiben eine utopische Existenz, die nach dem Übergang von der irdische in die spirituelle Welt auf alle Lebewesen wartet. Spiritualisten, die bei Lesungen oder Meditationen mit ihren Lieben in Kontakt getreten sind, beschreiben einen Ort voller Sonnenlicht und warmer Luft, der geradezu vor Liebe glüht.

Wenn der Tod also nicht die letzte Phase des Lebens ist, fällt es manchmal leichter, sich von geliebten Menschen zu verabschieden, wenn sie sterben. Zu verstehen, was der Übergangsprozess beinhaltet, kann Ihnen auch helfen, sich auf Ihren eigenen Tod vorzubereiten. Die größte Angst im Leben ist das Unbekannte nach dem Tod. Wenn Sie die Informationen direkt von den Geistern selbst erhalten, wissen Sie, was Sie nach dem Tod erwartet.

Wenn Sie vorhaben, während Ihres spirituellen Erwachens mit Ihren verstorbenen Angehörigen Kontakt aufzunehmen, können Sie sie über diesen Prozess und ihre persönlichen Erfahrungen befragen.

Schritt 1: Ihre Vorfahren schließen sich Ihnen an

Niemand stirbt allein. Die Engel und die Familienangehörigen aus der geistigen Welt begleiten sie. Wenn jemand im Sterben liegt, hat er die Möglichkeit, die Menschen auf der anderen Seite um Hilfe zu bitten. Es ist üblich, dass ein Ehepartner für seinen Partner da ist, ebenso wie für seine Eltern.

Wenn jemand im Sterben liegt, passiert es häufig, dass er seine Arme ausstreckt, als wolle er unsichtbare Menschen umarmen. Das liegt daran, dass sterbende Menschen sehen können, wie die Menschen, die sie einst liebten, sie im spirituellen Reich der Geister willkommen heißen. Sterbende Menschen sagen oft die Namen ihrer Lieben, wenn sie ihre letzten Atemzüge tun.

Schritt 2: Geister können den Körper verlassen, wenn die Zeit reif ist

Wenn jemand während einer traumatischen Erfahrung stirbt, kann der Geist den Körper verlassen, noch bevor der physische Körper verstorben ist. Das liegt daran, dass die geistige Welt weiß, dass die Seele eine Atempause braucht, bevor der physische Körper in Zeiten des Leidens entlassen wird. Wenn die geliebten Menschen in der spirituellen Welt während der Zeit des Leidens anwesend sind, kann der Geist den Körper verlassen und sich den spirituellen Wesen anschließen, die Zeuge des Ereignisses sind.

Schritt 3: Der Ruheraum

Der Prozess des Sterbens kann traumatisch und anstrengend sein. Die Geister müssen sich ausruhen und erholen, bevor sie in die geistige Welt weitergehen. Manche Seelen leiden an geistigen Wunden und brauchen die Hilfe von ausgewiesenen Heilgeistern, um wieder ganz zu werden. Manche Menschen haben diesen Raum als den zwischenzeitlichen Haltepunkt beschrieben, in dem die Geister zwischen dem irdischen Tod und der spirituellen Welt feststecken.

Das ist nicht ganz richtig. Die Geister müssen ganz sein, bevor sie bereit sind, sich ihren Mitbewohnern im geistigen Reich anzuschließen, und dies ist der Ort, an dem sie sich vorbereiten. Sie stecken nicht fest oder sind beunruhigt; sie ruhen lediglich an diesem Ort in sich.

Schritt 4: Der Lebensrückblick

Dies ist ein weiterer missverstandener Teil des Prozesses. Manche Menschen bezeichnen diese Phase als die Zeit des Urteils, in der sich entscheidet, wohin die Seele gehen wird. Das lässt den Prozess viel kritischer klingen, als er ist.

Bei der Lebensrückschau nimmt sich der Geist Zeit, um über seine Erfahrungen auf der Erde nachzudenken. Dieser Prozess kann Wochen, Monate oder sogar Jahre dauern, abhängig von der Person. Dieser Prozess ist wichtig, um dem Geist zu helfen, sich zu transzendieren und in die spirituelle Welt einzutreten. Die Geister werden auf diesem Weg von Engeln und Geistführern begleitet, die ihnen bei der Überprüfung zur

Seite stehen und ihnen helfen, sie aber nicht verurteilen.

Stellen Sie sich einen kleinen Kinosaal mit zehn Plätzen und einer großen Leinwand vor. An einem solchen Ort wird der Geist ermutigt zu sagen, was er wirklich darüber denkt, wie er sein Leben gelebt hat. Fühlte er sich in der Lage, in seinem irdischen Körper ein offenes und wahrhaftiges Leben zu führen, oder haben andere Menschen ihn zu Lebzeiten negativ beeinflusst?

Danach werden die positiven Auswirkungen, die die Person auf andere Menschen hatte, gezeigt. Von der Geburt bis zum Zeitpunkt ihres Todes sehen die Geister dieselben wichtigen Ereignisse aus unterschiedlichen Perspektiven. Zunächst sehen sie die Dinge mit ihren eigenen Augen und werden Zeuge der Reaktionen anderer. So erfahren die Geister, wie andere Menschen die fraglichen Momente empfunden haben.

Menschen beeinflussen oft das Leben anderer, ohne es zu wissen, und diese Ereignisse spiegeln sich im Lebensrückblick wider. Wenn der Geist eine zufällige freundliche Tat vollbracht hat, zeigen die Engel ihm die Menschen, die davon positiv betroffen wurden. Das Konzept des Flügelschlags des Schmetterlings kann an dieser Stelle eingesetzt werden, um zu verstehen, was gemeint ist. Die komplexen Auswirkungen unserer Handlungen auf der Erde sind für uns zu Lebzeiten selten klar zu erkennen.

Sie dürfen dann Ereignisse und Eindrücke Revue passieren lassen, in denen sie sich nicht so freundlich verhalten haben, wie sie es hätten tun können. Es ist wichtig zu wiederholen, dass dies keine Zeit der Verurteilung ist, sondern eine Zeit der Reflektion. Manchmal versteht man nicht, wie sehr ein unbedachter Satz oder eine unvorsichtige Handlung andere verletzen kann.

Während des Überprüfungsprozesses steht der transzendierende Geist bereits in Kontakt mit der Gemeinschaft, der er sich nach Abschluss der Überprüfung anschließen wird. Diese Gemeinschaft wird von höheren Wesen je nach dem Charakter der Person für sie ausgewählt. Gleichgesinnte werden in Gemeinschaften platziert, um Harmonie und einen Mangel an Reibung zu schaffen. Während des Überprüfungsprozesses kann sich der Geist mit Engeln, Geistführern, Verwandten und seinen neuen Gemeinschaften beraten, um eine breitere Perspektive über sein Leben zu erhalten.

Es ist wichtig zu verstehen, dass alle menschlichen Seelen als Gleichgestellte in die geistige Welt eintreten. Sie werden in die

Gemeinschaft aufgenommen, die zu ihnen passt, je nach ihren Lebensentscheidungen. Niemand wird verurteilt, und Mitglieder aller Religionen werden gleichbehandelt.

Der Prozess der Lebensrückschau erklärt auch, warum die Geister oft Monate oder Jahre brauchen, bevor sie mit ihren Lieben auf der Erde Kontakt aufnehmen. Der Zeitpunkt, an dem sie am meisten gebraucht werden, ist sicherlich direkt nach dem Tod der Verstorbenen. Die geistige Welt versteht, dass die Menschen heilen müssen, bevor sie mit den Geistern ihrer Angehörigen kommunizieren. Sie müssen ein gewisses Maß an Kontrolle und emotionaler Stärke haben, um sicherzustellen, dass die Begegnung nicht zu emotional geladen ist.

Nach Abschluss des Lebensrückblicks ist der Geist besser in der Lage, alle Fragen seiner Angehörigen zu beantworten. Die Seelen haben dann ein tieferes Verständnis davon, wie sie ihr Leben gelebt haben und welchen Einfluss sie auf andere hatten. Diese neue Weisheit wird ihnen helfen, ehrliche Gespräche mit ihren Familien auf der Erde zu führen und ihre früheren Handlungen zu erklären.

Schritt 5: Transzendieren in die Geistform

Nach dem Lebensrückblick ist der Geist nun bereit, in die Geisterwelt einzutreten und seine Rolle zu wählen. Es steht ihm frei, die verschiedenen Ebenen des Reiches zu erkunden und zu entscheiden, welche Rolle ihm am besten entspricht. Einige werden sich dafür entscheiden, Geistführer zu werden und sich den Menschen zur Verfügung zu stellen, die ihre Hilfe ersuchen. Andere werden sich dafür entscheiden, Heilgeister zu werden und damit beginnen, von den Gesundheitsgöttern und Engeln zu lernen, die bereits Meister dieser Kunst sind. Geister, die zu Lebzeiten in der Medizin und in helfenden Berufen tätig waren, werden manchmal ihre Rolle im Jenseits weiterführen.

Einige Geister werden sich der Aufgabe widmen, die Familie, die sie zurückgelassen haben, zu begleiten. Sie werden damit beginnen, sich bemerkbar zu machen, indem sie ihre Familienmitglieder in ihren Träumen besuchen oder ihnen in Tiergestalt erscheinen.

Manche Menschen berichten, dass verschiedene Ebenen der geistigen Welt durch das Durchlaufen von Stufen der Erleuchtung und des Lernens für uns Lebende zugänglich sind. Fest steht, dass es in der spirituellen Welt Platz für jede Seele gibt.

Die Seelen, die eine schwierigere Zeit auf der Erde durchlebt haben und Entscheidungen trafen, die andere nicht getroffen hätten, haben immer noch eine Rolle zu spielen. Sie können sich dafür entscheiden, Führer für diejenigen auf der Erde zu werden, die derzeit vor denselben Entscheidungen stehen wie sie. Wenn sie sich in Menschen hineinversetzen können, denen das Leben schwerfällt, können sie entsprechend besser-qualifizierte Ratschläge geben. Wenn Kriminelle und weniger gutherzige Personen von Menschen, die die gleichen Fehler gemacht haben, Ratschläge erhalten, lassen sie sich gegebenenfalls eher dazu ermutigen, ihr Verhalten zu ändern.

Schritt 6: Reinkarnation in Betracht ziehen

Jeder strebt danach, die beste Version seiner selbst zu werden. Dieses Ziel kann jedoch nicht in nur einem Leben erreicht werden. Die meisten Menschen haben mehrere Leben gelebt und müssen bereit sein, viele weitere zu leben. Alle Seelen wollen ihre volle Kapazität erreichen, um zu lieben, zu helfen und die gesamten Wunder des Universums zu empfangen. Das bedeutet, dass sich die Geister immer darauf vorbereiten, in einer anderen körperlichen Form auf die Erde zurückzukehren.

Fakten über die Reinkarnation

Die folgenden Fakten wurden von Menschen zusammengetragen, die mehrere frühere Leben erlebt haben und daher erklären konnten, wie Reinkarnation funktioniert.

- Reinkarnation ist sowohl natürlich als auch universell. Man kann nicht aussteigen, oder die Kooperation verweigern, denn so entwickelt sich die Menschheit weiter und schreitet voran. Die einzigen Seelen, die den Prozess abschließen und dauerhafte Mitglieder der geistigen Welt werden, sind transzendierte Meister, Engel und Gottheiten.

- Die Handlungen und Entscheidungen, die Sie in einem früheren Leben getroffen haben, haben keinen Einfluss auf Ihr zukünftiges Leben. Ihre Religion, Ihr geografischer Standort und Ihr Geschlecht können sich ändern.

- Manche Menschen werden innerhalb ihrer früheren Familie reinkarniert, je nach Todes- und Geburtszeitpunkt. Einige Familienmitglieder werden als Babys innerhalb ihrer unmittelbaren Familie wiedergeboren.

- Entgegen der landläufigen Meinung spiegeln die meisten Erinnerungen an vergangene Leben das Leben normaler Menschen zu dieser Zeit wider. Die früheren Leben können so lange zurückliegen wie die Zeit der Römer oder so kurz zurückliegen wie ein Jahrzehnt vor den Lebzeiten der reinkarnierten Person. Nicht jeder war in einem früheren Leben Julius Cäsar oder ein ägyptischer Pharao!
- Jeder Mensch wird von einer Gruppe von Seelen begleitet, die eine besondere Affinität füreinander haben. Diese werden als Seelenverwandte bezeichnet. Es sind Menschen, die immer da sein werden, um Sie zu unterstützen und Ihnen ein geerdetes Gefühl zu geben.
- Jeder Mensch hat ein Leben in beiden Geschlechtern gelebt. Wenn Sie ein Leben als Mann gelebt haben und dann als Frau reinkarniert wurden, kann dies zu einer gewissen Geschlechtsdysphorie und dem Gefühl führen, nicht in den Körper zu gehören, den Sie bewohnen.
- Traumatische Ereignisse in einem früheren Leben sind oft für irgendeine Form von Leid in Ihrem jetzigen Leben verantwortlich. Ein Trauma kann einen Eindruck auf die Seele hinterlassen, der Sie über mehrere Leben hinweg beeinflusst.
- Einige Menschen haben berichtet, dass sie in einem früheren Leben ein körperliches Trauma erlitten haben, das in ihrem jetzigen Leben ebenfalls eine körperliche Spur hinterlassen hat. Muttermale, Leberflecke und Unreinheiten, die bei der Geburt vorhanden sind, können auf vergangene Traumata zurückgeführt werden und verblassen, wenn sie älter werden. Es wird berichtet, dass viele Krankheiten, Phobien und Lebensfertigkeiten eine Seele durch ihre verschiedenen Lebenszeiten begleiten können.
- Es gibt keine festen Abschnitte zwischen einer Inkarnation und der nächsten. Niemand scheint zu verstehen, wer den Zeitrahmen zwischen den Inkarnationen festlegt, und einige Leute glauben, es könnte eine persönliche Entscheidung sein.
- Selbstmord ist in der spirituellen Welt nicht strafbar. Diejenigen, die viel weiser sind als andere, erkennen, dass es eine Entscheidung ist, die jeder treffen kann, wenn er das Bedürfnis danach verspürt. Selbstmord wird nicht als mangelnder Respekt

vor dem Leben angesehen; er ist lediglich eine Chance für einen Neuanfang. Niemand sollte je Selbstmord begehen, ohne gründlich darüber nachzudenken und sich auf Erden Hilfe zu suchen. Die Geister erkennen, dass eine solche Entscheidung keine Auswirkungen auf das Leben nach dem Tod haben sollte.

Es wird angenommen, dass vor jeder Reinkarnation eine ausführliche Planungssitzung stattfindet. Höhere Geistführer helfen dem Geist bei der Wahl des Weges, den er in seinem nächsten Leben einschlagen will. Zu der Person gesellen sich auch die Seelenpartner, mit denen sich die Reinkarnierten verbinden sollen, und es wird ein Plan erstellt.

Wenn sie sich dafür entscheiden, in ein Leben hineingeboren zu werden, das bestimmte Fähigkeiten erfordert, geben ihnen ihre Ratgeber Anweisungen, denen sie folgen sollen. Sie werden dann bestimmte Symbole oder Handlungen planen, die das benötigte Wissen auslösen, um Hindernisse bei der Reinkarnation zu überwinden.

Während des Geburtsvorgangs ihres nächsten Lebens durchläuft der Geist einen Verschleierungsprozess, der zu Amnesie führt. Dadurch können Sie Ihr neues Leben mit einer reinen Weste beginnen, die nicht durch Ihre früheren Leben beeinträchtigt ist. Sie haben immer noch die Hinweise, die in Ihre Psyche eingepflanzt wurden, wenn Sie sie brauchen.

Kinder können oft ein Restwissen über frühere Leben haben, das sich in Form von imaginären Begleitern und Freunden manifestiert. Dies hört in der Regel auf, bevor das Kind das fünfte Lebensjahr erreicht hat, und es kann sich danach oft nicht mehr an die Beziehung erinnern.

Im Folgenden erzählen wir eine Geschichte über Reinkarnation, die die Idee unterstützt, dass Kinder noch Erinnerungen an ein früheres Leben haben.

Ryan Hammons wurde als kleiner Junge von christlichen Eltern geboren, die in Oklahoma lebten. Im Jahr 2009 hatte er eine Reihe beunruhigender Träume, die dazu führten, dass er wach wurde und sich an die Brust fasste und weinte. Er erzählte seinen Eltern, dass sein Herz in Hollywood explodiert sei.

Er bestand darauf, dass er in einem Haus in einer Straße wohnte, die den Namen „Rock" trug, und dass er groß war. Er erzählte seiner Mutter, dass es ihm lieber war, wenn er groß war, weil er dann die Freiheit hatte, zu tun, was er wollte. Er beschrieb, dass er fünf Mal verheiratet war und drei Söhne hatte. Er erwähnte einen guten Freund namens Senator Five.

Seine Geschichten wurden immer ausschweifender, denn er beschrieb Begegnungen mit Hollywood-Legenden, darunter Rita Hayworth. Er erzählte seinen Eltern auch von Urlauben an weit entfernten Orten und dass er in einer Branche arbeitete, in der die Leute neue Namen bekamen.

Seine Eltern glaubten nicht an Reinkarnation, aber die Erlebnisse ihres Sohnes beunruhigten sie zunehmend. Seine Mutter besorgte sich eine Reihe von Büchern mit Bildern aus dem Hollywood der 1930er Jahre, die sie ihrem Sohn zeigte. Er reagierte heftig auf ein Bild des Leinwandstars George Raft auf einem Werbefoto aus dem Jahr 1932. Ryan rief: „Mama, ich habe mit ihm gearbeitet! Sein Name ist George, und wir haben zusammen einen Film gedreht. Der Mann mit dem Regenmantel auf dem Bild bin ich! Das ist eine große Sache für mich!"

Der Mann auf dem Bild wurde als Marty Martin identifiziert, ein Schauspieler, der zum Agenten wurde und 1964 an einem Herzinfarkt starb. Ryans Mutter listete die Details auf, die ihr Sohn ihr erzählt hatte, und wandte sich dann an einen renommierten Psychiater für Kinderpsychologie, der ihr helfen sollte, zu verstehen, was passiert war. Sein Name war Dr. Tucker, und es gelang ihm, Marty Martins Tochter zu kontaktieren.

Sie bestätigte, dass die von Ryan gemachten Angaben zutreffend waren und dass einige der Informationen für sie neu waren, obwohl es sich herausstellte, dass sie wahr waren. Sie erklärte, er habe am North Roxbury Drive gewohnt, wo tatsächlich das Wort, das wie „Rock" klingt, im Namen der Straße vorkommt, und er habe drei Söhne gehabt.

Ryan und seine Eltern verabredeten ein Treffen mit Martys Tochter und ein informelles Treffen zwischen allen anderen Beteiligten. Bei dem Treffen wurde Ryan jedoch abweisend und war nicht daran interessiert, mit Martys Tochter in Kontakt zu treten oder mit ihr Erinnerungen auszutauschen. Nach dem erfolglosen Treffen teilte er seiner Mutter mit, dass er die Energie seiner Tochter für „daneben" halte und verlor schnell das Interesse an dem ganzen Thema. Ryan wurde schnell zu einem normalen kleinen Jungen, dessen einzige Erinnerungen aus der Gegenwart stammten.

Die Erklärung des Psychiaters lautete, dass Martys Geist, nachdem er gesehen hatte, dass die Tochter, die er zurückgelassen hatte, weitergezogen war, dem reinkarnierten Kind erlaubte, mit der Vergangenheit abzuschließen und zu vergessen, dass es ihn je gegeben hatte.

Wenn man sich die Frage nach der Reinkarnation stellt, muss man sich auch fragen, wie es sein kann, dass so viele Menschen so lebhafte Erinnerungen an frühere Leben haben, wenn diese angeblich nie stattgefunden haben. Wie können die Menschen die Art und Weise erklären, wie sie für bestimmte Personen Emotionen empfinden, die sie noch nie zuvor getroffen haben? Jeder hat irgendwann in seinem Leben eine Verbindung zu jemandem gespürt, die über eine typische irdische Verbindung hinausgeht.

Wie erklären sie sich das Phänomen des Déjà-vus, wenn es sich so anfühlt, als hätten Sie eine Situation schon einmal erlebt? Das seltsame Gefühl, schon einmal an einem bestimmten Ort gewesen zu sein, obwohl man weiß, dass man es nicht war. Könnte es nicht möglich sein, dass Sie diesen Ort in einem früheren Leben besucht haben?

Kapitel 9: Anzeichen dafür, dass die Geister bei Ihnen anklopfen und wie man sie deutlich hören kann

Jeder ist natürlich neugierig auf die Geisterwelt und auf das, was nach dem Tod geschieht. Selbst wenn es nur ein flüchtiger Gedanke war, haben die meisten Menschen zumindest schon einmal darüber nachgedacht, ob es möglich ist, mit der Geisterwelt zu kommunizieren. Die Geister wissen das, und sie werden auch wissen, dass Sie zunehmend neugieriger zu dem Thema geworden sind, und wann Ihre Neugierde bereit ist, befriedigt zu werden.

Sie mögen sich nicht bewusst dafür entscheiden, mit der Kommunikation zu beginnen, aber die Geister wissen, wann Sie bereit sind. Machen Sie sich keine Sorgen – es ist nicht so, als könnten die Geister in Ihren Kopf eindringen und unerwünscht Kontakt herstellen; das würden sie nicht tun! Was sie tun werden, ist, Ihnen bestimmte Zeichen zu geben, die Sie auf ihre Anwesenheit aufmerksam machen sollen. Sie wollen Sie nicht beunruhigen; sie sagen Ihnen auf diese Art und Weise lediglich, dass sie für Sie da sind, wenn die Zeit reif ist.

Diese Zeichen zu verstehen, kann schwierig sein. Manchmal sind die Geister viel zu subtil für die irdischen Sinne der Menschen, und die Zeichen können lange unbemerkt bleiben, während Sie Ihrem täglichen

Leben nachgehen. Wenn Sie verstehen, auf welche Art von Zeichen Sie achten müssen, werden Sie sie wahrscheinlich fast sofort bemerken.

Die zu erwartenden Hinweise sind nicht unheimlich; sie sollen Ihre Seele entspannen und Ihre Sinne öffnen. Wenn Sie sich nicht wohl dabei fühlen, Botschaften von der anderen Seite zu empfangen, ist das in Ordnung. Die Geister sind immer an Ihrer Seite und werden weiterhin über Sie wachen, auch wenn Sie keinen direkten Kontakt aufnehmen möchten. Denken Sie daran, dass Geister wohlwollende Geschöpfe sind, die nur das Beste für die Menschen wollen. Sie sind voller Liebe, Mitgefühl und Einfühlungsvermögen für die Menschen, die sie sich ausgesucht haben, um über sie zu wachen.

Anzeichen dafür, dass die Geister versuchen, mit Ihnen zu kommunizieren

Kalter Luftzug ohne offensichtliche Quelle

Kälteeinbrüche und kühle Luft mögen sich nicht gerade einladend anfühlen, aber sind trotzdem kein negatives Zeichen. Die Geister wissen, dass eine Veränderung der Temperatur Ihrer Umgebung Ihre Aufmerksamkeit erregen kann. Wenn Sie jemals das Gefühl hatten, als sei jemand „über Ihr Grab gelaufen", dann hat Sie in Wirklichkeit wahrscheinlich ein Geist besucht.

Menschen sind warmblütige Wesen, und Geister sind reine Energie. Wenn beide sich nahe sind, senken die Geister die Temperatur, indem sie der Luft Energie entziehen. Diese Art von Kontakt kann oft auch eine Gänsehaut verursachen. Wenn Ihnen schon einmal die Haare zu Berge gestanden haben oder Sie eine Gänsehaut bekommen haben, wenn Sie an einen Verstorbenen denken, könnte es sein, dass einer von ihnen vorbeikommt, um Hallo zu sagen.

Wie man Hallo sagt

Wenn die Temperatur gesunken ist und Sie sich die Arme reiben, um sich zu wärmen, sagen Sie laut: „Hallo, ich weiß, dass ihr da seid, und das tröstet mich. Ich kann jederzeit einen Pullover anziehen, um mich aufzuwärmen, wenn ihr mich in Zukunft besuchen wollt."

Das Licht flackert oder Glühbirnen platzen

Oft sind flackernde Lichter und ausbrennende Glühbirnen in Filmen ein Zeichen dafür, dass bösartige Energie in der Nähe ist. In Wirklichkeit ist das einfach nicht wahr. Das Flackern der Lichter kann ein Zeichen dafür sein, dass Ihre Lieben versuchen, Ihnen mitzuteilen, dass sie im Raum sind. Die Energie, die sie mitbringen, wirkt sich auf alle elektrischen Geräte aus, die Glühbirnen werden dabei manchmal überlastet und platzen!

Wie man Hallo sagt

Wenn Sie ein vertrautes Gesicht sehen, weisen Sie es nicht ab. Grüßen Sie es und ersetzen Sie die Glühbirne. Sagen Sie den Geistern, dass es Ihnen nichts ausmacht, Glühbirnen auszuwechseln, aber bitten Sie sie beispielsweise, sich von Ihrem teuren 50-Zoll-Flachbildfernseher fernzuhalten! Die Geister haben genauso viel Spaß am Humor wie die Menschen!

Schatten in den Augenwinkeln

Geister können sich vor Ihnen bewegen, aber wenn Sie nicht auf ihre Energie eingestimmt sind, erscheinen sie als subtiler Schatten. Es handelt sich dabei nicht um eine direkte Sichtung, sondern lediglich um ein Flackern des Schattens, das in Sekundenschnelle erscheint und wieder verschwindet.

Wie man Hallo sagt

Es gibt nicht viel, was Sie tun können, um den Moment nachzustellen, also reicht ein einfaches Nicken an die Geisterwelt. Ein Gruß oder ein Nicken reicht aus, um den Geistern zu sagen, dass Sie wissen, dass sie da sind.

Leuchtende Kugeln auf Fotos

Mit der höheren Qualität von Kameras und der Verfügbarkeit von Kameras auf Smartphones fangen immer mehr Menschen leuchtende Kugeln in ihren Bildern ein. Da wir heutzutage Kameras leichter zur Verfügung haben, können Sie Bilder einfangen, die Ihnen in der Vergangenheit vielleicht entgangen wären. Orbs erscheinen als Lichtkugeln und können willkürlich in einem Raum platziert oder an Personen befestigt sein.

Was sind diese Kugeln, und wofür stehen sie? Es sind Geister, die sich zu Ihnen gesellt haben und Sie wissen lassen, dass sie anwesend sind. Kameras fangen ihre Energie ein, selbst wenn man sie mit dem bloßen Auge nicht sehen kann. Sie werden oft bei wichtigen Familientreffen eingefangen, wenn die Geister dabei helfen, irdische Anlässe zu feiern.

Bei Familienhochzeiten, Taufen, Beerdigungen und Geburtstagen werden oft viele Fotos gemacht. Die Geister erscheinen in Form von

Kugeln, um Sie wissen zu lassen, dass sie immer noch Teil der Familie sind und die gleichen Freuden und Sorgen wie Sie empfinden.

Wie man Hallo sagt

Stellen Sie sicher, dass Sie Ihre Bilder, die Kugeln enthalten, aufrufen. Die meisten Menschen nehmen sich nicht mehr die Zeit, physische Bilder auszudrucken, und Fotos können monatelang auf dem Telefon bleiben, ohne das etwas mit Ihnen passiert. Nehmen Sie sich die Zeit, Ausdrucke zu besorgen und sie in einen Rahmen zu stellen. Dann wissen die Geister, dass Sie ihre Botschaft erhalten haben und dass Sie den Kontakt begrüßen.

Telefon klingelt einmal

Viele Menschen können den Verlust eines geliebten Menschen nur schwer verkraften und fühlen sich dadurch getröstet, dass ihre Nummer in der Kontaktliste ihres Telefons gespeichert ist. Geister, die sicherstellen wollen, dass der Empfänger weiß, wer versucht, ihn zu kontaktieren, nutzen die Technik. Sie können ihre Energie so lenken, dass ein Smartphone nur einmal klingelt und dann ihre Nummer anzeigt. Wenn dies geschieht, soll es Sie nicht erschrecken, sondern als Zeichen dafür gewertet werden, dass sie Sie vermissen und bereit sind, mit Ihnen zu kommunizieren, wenn Sie es auch sind.

Diese Art der Kommunikation dient dazu, Ihnen genau zu sagen, wer versucht, mit Ihnen in Kontakt zu treten. Der Geist könnte diese Methode wählen, wenn Sie früher viel Zeit damit verbracht haben, mit ihm am Telefon zu plaudern. Vielleicht hat er zu Lebzeiten nicht in Ihrer Nähe gewohnt und vermisst Ihre Stimme am anderen Ende der Leitung.

Wie man Hallo sagt

Halten Sie Ihr Telefon in der Hand und sagen Sie „Hallo", wenn Sie den Namen der Person auf dem Display sehen. Führen Sie ein Gespräch mit der Person, als ob sie in der Leitung wären. Wenn Sie positiv auf den Anblick ihres Namens auf Ihrem Gerät reagieren, zeigen Sie dem Geist, dass Sie ihren Kontakt begrüßen und keine Angst haben.

Lebhafte Tagträume

Geister lieben es, über Ihr Unterbewusstsein Kontakt aufzunehmen, und das geschieht oft über Ihre Träume. Wenn sie das Gefühl haben, dass die Zeit reif ist, spielen sie mit Ihrem Bewusstsein, um lebhafte Bilder zu erschaffen, die Ihre Aufmerksamkeit erregen sollen. Sie wollen, dass ihre Botschaft aus einem bestimmten Grund bei Ihnen ankommt.

Vielleicht versuchen sie, Sie zu warnen, dass Sie wachsamer sein müssen oder dass jemand, den Sie lieben, Sie gerade jetzt braucht. Diese Art von Botschaften sind zeitrelevant und sollten nicht ignoriert werden.

Wie man Hallo sagt

Führen Sie ein mentales Gespräch mit der Informationsquelle. Wenn Sie Fragen zu der Botschaft haben, die sie zu vermitteln versuchen, stellen Sie diese Fragen, indem Sie sie in Ihrem Kopf aussprechen. Geister können dann die Informationen mit Hilfe von Bildern in Ihrem Tagtraum erläutern.

Zufällige Gedanken erscheinen in Ihrem Kopf

Ist Ihnen schon einmal ein Gedanke ohne jede Erklärung in den Kopf geschossen? Hat sich dieser Gedanke dann später als nützlich erwiesen? Es könnte sein, dass die Geister Ihnen eine Botschaft geschickt haben, weil sie wussten, dass Sie die Informationen brauchen würden, um ein Problem zu lösen. Diese Gedanken können auch geäußert werden. Wenn Sie also Stimmen in Ihrem Kopf hören, klingt das vielleicht ein bisschen schräg, aber es kann auch tröstlich sein. Wenn Sie eine Stimme hören, die Ihnen etwas sagt, hören Sie genau hin, denn es könnte ein Geist sein, der Ihnen eine Botschaft übermittelt.

Wie man Hallo sagt

Führen Sie ein Gespräch mit der Stimme. Ganz einfach, oder? Wenn sie sich dafür entscheiden, die Botschaft, die die Geister Ihnen übermitteln wollen, auszusprechen, sind die Geister für verbale Botschaften empfänglich, entweder in Ihrem Kopf oder laut. Vergewissern Sie sich, dass Sie sie laut und deutlich bestätigen.

Verschieben von Objekten

Wenn Sie jemals einen Raum betreten haben und das Gefühl hatten, dass jemand darin war und Dinge verschoben hatte, könnte es ein Geist sein, der versucht, mit Ihnen zu kommunizieren. Wenn Sie die Möbel umgestellt haben, nachdem ein geliebter Mensch gestorben ist, könnte die Person zurückkommen und alles wieder „richtig" hinstellen! Bestimmte Gegenstände werden mit verschiedenen Personen in Verbindung gebracht, und die Geister können diese Tatsache nutzen, um Sie daran zu erinnern, dass sie noch bei Ihnen sind. Das Öffnen von Schubladen und das Bewegen von Ornamenten sind klassische Anzeichen dafür, dass die Geisterwelt versucht, mit Ihnen in Kontakt zu treten.

Wie man Hallo sagt

Sprechen Sie auf eine heitere Art und Weise. Versuchen Sie, etwas zu sagen wie: „Hey du, ich weiß, dass du den Stuhl liebst und ihn wieder an seinem alten Platz sehen willst. Für heute lasse ich ihn stehen, aber morgen steht er wieder da, wo ich ihn mag. Wenn du ihn wieder umstellen musst, verstehe ich das. Ich vermisse dich, und ich freue mich, dass du mich besuchst. Danke, dass du mich besuchst."

Federn

Das Auffinden von Federn ist ein klassisches Zeichen dafür, dass die Geistergemeinschaft versucht, Sie zu erreichen. Sie werden üblicherweise von Geistern von Verwandten, Geistführern und Engeln benutzen, um eine Botschaft zu übermitteln. Die Geister verwenden verschiedenfarbige Federn, um detailliertere Botschaften zu übermitteln, und nutzen Farben, um ihrer Botschaft eine tiefere Bedeutung zu geben.

Farbige Federn und ihre Bedeutung

- *Weiße Federn*: Dies ist die einfachste Form des Kontakts. Sie können an Orten erscheinen, an denen Vögel anwesend sind, oder in einer völlig vogelfreien Zone. Sie bedeuten einfach, dass die Geister da sind, und sie signalisieren, dass alles in Ordnung ist.

- *Schwarze Federn*: Schwarze Federn sind nicht immer negativ, auch wenn sie wie ein Unheil verkündendes Zeichen erscheinen mögen. Sie erscheinen in der Regel, wenn Sie sich in einer Krise befinden und die Zeiten düster aussehen. Ihre Geistführer sagen Ihnen, dass sie wissen, dass die Zeiten schwierig sind, und dass sie alles tun, was sie können, um zu helfen.

- *Gelbe Federn*: Dies ist eine positive Farbe. Die Engel und Ihre Geistführer sagen Ihnen, dass die Dinge gut laufen. Sie schicken Ihnen eine Botschaft, die Ihnen zu Ihrer großartigen Arbeit gratuliert!

- *Rosa Federn*: Die Engel zeigen ihre humorvolle Seite und laden Sie ein, sich mit ihnen zu freuen. Sie erinnern Sie daran, dass Sie nie alleine sind, wenn Sie glücklich sind. Die Geister genießen den Sinn für Spaß, den Sie in ihre Energie durch Ihre Lebensfreude einbringen.

- *Blaue Federn*: Blau ist die Farbe der Gelassenheit und des Friedens. Die Engel sagen Ihnen, dass es an der Zeit ist, eine

Pause einzulegen und die Ruhe wiederzufinden, die Ihr Leben braucht. Nehmen Sie ihren Rat an und machen Sie einen langen Spaziergang in der Natur oder meditieren Sie. Manchmal brauchen Sie einen Anstoß, um aus Ihrem vollen Terminkalender auszusteigen und Bilanz zu ziehen.

- *Rote Federn*: Rot ist die Farbe der Leidenschaft und der Liebe. Die Geister zeigen Ihnen den Weg zur wahren Liebe und helfen Ihnen, sie zu finden. Sie wollen, dass jeder den perfekten Partner findet und sich niederlässt. Schließlich ist die Liebe der mächtigste Weg, sich mit anderen Menschen zu verbinden, und die Führung der Engel ist besser als jede Dating-App!

- *Grüne Federn*: Grün ist die Farbe der Gesundheit. Denken Sie an die Natur und die Bedeutung der Farbe, und Sie werden beginnen zu verstehen, was die Geister Ihnen sagen wollen. Die Geister ermutigen Sie, mehr auf Ihre Gesundheit zu achten und sich öfter um die Nummer eins zu kümmern. Schließlich vernachlässigen die meisten Menschen ihre Gesundheit irgendwann einmal. Vielleicht sind Sie zu sehr damit beschäftigt, sich um jemand anderen zu kümmern. Eine grüne Feder bedeutet, dass Sie langsamer machen, über Ihr Wohlergehen reflektieren, und sich vielleicht untersuchen lassen sollten.

- *Graue Federn*: Ihr Team von Geistern arbeitet ständig für Sie. Sie kennen die Themen in Ihrem Leben, die Ihnen Probleme bereiten, und sie arbeiten daran, diese zu lösen. Wenn sie das Gefühl haben, dass Sie die Geduld mit ihnen verlieren, werden die Geister Ihnen eine graue Feder schicken. Das bedeutet, dass Sie geduldig sein und auf ihre Führung warten sollen.

- *Orangefarbene Federn*: Diese Farbe der Feder ist ein Zeichen dafür, dass Sie an Ihrem Sexualleben arbeiten sollten! Die Federn sind außerdem auch ein Symbol für Kreativität, Positivität und die Bedeutung der körperlichen Verbindung mit Ihrem Partner. Wenn Sie eine orangefarbene Feder erhalten, könnte es sein, dass Ihre Geistführer Ihnen sagen, dass Sie sich im Schlafzimmer wieder mit Ihrem Partner verbinden sollen.

- *Lila*: Die Engel und Geister wissen, wie wichtig es ist, zu zeigen, dass man spirituelles Wachstum anerkennt. Wenn sie spüren, dass Sie Ihre persönliche spirituelle Wahrheit erkannt haben und sich auf Ihr persönliches spirituelles Wachstum einstimmen, werden sie Sie mit dem Geschenk einer lila Feder belohnen.

- *Braun*: Diese Feder ist eine Botschaft, dass Sie sich mehr erden lassen sollten. Braun ist die Farbe der Erde und eine friedliche Erinnerung daran, dass Sie sich mit Ihren Wurzeln verbinden sollten.

Farbkombinationen bei Federn

- *Schwarz und Weiß*: Die kontrastierenden Farben deuten auf einen inneren Konflikt hin. Die Geister erkennen Ihren Konflikt und senden Ihnen eine klare Botschaft: Sie sollen stark bleiben. Die Konflikte werden sich beruhigen, und Ihr Leben wird bald ruhiger werden.
- *Schwarz und Lila*: Ihre Spiritualität übersteigt die Skala! Die innere Stärke und die Spiritualität, die Sie erleben, sind immens. Gut gemacht!
- *Schwarz, Weiß und Blau*: Der Wandel kommt, und die Geister sind da, um Ihnen zu helfen. Jeder Mensch erlebt in seinem Leben Übergangsphasen, und wenn Sie das gerade tun, sind die Geistführer für Sie da, um Sie zu unterstützen.
- *Braun und Schwarz*: Die Engel und Geister zeigen an, dass Sie ein perfektes Gleichgewicht im Leben erreicht haben. Sie stehen mit einem Bein in der physischen Welt und mit dem anderen im Reich der Geister.
- *Braun und Weiß*: Diese Kombination ist eine glückliche Kombination. Sie sind vollständig vor Schaden geschützt und Ihr Wohlbefinden ist gesichert.
- *Rot und Grün*: Während diese Kombination normalerweise eine Katastrophe für die Garderobe darstellt, bedeutet sie in der Welt der Federn genau das Gegenteil. Wenn Sie diese farbigen Federn erhalten, sind Sie mit viel Glück gesegnet. Finanzieller und geistiger Wohlstand sind auf dem Weg zu Ihnen!
- *Grau und Weiß:* Diese Federn stehen für Unsicherheit. Die Engel und Geister spüren, dass Sie Entscheidungen über Ihre Zukunft treffen müssen. Bitten Sie um Führung und um ein Zeichen, damit Sie die notwendigen Veränderungen in Ihrem Leben vornehmen können.

Wie man Hallo sagt

Behalten Sie die Federn, die Sie bekommen, und verwenden Sie sie zur Dekoration Ihres Hauses. Federn sind von Natur aus schön und eignen sich hervorragend zur Dekoration. Damit sagen Sie den Geistern, dass Sie ihre Gaben der Natur schätzen und dass Sie stolz darauf sind, sie mit anderen zu teilen.

Sie hören Lieder, die Sie an einen geliebten Menschen erinnern

Die meisten Menschen wissen um die Bedeutung der Musik in ihrem Leben. Die Musik kann einer der stärksten Auslöser dafür sein, um Erinnerungen an Menschen, Zeiten und Orte aus der Vergangenheit zu wecken. Die meisten Paare haben ein Lied, das sie an ihre Beziehung erinnert, und bei den Geistern ist das nicht anders. Sie wissen, dass das Hören eines bestimmten Liedes bedeutet, dass Sie sich an die Person erinnern, und sorgen deshalb dafür, dass Sie es hören können, wenn sie in der Nähe sind.

Wie man Hallo sagt

Wenn Sie nach Hause kommen, spielen Sie die Lieder, die Sie gehört haben. Sagen Sie laut, wie sehr sie diese Lieder lieben, und schwelgen Sie in Erinnerungen an die Ereignisse, an die sie Sie erinnern. Musik kann die Seele mit Freude erfüllen, und sie sollte so oft wie möglich gespielt werden.

Sie riechen Aromen, die Sie in die Vergangenheit versetzen

Woran erinnern Sie sich im Haus Ihrer Großmutter? Der Geruch von frisch gebackenem Apfelkuchen in Kombination mit Pfeifenrauch könnte eine Art und Weise sein, durch die Ihnen Ihre Großeltern in Geisterform erscheinen. Der Geruch von Aftershave und Parfüm kann Sie sofort in die Zeit zurückversetzen, in der Sie Ihre große Liebe zum ersten Mal getroffen haben. Gerüche sind besonders anregend, wenn sie uns an jemanden erinnern, der gestorben ist. Die Geister nutzen Gerüche, um uns an glücklichere Zeiten und die Tatsache zu erinnern, dass sie noch immer bei uns sind.

Wie man Hallo sagt

Erkennen Sie an, was Sie riechen und welche besonderen Erinnerungen Sie haben. Wenn es sich um Erinnerungen an Ihre Großeltern handelt, sagen Sie deren Namen. Heißen Sie sie in Ihrem Herzen willkommen und sagen Sie ihnen, wie sehr Sie sie vermissen.

Sie hören Ihren Namen an zufälligen Orten

Waren Sie schon einmal an einem überfüllten Ort und haben gehört, wie Ihr Name gerufen wurde? Vielleicht waren Sie an einem abgelegenen Ort, an dem sonst niemand war, und haben trotzdem gehört, wie jemand Sie rief. Das ist ein sicheres Zeichen dafür, dass die Geister in der Nähe sind. Sie nutzen natürliche Phänomene, um Ihren Namen zu reproduzieren, so dass Sie ihn im Wind hören. Sie können den Klang eines plätschernden Baches oder den Ruf eines Vogels in den Klang Ihres Namens verwandeln.

Wie man Hallo sagt

Reagieren Sie immer auf den Klang Ihres Namens. Drehen Sie sich um und lächeln Sie, bevor Sie Ihren Weg fortsetzen. Heben Sie die Hand und sagen Sie: „Hallo." Es ist wirklich ganz einfach. Die Geister haben Sie für eine persönliche Botschaft ausgesucht, und Sie sollten ihnen danken. Sagen Sie etwas wie: „Hey, ich höre dich, und ich liebe deine Energie. Danke, dass du dich mit mir verbunden hast. Ich weiß das zu schätzen."

Sie sehen immer wieder dasselbe Tier

Stellen Sie fest, dass Sie bei jedem Wetter und zu jeder Jahreszeit Schmetterlinge sehen, wohin Sie auch gehen? Wenn Sie jeden Morgen zur Arbeit gehen und überall Katzen sehen, dann könnte das eine Botschaft der Geister sein. Sie lieben es, mit der Tierwelt zusammenzuarbeiten und sich mithilfe der Natur an Sie zu wenden. Wenn Sie eine Affinität zu bestimmten Tieren verspüren, könnte es sich um eine spirituelle Verbindung handeln.

Wie man Hallo sagt

Zeigen Sie Ihre Liebe zu den Geistern, indem Sie Bilder Ihres Lieblingstiers in der Nähe aufbewahren. Wenn Sie Elefanten lieben, wählen Sie beispielsweise eine Kaffeetasse mit einem Bild von Elefanten darauf. Sie können auch Bettwäsche, Vorhänge, Dekorationen und allerlei Schnickschnack mit Tiermotiven kaufen. Wenn Sie Ihr Heim mit diesen Bildern füllen, können Sie eine stärkere Verbindung mit der Geisterwelt aufbauen. So sagen Sie den Geistern, dass Sie Ihre Bemühungen, mit Ihnen in Verbindung zu treten, zu schätzen wissen.

Kapitel 10: Sicherheit bei der Kommunikation

Die Kommunikation mit Geistern kann eine erbauliche Erfahrung sein, aber sie hat auch gefährliche Aspekte. Da Sie sich in ein anderes Energiefeld begeben, ist es wichtig, Ihren Körper und Ihre Seele vor Gefahren zu schützen. Wenn Sie keine Schutzmaßnahmen ergreifen, können verschiedene Formen negativer Energie Sie schädigen. Sie müssen sich vor negativen Wesenheiten, psychischen Angriffen und zerstörerischen Energiekräften schützen.

Fast jeder negative Zustand kann auf einen anderen Menschen zurückgeführt werden. Menschen, die negative Energie ausstrahlen, werden Sie beeinflussen, wenn Sie sich nicht schützen. Sie müssen diese Gefahren verstehen und wie sie sich auf Sie auswirken können. Wenn Sie die geistige Welt betreten, sind Sie den gleichen Gefahren ausgesetzt wie in der physischen Welt auch. Der Unterschied besteht darin, dass die Angriffe spirituell und nicht physisch sind, aber die Auswirkungen sind genauso verheerend.

Bevor Sie sich mit den physischen Möglichkeiten des Selbstschutzes befassen, ist es wichtig, einige Grundlagen zu berücksichtigen. Sie sind das Zentrum der Anziehung, wenn Sie die spirituelle Zone betreten, und Sie müssen in der bestmöglichen emotionalen Verfassung sein. Wenn Sie den spirituellen Bereich mit niedrigen spirituellen Schwingungen betreten, werden Sie negative Energie anziehen. Das bedeutet, dass Sie Angriffen von Quellen des Bösen ausgesetzt sein könnten, die Ihnen schaden wollen.

Ihren Geist zu finden und zu stärken ist der einzige Weg, um zu 100 Prozent in Sicherheit zu sein. In einem späteren Kapitel werden Sie Mittel und Wege kennenlernen, um Ihre Schwingungen zu erhöhen und Ihren Geist zu stärken. Dort lernen Sie die verschiedenen Methoden kennen, um Ihre innere Stärke zu entwickeln und ein positives spirituelles Wesen zu werden.

Wie man böse und negative Energie entfernt

Mantras

Das sind spirituelle Worte oder Phrasen, die Sie verwenden können, um negative Energie aus Ihrem Geist und Ihrer Umgebung zu entfernen. Wenn Sie einer besonders negativen Person begegnet sind, die Ihre Schwingung gesenkt hat, können Sie ein Mantra verwenden, um Ihre Energie zu reinigen. Wenn Ihr Zuhause von negativer Energie beeinflusst wurde, können Sie es mit einem positiven Gesang reinigen.

Die Energie ist die treibende Kraft des Lebens und besteht sowohl aus negativen als auch aus positiven Kräften. Diese können durch psychische Angriffe von negativen Kräften beeinträchtigt werden, aber auch Ihre inneren Dämonen können Ihre Werte beeinflussen. Bevor Sie sich an Mantras wenden, um Ihre Lebenskraft zu stärken, ist es wichtig zu verstehen, warum Sie diese Negativität erfahren.

Dinge, die sich auf Ihre Energie auswirken

- Vergangene Handlungen, die Sie sich nicht verziehen haben
- Fehlender Glaube an den spirituellen Prozess
- Flüche von Ihren Feinden
- Negative Beziehungen zu Hause oder am Arbeitsplatz
- Negative Gefühle, die Sie anderen gegenüber empfinden
- Negative Emotionen, die andere Menschen Ihnen gegenüber empfinden

Mit Mantras können Sie diese Kräfte daran hindern, Ihre positive Energie zu beeinträchtigen, indem Sie Ihre inneren Gedanken in Worte fassen. Sie können Mantras aus hinduistischen oder buddhistischen Texten verwenden, aber die wirksamsten Mantras kommen aus dem Herzen.

Wenn Sie zum Beispiel das Gefühl haben, dass Ihre negativen Gefühle für eine andere Person Sie gefangen halten, versuchen Sie ein Mantra zu bilden, um Ihren Geist zu befreien. „Ich bin gefangen in meiner negativen Energie in Bezug auf meine Beziehung zu (Name einfügen), und ich befreie mich hiermit davon." Oder versuchen Sie zu sagen: „Meine Energie ist durch den Hass blockiert, den ich gegenüber (Name einfügen) empfinde, und ich entlasse ihn jetzt aus meinem Leben."

Sie benennen Ihre Gefühle und fassen Ihre Gedanken in Worte. Der nächste Schritt besteht darin, einen Namen für Ihre Gefühlszustände zu finden. Wenn Sie sich zum Beispiel Sorgen machen, werden Sie „die besorgte Person", oder wenn Sie kreativ blockiert sind, werden Sie „der gefangene Kreative".

Jetzt ist es an der Zeit, die Denkweise zu ändern und die negative Energie loszulassen. Sagen Sie laut: „Ich lasse die besorgte Person los" und werde „die sichere Person", und „die gefangene kreative Person" wird „die kreative freie Person".

Kurz und bündig

Wenn Sie ein persönliches Mantra erstellen, müssen Sie diese Schritte befolgen:

- Erkennen Sie Ihre Denkweise und wie sie Sie zurückhält.
- Geben Sie ihr einen offiziellen Namen.
- Sagen Sie sich, dass Sie diese Denkweise hinter sich lassen und eine neue Ebene der Energie betreten.
- Danken Sie der Energie dafür, dass sie Ihnen erlaubt, positiver zu werden.

Natürlich gibt es auch einige tägliche Mantras, die Sie verwenden können und die weniger spezifisch sind. Probieren Sie diese Beispiele für tägliche Gesänge aus, die Ihr Energieniveau erhöhen und Sie mit positiven Gefühlen erfüllen.

- Ich bin durch meine Energie mit dem Universum verbunden. Wir teilen dieselben Freuden, und ich freue mich über diese Tatsache.
- Ich umarme die Lebenskraft der Erde und der spirituellen Reiche.
- Heute werde ich Energie erzeugen, die der Welt zugutekommt.

- Meine Lebenskraft ist stark, und ich bin erfüllt von Freude und Liebe.

Schutz durch weißes Licht

Stellen Sie sich eine physische Barriere vor, die sich um Sie herum bildet und alles abwehrt, was auf Sie geworfen wird. Mit dieser Art von Schutz haben Sie das Gefühl, dass Ihnen nichts etwas anhaben kann. Stellen Sie sich nun vor, wie Sie sich fühlen würden, wenn Sie mit diesem Schutz in die geistige Welt einträten. All Ihre Ängste und Sorgen würden hinter Ihnen gelassen, und Sie könnten sich durch Ihre geistigen Kräfte sicher fühlen.

Die Weißlicht-Schutztechnik ermöglicht Ihnen einen solchen Schutz zu erschaffen. Sie schafft eine psychische Barriere, die negative Energie abwehrt und Sie in Sicherheit bringt.

Hier erfahren Sie, wie Sie Ihren Schutz aus weißem Licht aufbauen:

- Setzen Sie sich an einen ruhigen Ort und entspannen Sie sich.
- Stellen Sie sich eine eiförmige weiße Kugel vor, die mit Licht gefüllt ist und Ihr ganzes Wesen umgibt.
- Stellen Sie sich vor, dass die Negativität auf die äußere Schicht des Lichts trifft und von Ihnen weg reflektiert wird.
- Nehmen Sie dieses Schild überall mit hin.

Diese Technik ist ebenso wirksam für Ihre Haustiere, Ihre Lieben und Ihr Zuhause.

Räuchern

Es wird angenommen, dass die amerikanischen Ureinwohner die erste Kulturgruppe waren, die das Räuchern zur Reinigung ihrer Geister und Häuser einsetzte. Es war beispielsweise besonders bei den Lakota und Cahuille bekannt und beliebt. Viele andere Kulturen rund um den Globus haben dieses spirituelle Ritual seit Generationen angewandt.

Was sind die Vorteile des Räucherns?

Antibakterielle Eigenschaften

Die Menschen nutzen das Ritual, um ihre Aura zu reinigen und den Raum, in dem sie meditieren, zu säubern, aber das Verwischen hat auch einen praktischen Nutzen. Wenn Sie Salbei oder weißen Salbei verwenden, um die Luft zu reinigen, setzen sie antimikrobielle Eigenschaften frei. Diese können schädliche Bakterien in Schach halten und Insekten abwehren. Die antibakteriellen Eigenschaften helfen Ihnen, einen ruhigen Bereich frei von Infektionen zu halten.

Salbei setzt auch negative Ionen frei, die Ihnen helfen, häufige Allergene wie Tierhaare, Staub und Schimmel zu beseitigen. Wenn Sie an einer Atemwegserkrankung leiden, wird die Luft sauberer und verschlimmert Ihren Zustand weniger schnell.

Es verbessert die Qualität Ihres Schlafes

Die Verbindungen in traditionellen Salbeipflanzen helfen, Angstzustände und Depressionen zu lindern. Außerdem beruhigt Salbei den Körper und verbessert den Schlaf.

Es riecht toll

Wenn Sie natürliches Räucherwerk bevorzugen, um sich zu entspannen, sollten Sie Salbei verbrennen. Das Aroma ist rein, einfach und wird Ihrem Raum zu einem fantastischen Duft verhelfen.

Der wichtigste Nutzen des Räucherns besteht darin, den Raum zu reinigen. Dies hilft Ihnen, negative Energie abzuwehren und sicherzustellen, dass die positiven Kräfte Sie erreichen können. Es gibt verschiedene Kräuter für entsprechende Zwecke, und hier ist eine Liste von nützlichen Kräutern, die für das auch als „Smudging" bekannte Ritual verwendet werden:

- *Engelwurz*: Engelwurz fördert die Selbsterkenntnis und stärkt die Selbstentschlossenheit
- *Kräuter*: Schützen das Gebiet und fördern die Selbstwahrnehmung
- *Lavendel*: Reinigt, schützt und sorgt für eine ruhige Atmosphäre
- *Beifuß*: Schützt und hilft dem Praktizierenden, sich an seine Träume zu erinnern
- *Johanniskraut*: Erhöht den Mut, den Schutz und das Vertrauen
- *Thymian*: Schützt und stärkt das Immunsystem

Wie man "räuchert"

Grundlegende Werkzeuge

- Ein Bündel von Kräutern Ihrer Wahl
- Ein Topf aus natürlichen Materialien, der das brennende Bündel aufnimmt und die Asche auffängt
- Streichhölzer
- Ein Ventilator aus natürlichen Materialien, um den Rauch zu verströmen

Bereiten Sie nun Ihren Raum für die Räucherung vor. Entfernen Sie Tiere und Menschen, die nicht an dem Ritual teilnehmen, und öffnen Sie dann die Fenster. So kann der Rauch die negative Energie einfangen und dann entweichen.

Zünden Sie das Pflanzenbündel an, bis es zu rauchen beginnt. Löschen Sie etwaige Flammen sofort.

Richten Sie den Rauch auf Ihren Körper und Kopf, bis Sie sich gereinigt fühlen.

Nun können Sie den Rauch mit einer Feder oder einem kleinen Fächer auf die Körperstellen richten, die Ihrer Meinung nach Aufmerksamkeit brauchen.

Sammeln Sie die Asche in dem dafür vorgesehenen Topf.

Reinigen Sie nun Ihr Zimmer, indem Sie die darin befindlichen Gegenstände räuchern. Dies kann geschehen, indem Sie den Rauch auf jeden Gegenstand einzeln richten, oder Sie können das Räucherbündel in einem feuerfesten Behälter lassen und den Rauch seinen natürlichen Weg suchen lassen.

Nach Abschluss des Rituals löschen Sie Ihr Bündel, indem Sie das brennende Ende in den Sand oder die Asche legen, die Sie gesammelt haben. Sobald es erloschen ist, legen Sie das restliche Bündel zur späteren Verwendung weg.

Sicherheitstipps

Salbei kann ziemlich heftig brennen, halten Sie also für alle Fälle etwas Wasser bereit. Lassen Sie ihn nie unbeaufsichtigt und beachten Sie, dass er einen Feueralarm auslösen kann.

Kleine Mengen Rauch sind in Ordnung, aber versuchen Sie, nicht zu viel zu inhalieren, sonst könnten Sie unerwünschte Reaktionen erleben.

Gehen Sie respektvoll mit dem Ritual um, und Sie werden die Vorteile noch Tage danach spüren.

Meersalz als Schutz

Die natürliche Quelle von Meersalz ist natürlich der Ozean. Diese mächtigen Wassermassen gelten seit langem als eines der schönsten Naturphänomene der Erde. Sie sind wichtige Energiequellen, und das Salz, das sie produzieren, wird seit Anbeginn der Zeit zur Reinigung verwendet. Nahezu alle Kulturen der Welt verwenden Salz für Reinigungsrituale. Von der katholischen Kirche bis zu den alten indianischen Religionen ist Salz ein Teil heiliger Rituale und Zeremonien. Die Inder und andere östliche Kulturen haben Salz einst direkt auf offene Wunden aufgetragen, um böse Geister und negative Energie zu vertreiben.

Salz ist ein mächtiges Werkzeug und muss sorgfältig eingesetzt werden. Es hat die Kraft, psychische Energien zu entfernen, aber es kann nicht zwischen „guter" und „schlechter" Energie unterscheiden. Deshalb wird es verwendet, um einen Raum vor Ritualen und Zeremonien von Energie zu befreien, damit der Praktizierende eine saubere Ausgangsposition hat, mit der er arbeiten kann.

Traditionell wurde Salz auch verwendet, um „Unschuldige" vor unerwünschten psychischen Angriffen zu schützen. Salzbarrieren wurden oft um die Betten von Kindern gelegt, um sie im Schlaf zu schützen. Salzwasser wird oft verwendet, um magische Gegenstände zu waschen, bevor sie benutzt werden.

Wenn Sie Ihren Bereich vor einem Ritual schützen wollen, können Sie eine schnelles Ritual durchführen, um sich ein gewisses Maß an Sicherheit zu verschaffen. Entzünden Sie ein kleines Feuer in einem geeigneten Gefäß und werfen Sie eine Handvoll Meersalz in die Flammen. Dadurch werden Sie Zeuge eines Farbblitzes, und Ihre unmittelbare Umgebung wird sich heller und spiritueller anfühlen.

Wenn Sie eine tiefere Reinigung benötigen und die Zeit haben, den Ritus durchzuführen, wird Ihnen das folgende magische Ritual eine tiefere spirituelle Reinigung verschaffen:

1. Wählen Sie eine Schale oder einen Topf aus natürlichen Materialien, die etwas Schönes darstellt. Die Größe ist nicht so wichtig, da die Energieaufnahme nicht vom Volumen abhängt!
2. Füllen Sie den Behälter mit Salz. Kochsalz ist geeignet, aber Meersalz ist besser.

3. Stellen Sie es an das Herz Ihres Zuhauses. Das kann zum Beispiel in der Küche geschehen, gegebenenfalls aber auch in dem Raum, in dem Sie Rituale durchführen, oder in Ihrem Schlafzimmer. Sie wissen, wo sich das Herz und der Mittelpunkt Ihres Zuhauses befinden.
4. Lassen Sie das Salz drei Tage und Nächte lang unangetastet.
5. Am Morgen des vierten Tages nehmen Sie sich Ihre Salzschüssel und geben Sie sie an die Natur. Der Übergabeort kann so majestätisch sein wie ein frei fließender Fluss oder so alltäglich wie eine Gartenhacke. Es spielt keine Rolle, wo genau Sie das Salz hingeben, Hauptsache, es geht! Während Sie Ihr Salz ausstreuen, sagen Sie ihm Ihre Sorgen. Was sind Ihre tiefsitzenden negativen Themen und Probleme? Wenn das Salz verschwindet, werden auch Ihre Probleme verschwinden.
6. Füllen Sie den Behälter wieder mit Salz auf und stellen Sie ihn wieder an seinen Platz im Mittelpunkt des Hauses.
7. Leeren Sie den Behälter jede Woche, und die spirituellen Vorteile für Ihr Zuhause werden spürbar.

Kristalle und Edelsteine zum Schutz

Wenn Sie Kristalle auswählen, um sich vor Negativität und bösen Geistern zu schützen, ist es wichtig zu wissen, welche Kristalle am effektivsten sind. In der Regel eignen sich dunklere Kristalle am besten für die persönliche Sicherheit, weil sie am effektivsten störende Energie absorbieren und sie von ihrem positiven Kern fernhalten.

Sie können Kristalle um Ihren heiligen Raum herum platzieren, um das Böse abzuwehren, oder Sie können sie als Schmuck tragen. Im Internet sind Stäbe erhältlich, mit denen Sie Ihre Kristalle zu einem tragbaren Schutz kombinieren können.

Die besten Kristalle für den Schutz und ihre Eigenschaften

1. **Schwarzer Turmalin**: Dies ist ein Allround-Schutzkristall, der alle niederen Schwingungen abweisen kann. Dies bedeutet, dass Geister und Energien, die bösartig sein können, nicht in Ihren Raum eindringen können. Er wandelt negative Energie in eine positive Kraft um. Diese Positivität umgibt Sie dann und wirkt wie

ein Schutzparameter, der schlechte Gedanken und Gefühle fernhält.

2. **Gagat:** Auch wenn es sich nicht um einen Kristall im eigentlichen Sinne handelt, gilt Jet als mächtiges Werkzeug zum Schutz vor dunklen Energien. Er ist eine beliebte Wahl für diejenigen, die die irdische Ebene viele Male bereist haben, da er dafür bekannt ist, alte Erinnerungen zu bewahren. Dieser tiefschwarze Stein muss regelmäßig gereinigt werden, da er mehr Energie aufnimmt als er abgibt.

3. **Schwarzer Obsidian:** Dieser Stein, der oft von Schamanen und Hexen verwendet wird, ist ein scharfes, effektives Mittel, um die negativen Kräfte in Ihrem Leben zu vertreiben. Sie können ihn verwenden, um Lügen, schlechte Beziehungen und zerstörerische Energien zu beseitigen. Da er bei einem Vulkanausbruch aus vulkanischem Gestein gebildet wurde, ist er eine kraftvolle Kombination aller Elemente der Erde. Die Kraft, die in diesem Heilkristall steckt, sollte nicht unterschätzt werden.

4. **Quarz:** Wenn Sie einen sanfteren Stein zum Arbeiten bevorzugen, können Sie eine rauchige Version des beliebten Kristallquarzes wählen. Anstatt negative Energie zu durchschneiden, wie es der Obsidian tut, löst der Quarz sie auf, bis sie zur Erde zurückkehren. Obwohl er eine sanfte Essenz hat, bietet er Ihnen einen starken Schutz im spirituellen Bereich.

5. **Fluorit:** Die Essenz dieses Kristalls ist rein schützend. Er kann Menschen vor elektromagnetischem Stress am Arbeitsplatz schützen und sollte in der Nähe von Computerbildschirmen platziert werden, um eine Schutzbarriere zu bilden. Im spirituellen Bereich wirkt er auf die gleiche Weise. Fluorit ist wirksam gegen jede Form von Negativität. Er reflektiert und absorbiert äußere Kräfte und fängt deren Aura ein. Dies schützt Sie bei Ihren täglichen Aktivitäten vor schädlichen Energiequellen.

Spirituelle Objekte

Ihr heiliger Ort sollte die Oase in Ihrem Leben sein. Es ist der Ort, an dem Sie sich am entspanntesten und sichersten fühlen. Das könnte bedeuten, dass er frei von Unordnung sein muss, dass Ihr Bereich ein sauberer Raum ist; oder es könnte bedeuten, dass Sie dort von Dingen umgeben sind, bei denen Sie sich sicher fühlen. Spiritualität ist eine persönliche Reise, und viele schöne Gegenstände sehen gut aus und bieten Schutz.

Wenn Sie sich mit physischen Gegenständen, die die Spiritualität repräsentieren, eine Oase schaffen möchten, finden Sie unten eine große Auswahl an leicht verfügbaren Dingen.

Ideen für Ihr spirituelles „Styling"

1. **Gargoyle-Statuen:** Wenn Sie ein Fan der gotischen Architektur sind, werden Sie mit dem Konzept der Gargoyles oder Wasserspeier vertraut sein. Sie wurden regelmäßig auf Gebäuden aufgestellt, um böse Geister abzuwehren und das Haus zu schützen. Einige von ihnen sind geradezu furchteinflößend, während andere eher dem Auge schmeicheln! Gargoyles können auf vielerlei Art eingesetzt werden. Einige sitzen, denken nach und sinnieren über das Leben, während andere mit Mistgabeln gegen Drachen kämpfen.

2. Wenn Sie einen furchterregenden Beschützer für Ihren Raum brauchen, könnten Sie das traditionelle Design eines geflügelten Wasserspeiers wählen, der den Raum beschützt. Wenn Sie ein sanfteres Bild bevorzugen, suchen Sie sich stattdessen einen sitzenden, nachdenklichen Wasserspeier aus.

3. **Buddha-Statuen oder -Bilder:** Der Abhaya-Buddha wird traditionell zum Schutz verwendet. Das Bild des Buddha hat immer eine andere Bedeutung, abhängig von seiner Position. Wenn Sie Schutz wünschen, wählen Sie eine Statue in der Abhaya-Position. Das bedeutet, dass der Buddha den Rücken seiner rechten Hand zeigt und oft eine Lotusblume in seiner linken Hand hält.

   Der Ursprung der Geste liegt in der buddhistischen Folklore. Es heißt, dass Buddha in Begleitung einer Gruppe von Menschen durch einen Wald ging, als ein Elefant plötzlich begann, die Gruppe anzugreifen. Buddha hob seine rechte Hand, so dass die Handfläche zu seiner Brust zeigte, und der Elefant hörte auf zu randalieren und kehrte in den Wald zurück.

4. **Das Zeichen des Kreuzes:** Schon lange vor dem Christentum wurde das Kreuz als Schutzzeichen verwendet. Bereits in der Bronzezeit wurden Symbole des Sonnenkreuzes zum Schutz von Häusern verwendet.

5. **Hamsa:** Auch bekannt als das alles sehende Auge, ist dieses Symbol einer Hand mit einem darauf gezeichneten Auge eine symbolische

Darstellung der fünf Segnungen der spirituellen Kultur. Dieses Bild kann mit zusätzlichen Worten und Sätzen personalisiert werden, um die Schutzwirkung zu verstärken.

6. Statuen von Durga: Diese Kriegsgöttin ist die Mutter des hinduistischen Universums und wird Sie vor allen Formen des Bösen schützen. Sie hat mehrere Gliedmaßen, die ihr helfen, Negativität aus allen Richtungen zu bekämpfen. Es gibt verschiedene Darstellungen von Durga, und Sie können diejenige wählen, die Ihrer persönlichen Stimmung entspricht. Man kann sie mit Pfeil und Bogen, einem Donnerkeil, einem Schwert oder einer Lotusblüte sehen, mit der sie ihre Feinde besiegt.

Das Entscheidende ist, dass Ihr heiliger Raum und die Reisen, die Sie von dort aus unternehmen, sicher sein sollten. Die physische Welt ist gefährlich, und Sie müssen dafür sorgen, dass Sie sicher sind, wann immer Sie in die Welt hinausgehen - warum sollten Sie sich bei Reisen in die spirituelle Welt also nicht genauso vorsichtig verhalten?

Sie haben vielleicht das Gefühl, dass Ihre spirituelle Kraft bereits eine starke, lebendige Waffe ist, die Negativität in Schach halten kann. Das ist in Ordnung, aber wenn Sie Anfänger sind oder viel Negativität ausgesetzt waren, sollten Sie sich gegen weitere psychische Angriffe wappnen.

Die oben genannten Methoden sollten Ihnen die Zuversicht geben, die spirituellen Reiche mit Vertrauen in Ihre Sicherheit zu betreten. Wenn Sie von Ihren Schutzengeln und anderen Geistführern begleitet werden, haben Sie natürlich ein zusätzliches Maß an Sicherheit und Schutz.

Kapitel 11: Geistige Orte und Zeiten

Wenn Sie sich auf einen spirituellen Weg begeben, können Sie sich oft isoliert und allein fühlen. Sie werden sich von einigen Teilen Ihres Lebens lösen und einen neuen Weg einschlagen. Manchmal werden Sie Erinnerungen daran brauchen, warum Sie auf Ihrer Reise sind und was Sie auf dem Weg erwarten können.

Wenn Sie mit den Geistern kommunizieren, muss Ihr Geist Frieden empfinden, erfüllt von Hoffnung und Freude sein und bereit, spirituelle Botschaften zu empfangen. In diesem Buch wurden bereits verschiedene Möglichkeiten erörtert, wie Sie Ihr Leben verbessern können, aber was können sonst Sie noch tun?

Die Rückbesinnung auf Ihr inneres Kind ist ein wesentlicher Bestandteil des Loslassens Ihrer Angst. Als Kinder glaubten die meisten Menschen, die Welt sei magisch, und sie könnten alles tun, was sie wollten. Es gab keine Einschränkungen, und ihre Fantasie war lebhaft. Sie spielten, wann und wo sie wollten, und sie waren begierig darauf, Neues zu lernen. Sie haben bereits gelernt, wie wichtig Vorstellungskraft und eine kindliche Einstellung sind, wenn Sie eine spirituelle Verbindung suchen. Jetzt können Sie einige Möglichkeiten erkunden, wie Sie sich mit Ihrem inneren Kind verbinden können.

Oft wird man daran erinnert, dass seine Kindheit vielleicht die glücklichste Zeit seines Lebens war. Was kann man also tun, um sich an diese Zeit zu erinnern?

Wie Sie die Freuden Ihrer Kindheit zurückgewinnen können

Besuchen Sie Ihre alte Schule und wecken Sie Erinnerungen an frühe Freundschaften und die Freude, die Sie empfanden, wenn Sie Ihre Freunde sahen. Freundschaften in der Kindheit waren einfach und unkompliziert. Man mochte die Menschen, zu denen man sich hingezogen fühlte, und die Kameradschaft, die man hatte, schien, als sollte sie ein Leben lang halten.

- **Bauen Sie eine Schaukel in Ihrem Garten**: Wenn man auf einer Schaukel sitzt, fühlt man eine gewisse Freiheit. Das euphorische Gefühl, sich in die Lüfte zu erheben, hilft Ihnen, all Ihre Sorgen loszulassen.

- **Erleben Sie Ihre Emotionen**: Wenn Menschen älter werden, werden sie selbstbewusster. Sie haben Angst, ihre Gefühle loszulassen und zu zeigen, was sie wirklich fühlen. Erinnern Sie sich daran, was Sie als Kind zum Lachen gebracht hat, und greifen Sie es wieder auf. Vielleicht haben Sie eine bestimmte Zeichentrickserie geliebt, wie Roadrunner oder Tom und Jerry. Versuchen Sie, sich ein paar Folgen anzusehen und laut zu lachen. Wenn Sie mit Ihrem ganzen Körper lachen, erleben Sie ein überwältigendes Gefühl der Freude.

- **Nehmen Sie sich Zeit zum Entspannen**: Wann haben Sie sich das letzte Mal entspannt, ohne sich Gedanken über die Zukunft zu machen? Machen Sie mit Ihren Freunden oder Ihrer Familie einen Wochenendurlaub auf dem Land und lassen Sie Ihre Sorgen los. Schwimmen Sie im Meer, spielen Sie Spiele, machen Sie ein offenes Feuer und rösten Sie Marshmallows, während Sie sich am Kaminfeuer Geschichten erzählen. Sie könnten sogar noch einen Schritt weiter gehen und draußen zelten, um das Beste aus Ihrer Erfahrung zu machen.

- **Verbringen Sie Zeit mit Kindern**: Wenn man mit kleinen Kindern spricht, erinnert man sich daran, wie es war, jung zu sein. Der kindliche Enthusiasmus und Optimismus sprudelt über und füllt die Menschen mit Hoffnung. Spielen Sie mit ihnen und lassen Sie Ihre Jugend wiederaufleben. Verstecken spielen oder auf einen Baum klettern hilft Ihnen, Ihre Gedanken neu zu ordnen und eine Freude und Unschuld zu fühlen, die Sie vielleicht schon vergessen hatten.

- **Besuchen Sie die gruseligen Orte Ihrer Kindheit:** Gab es in Ihrer Nachbarschaft ein Haus, von dem alle Kinder dachten, dass es dort spukt? Hatten Sie jedes Mal Schmetterlinge im Bauch, wenn Sie daran vorbeigingen? Vielleicht gab es einen Baum, auf den Sie gerne geklettert sind, oder einen Wald, in dem Sie gezeltet haben. Besuchen Sie diese Orte wieder und werden Sie wieder zu dem Freigeist, der Sie damals waren.
- **Tanzen Sie wie ein Kind:** Dies ist ein effektiver Weg, um Ihr inneres Kind zurückzuerobern. Legen Sie Musik auf, die laut, schnell und eingängig ist, und tanzen Sie dann drauf los. Sie sollten nicht nur herumschlurfen und selbstbewusst aussehen, sondern sich wirklich gehen lassen. Heben Sie die Arme in die Höhe und schwingen Sie die Beine, während Sie zur Musik mitsingen.

Spirituelle Orte zu besuchen

Das Reisen erweitert den Horizont, aber was ist mit Ihrer spirituellen Seite? Einige erstaunliche Reiseziele auf der Erde sind mit Bildern gefüllt, die Ihre Seele mit Staunen erfüllen können. Vielleicht träumen Sie davon, diese Orte zu besuchen, können sich aber nicht vorstellen, wann dies möglich sein könnte. Warum sollten Sie nicht in der Lage sein, sich Zeit für eine Reise zu nehmen und an ein beliebiges Ziel zu fahren? Manchmal hören die Menschen auf, sich Dinge vorzustellen und zu träumen, und konzentrieren sich darauf, ihre Erwartungen an sich selbst zu erfüllen. Was wäre, wenn Sie glauben würden, dass alles möglich ist und die Welt Ihnen offensteht?

Trauen Sie sich zu träumen. Eines Tages werden Sie die Gelegenheit haben, einige dieser erstaunlichen Orte zu besuchen, und Sie werden diese Chance ergreifen. In der Zwischenzeit können Sie sich mit Bildern dieser Orte umgeben und sich die Reise dorthin vorstellen. Wenn Sie eine visuelle Hilfe benötigen, nutzen Sie die Technologie, um sich dorthin zu begeben. Google Earth bringt Sie in Sekundenschnelle wohin Sie wollen! Wenn Sie sich auf den Gipfel des Everest begeben wollen, können Sie das!

Einige der inspirierendsten Orte der Welt

Borobudur, Indonesien

Dieses prächtige buddhistische Monument befindet sich auf der Insel Java. Es ist so gestaltet, dass es eine dreidimensionale Karte des Universums darstellt. Es kann Tage dauern, die zehn Ebenen der Konstruktion vollständig zu erkunden. Die Gegend ist voller Naturschönheiten, und Reisende haben mehrere Möglichkeiten, diese zu genießen. Sie können eine Jeeptour zum Sonnenaufgang machen, die mit einem Blick auf den Sonnenaufgang in Borobudur beginnt, gefolgt von einer Tour zum nahegelegenen Mount Merapi und einer Allradtour bis weit in den Nachmittag hinein.

Sie können auch eine viertägige Tour durch das Gebiet für weniger als 420 Euro buchen, einschließlich einer Abholung in Zentraljava, die Sie quer über die Insel führt. Sie können die beeindruckenden Wasserfälle von Tumpaksewu sehen und dann den Vulkan Mt. Bromo erkunden. Die Tour beinhaltet eine Wanderung zum Ijen-Krater, in dem das legendäre blaue Feuer brennt, das durch den einzigartigen Säuresee verursacht wird, den der Krater beherbergt.

Macchu Picchu, Peru

Diese Zitadelle aus dem fünften Jahrhundert ist eine der abgelegensten Stätten der Welt. Sie liegt oben im Heiligen Tal auf einem Bergrücken fast 2.500 Meter über dem Boden. Besucher werden höchstwahrscheinlich in der Stadt Cusco übernachten, und die Anreisemöglichkeiten zur Zitadelle sind vielfältig. Sie können mit dem Bus oder dem Zug nach Macchu Picchu fahren oder einen Abholservice vom Hotel in Anspruch nehmen. Das Sonnenfest ist eine der besten Gelegenheiten für einen Besuch in der Gegend, da es das Neujahrsfest der Inka markiert. Das Fest beginnt am 21. Juni und dauert bis zum 24. Juni an. Die Sonne bleibt drei Tage lang an der gleichen Stelle, und wenn sie am 24. Juni aufgeht, beginnt das Fest Inti Raymi.

Lourdes, Frankreich

Am Fuße der Pyrenäen liegt die kleine Marktstadt Lourdes. Es wird angenommen, dass die Jungfrau Maria einem jungen Mädchen namens Bernadette achtzehn Mal in der Grotte von Massabielle erschienen ist. Sie erschien als lichtscheue junge Frau, die in ein weißes Gewand gekleidet war. Die Gegend ist, wie die Einheimischen sagen würden, „Magnifique"! Es gibt zahlreiche religiöse Aktivitäten, an denen man teilnehmen kann, wie die tägliche Lichterprozession oder ein Besuch der Basilika, die die unbefleckte Empfängnis symbolisiert.

Lourdes ist besonders attraktiv für Menschen, die krank oder in irgendeiner Weise behindert sind. Der in der Nähe der Grotte entdeckten Quelle wird eine heilende Wirkung nachgesagt, und sie wird jedes Jahr von über fünf Millionen Pilgern besucht. Dem Wasser, das dort fließt, werden Wunderheilungen zugeschrieben.

Stonehenge, England

Tief in der Landschaft von Wiltshire befindet sich eines der möglicherweise erstaunlichsten Bauwerke in Europa. Diese prähistorische Stätte beherbergt eine uralte spirituelle Stätte, die einst einen perfekten Kreis aus Steinen bildete, die zur Markierung der Sonnenwenden ausgerichtet waren. Die Anlage wurde dem Glauben der Druiden zugeschrieben, aber es hat sich herausgestellt, dass sie mindestens 2.000 Jahre älter ist als diese heidnische Religion.

Trotzdem versammeln sich die Druiden auch heute noch dort, um die Mittsommer-Sonnenwende zu feiern. Zu ihnen gesellen sich zahlreiche Touristen, die das spirituelle Wahrzeichen unbedingt sehen wollen. Die Steine wiegen alle über zwanzig Tonnen und wurden mehr als achtzehn Meilen von der Stätte entfernt abgebaut. Die Experten wissen immer noch nicht genau, wie sie transportiert wurden. Besucher der Stätte bezeichnen sie als „eindrucksvollen Ort", dem spirituelle Heilkräfte innewohnen. Stonehenge ist ein magischer Ort, an dem man die Anwesenheit der Geister spüren kann, die dort wohnen.

Chichen Itza, Mexiko

Im südlichen Teil Mexikos befindet sich eine archäologische Stätte, die von den Maya zu Beginn des Jahres 400 nach Christus erbaut wurde. Die Stadt soll mehr als 3.500 Menschen beherbergt haben und wurde von einem großen Zentrum am nördlichen Ende beherrscht, einem Ort, der Gerüchten zufolge für Menschenopfer bestimmt war. Als das Gebiet in den frühen 1900er Jahren ausgebaggert wurde, fand man dort zahlreiche menschliche Überreste und große Schätze. Obwohl die Einwohner die Stadt um 1200 nach Christus verließen, trugen die verbliebenen Strukturen dazu bei, dass sie in den 1800er Jahren als architektonische Stätte bekannt wurde.

Die Stätte ist ein einzigartiges Zeugnis der Maya-Zivilisation und ihrer Kultur. Sie wurde 1988 von der UNESCO zum Weltkulturerbe und vor kurzem auch zu einem der modernen Weltwunder erklärt.

Strukturen, die Sie in Chichen Itza besuchen können

- *El Castillo*: Dieser Tempel ist einer Maya-Gottheit gewidmet, die die Form einer Schlange mit Federn hatte. Der Tempel hat die Form einer Pyramide und wurde aus Kalkstein gebaut. Seine beeindruckende Form dominiert die Anlage und ist wirklich atemberaubend.

- *Der Nordtempel*: Dieser Tempel wird wegen der Schnitzereien in seinen Innenwänden auch als Tempel des bärtigen Mannes bezeichnet. Auf der Rückwand ist das Bild der gefiederten Schlange zu sehen, die von waffentragenden Kriegern umgeben ist, während die mittlere Wand einen Mann mit einer Schnitzerei unter dem Kinn zeigt, die einer Gesichtsbehaarung ähnelt. Obwohl der Tempel klein ist, ist er wunderschön dekoriert und zeigt Darstellungen aus der Maya-Kultur.

- *Tempel der Krieger*: Bei diesem Tempel handelt es sich um eine weitere prächtige Stufenpyramide, die auf jeder Stufe andere Bilder zeigt. Dazu gehören Krieger in traditionellen Rüstungen, die bereit sind, den Tempel bei Bedarf zu verteidigen. Es gibt auch Bilder von Adlern und Jaguaren, die menschliche Herzen verschlingen. Der Tempel soll einschüchternd wirken, und das tut er auch!

Chichen Itza erstreckt sich über ein riesiges Gebiet, das mit erstaunlichen Sehenswürdigkeiten gefüllt ist. Es mag nur 120 Meilen vom geschäftigen Cancun und den Bars und Nachtclubs entfernt sein, aber es ist Tausende von Jahren von der modernen Kultur entfernt.

Mt. Athos, Griechenland

Dieser spirituelle Zufluchtsort wird Feministinnen nicht ansprechen, da nur Männern über 18 Jahren den Besuch erlaubt, aber wenn man versteht, wie das Kloster funktioniert, wird der Grund für die Zugangsregeln deutlich. Das Kloster wurde 1963 gegründet, ist also relativ modern, gilt aber als ein wichtiges Zentrum der griechisch-orthodoxen Kirche.

Es befindet sich in einem Gebiet von außergewöhnlicher natürlicher Schönheit und beherbergt einige der wertvollsten Artefakte Griechenlands. Die Bewohner veranstalten spirituelle Workshops, die alle Glaubensrichtungen ansprechen und den Besuchern einen Einblick in ihre spirituellen Reisen geben. Das Kloster beherbergt mehr als zwanzig verschiedene Gemeinschaften und ermöglicht ihnen, ohne staatliche Eingriffe zu existieren.

Mekka, Saudi-Arabien

Muslime betrachten Mekka als die heiligste Stadt des Islam. Der Ausdruck „Mekka" wird im modernen Sprachgebrauch oft verwendet, um einen Ort zu beschreiben, der Menschen mit ähnlichen Interessen anzieht. Zum Beispiel: „London ist ein Mekka für Modeinteressierte." Die eigentliche heilige Stadt ist jedoch viel mehr als das.

Sie liegt in den Sirat-Bergen und ist so heilig, dass nur Muslime die Stadt betreten dürfen. Gläubige Muslime versuchen, die Stadt mindestens einmal in ihrem Leben zu besuchen und die heiligen Moscheen zu besichtigen, die sich überall im Stadtbild befinden. Wo auch immer auf der Welt Muslime beten, richten sie ihre Körper auf diesen heiligen Ort aus.

Sedona, Arizona

Wenn Sie eine der dramatischsten Landschaften überhaupt erleben möchten, sollten Sie in die Wüste von Arizona fahren und Sedona besuchen. Hier finden Sie die Kapelle des Heiligen Kreuzes, die spektakulär beleuchtet ist, wenn die Sonne hinter dem Horizont untergeht. Die Gegend ist voller Energiewirbel und bietet die Möglichkeit, Ihren spirituellen und mentalen Erkundungssinn zu erweitern. Lassen Sie die Schönheit der Natur auf sich wirken, während Sie Ihre Wanderschuhe mit roter Erde beschmieren!

Machen Sie eine Wanderung durch den Boynton Canyon und schwimmen Sie im Slide Rock State Park, während Sie die atemberaubende Landschaft genießen. Sie können einen Ausritt durch die ikonischen Felsformationen unternehmen und dabei auf den Spuren der Generationen von Indianern wandeln, die vor Ihnen hier gelebt haben. Es werden verschiedene holistische Kurse angeboten, die Ihnen helfen, die Atmosphäre dieses erstaunlichen Ortes zu spüren und sich spirituell zu bereichern.

Indien

Wenn Sie einen spirituellen Ort suchen, der Sie inspiriert, sollten Sie Indien besuchen. Es ist voll von religiösen Stätten und erstaunlichen Orten der Inspiration. Versuchen Sie es mit dem Berg Arunachala, den Pilger besuchen und umrunden, um das psychische Karma aus allen früheren Leben zu bereinigen. Es gibt acht verschiedene Tempel und Höhlen, die mit kosmischen Schwingungen gefüllt sind und perfekte Orte zum Meditieren bieten.

Auch in Indien gibt es einen heiligen Fluss, den Ganges, und seine Quelle gilt seit langem als einer der spirituellsten Orte der Welt. Besucher müssen fast sechzehn Meilen durch unerbittliche Landschaften wandern, um die Quelle und den in der hinduistischen Lehre am meisten verehrten Punkt zu erreichen.

Der Tempel in Bodh Gaya ist von einem Baum umgeben, von dem man annimmt, dass er ein direkter Verwandter des Baumes der Erleuchtung ist, der Prinz Siddharta nach der hinduistischen Lehre den Aufstieg in den Himmel ermöglichte. Die Besucher warten stundenlang, um eines der Blätter zu fangen, die von seinen Ästen fallen, weil sie glauben, dass es ihnen einen spirituellen Nutzen bringt. Es gibt auch Plätze zum Beten und Meditieren in dieser ruhigen Gegend, umgeben von der Schönheit der Natur.

Unterm Strich würde wohl jeder gerne über ein Budget verfügen, das Reisen zu diesen mystischen Orten ermöglicht. Sie würden gerne die heilige Stadt St. Peters oder den Hügel von Tara in Irland besuchen. Die Inspiration liegt in allen Kontinenten der Welt, von den schneebedeckten Gipfeln Islands bis zum prächtigen Uluru in Australien. Sie wissen, dass es sie gibt, und das bedeutet, dass Sie ihre Vorteile nutzen können.

Der wohltuendste spirituelle Ort liegt tief in Ihnen selbst, und Sie können sich die Zeit und Mühe nehmen, ihn zu finden. Stillen Sie Ihren spirituellen Hunger mit Bildern und Informationen über diese besonderen Orte, und Sie werden vielleicht eines Tages in der Lage sein, sie am eigenen Leibe zu erleben. Die Reise zu Ihrem erleuchteten Selbst beginnt mit einem einzigen Schritt. Doch die vielen Schritte, die Sie danach machen, sind Ihre Entscheidung.

Schlussfolgerung

Stellen Sie sich vor, wie es war, als die Menschen entdeckten, dass die Welt nicht flach ist. Stellen Sie sich nun vor, wie es sich angefühlt haben muss, als Sie entdecken, dass ein ganzes Reich in Ihrer Reichweite liegt, das mit Wundern und Magie gefüllt ist. Wenn Sie sich mit sicheren Methoden üben, gibt es einen Ort, an dem Sie von einer Vielzahl von Wesen profitieren können, die vor Ihnen gelebt haben; wohlwollende Geister, die Sie auserwählt haben, diejenige Person zu sein, die sie beschützen. Spiritualität ist vielleicht nicht für jeden etwas, aber sie ist für alle zugänglich.

Ganz gleich, wie Sie Ihr Leben bisher geführt haben, es ist nie zu spät, sich zu ändern. Jeder betritt das spirituelle Reich mit einer reinen Weste, und der altmodische Glaube, dass die Geister richten, ist mehrfach widerlegt worden.

Sie sind dabei, eine erstaunliche Reise anzutreten, viel Glück und genießen Sie die Erfahrung!

Teil 2: Hellseherei

Das ultimative Handbuch zur psychischen Entwicklung, außersinnlichen Wahrnehmung und Intuition

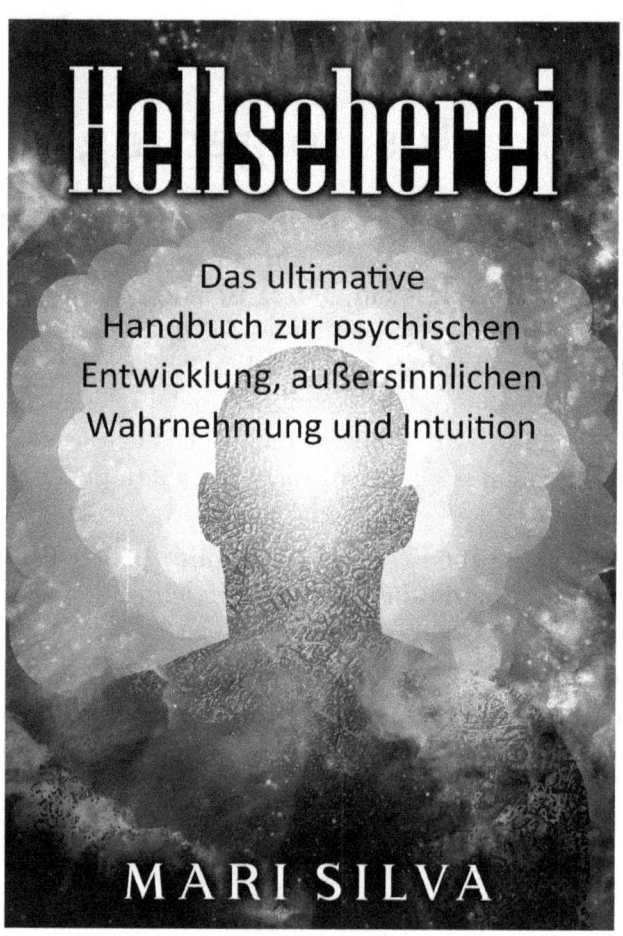

Einführung

Kürzlich traf ich jemanden, der die Emotionen seiner Mitmenschen in überwältigender Art und Weise spüren konnte. Diese Person konnte sofort erkennen, wenn jemand eine bestimmte Emotion erlebte, weil die Person in der Lage war, diese Gefühle wahrzunehmen, als seien sie ihre eigenen. Die Person wusste zwar schon lange, dass sie diese Fähigkeit hatte, aber sie hatte keine Ahnung, warum. Sie lebte einfach in den Tag hinein und wurde von ihrer Umgebung mit psychischen Reizen bombardiert. Sie wusste nicht, dass sie eine so genannter „Empathin" war. Es überrascht mich immer wieder, wie viele Menschen mit verschiedenen übersinnlichen Gaben durchs Leben gehen, ohne sich dessen bewusst zu sein. Viele Menschen haben sich an mich gewandt und mich gefragt, ob es möglich sei, dass sie eine spirituelle oder übersinnliche Gabe haben. Die Menschen fragen: „Bin ich hellseherisch begabt? Wie kann ich mehr dazu herausfinden?" Da Sie dieses Buch lesen, vermuten Sie wahrscheinlich auch, dass Sie möglicherweise spirituelle Fähigkeiten haben, aber Sie sind sich nicht sicher.

Jeder Mensch ist bis zu einem gewissen Grad übersinnlich begabt. Wir wurden alle mit übersinnlichen Instinkten geboren, die uns besondere Fähigkeiten verleihen, aber diese Sinne schlummern bei den meisten Menschen, weil wir uns auf die fünf „normalen" Sinne (Sehen, Riechen, Tasten, Schmecken und Hören) konzentrieren. Wenn Sie sich also die obige Frage gestellt haben, kennen Sie jetzt die Antwort: Ja, Sie haben latente übersinnliche Fähigkeiten. Sie haben diese vielleicht nicht Ihr ganzes Leben lang genutzt, aber die Fähigkeiten sind da und warten darauf, geweckt zu werden. Mit dem richtigen Lehrer können Sie Ihren sechsten Sinn erwecken und Ihre Gabe nutzen, was auch immer ihr spirituelles Talent sein mag.

Natürlich gibt es viele Quellen, die behaupten, Menschen lehren zu können, wie sie ihre übersinnlichen Gaben wecken und entwickeln können. Viele Menschen bezahlen selbsternannte Hellseher, damit diese ihnen dabei helfen, ihre besonderen Fähigkeiten zu verfeinern. Leider bieten die meisten dieser Quellen keine praktischen oder hilfreichen Einsichten, die die Menschen nutzen können, um ihre Intuition aktiv zu verfeinern und ihr Leben zu verändern. Glücklicherweise ist das Buch „Hellseherei: Das ultimative Handbuch zur psychischen Entwicklung, außersinnlichen Wahrnehmung und Intuition" eine Ausnahme.

Dieses Buch ist Ihre umfassende Einführung zu praktischen Techniken, die Ihre übersinnliche Entwicklung, außersinnliche Wahrnehmung und Intuition fördern können. Egal, ob Sie Auren sehen, die Energie von Menschen spüren, mit Ihrem Geist kommunizieren oder mit spirituellen Geistwesen kommunizieren wollen, hier finden Sie alles, was Sie wissen müssen. Dabei spielt es keine Rolle, ob Sie Anfänger sind oder auf Ihrer bereits begonnenen psychischen Entwicklungsreise vorankommen wollen. Dieses Buch kann jedem etwas bieten. Von der ersten bis zur letzten Seite ist es voller praktischer Techniken, wichtiger Schritte und unkomplizierter Übungen, die Ihnen helfen, Ihre Intuition zu schärfen und die Hellseherei zu erlernen. Mit diesem Buch haben Sie ein praktisches Hilfsmittel, das Sie jederzeit zur Hand nehmen können, um sich auf Ihrem Weg zum hellseherischen Erwachen beraten zu lassen.

Kapitel 1: Übersinnliche Fähigkeiten bei Ihnen und Ihren Mitmenschen

Hellsichtigkeit wird als die Fähigkeit definiert, die Ihnen erlaubt, über das hinauszusehen, was das gewöhnliche Auge erkennen kann. Es handelt sich um die Fähigkeit, durch außersinnliche Wahrnehmung Wissen zu erlangen, das anderen Menschen unbekannt ist. Hellsichtigkeit funktioniert nicht über die üblichen Wahrnehmungskanäle, die Sie kennen. Eine hellsichtige Person kann in Ihren Geist „sehen", ohne dass Sie es bemerken. Hellsichtigkeit ist eine übersinnliche Fähigkeit. Jeder Hellseher hat außersinnliche Wahrnehmungsfähigkeiten, die der Mehrheit der normalen Menschen nicht zugänglich sind.

Bevor ich fortfahre, sollte ich anmerken, dass sich die Worte „jeder Hellseher" in diesem Zusammenhang auf jeden Menschen beziehen. Viele Menschen glauben, dass Hellseher besondere Menschen mit einzigartigen Gaben sind. Das ist ein Irrglaube, der sich im Laufe der Jahre aufgrund einer Mischung von verschiedenen Faktoren durchgesetzt hat. Im Gegensatz zu dem, was viele Menschen glauben, ist die außersinnliche Wahrnehmung nicht auf eine Handvoll einzigartiger Menschen beschränkt. Wir alle verfügen von Natur aus über diese Fähigkeit, auch wenn es vielen von uns vielleicht noch nicht bewusst ist.

Wenn Sie jemanden in Ihrer Umgebung haben, der von Dingen träumt, die noch nicht geschehen sind, könnte diese Person hellsichtig sein. Sie sind von Menschen mit diesen Gaben umgeben, und merken es wahrscheinlich nicht einmal. Wenn Sie nicht wissen, wie Sie eine Person einschätzen sollten und wobei Sie vorsichtig sein müssen, können Sie sich nicht sicher wissen, ob die Person hellseherische Fähigkeiten hat. Menschen haben unterschiedlich starke übersinnliche Fähigkeiten. Manche können über das Physische hinaussehen, andere können mit Hilfe ihres Geistes mit anderen kommunizieren. Manche können sogar Ihre Emotionen genauso spüren, wie Sie selbst sie empfinden. Solche Menschen können Ihnen im Detail beschreiben, wie Sie sich in einem bestimmten Moment fühlen.

Viele Menschen gehen zu Hellsehern, um etwas über sich selbst zu erfahren. Manche Menschen gehen zum Beispiel, um eine Entscheidung zu überprüfen, die sie gerade getroffen haben. Sie tun dies, um sich zu vergewissern oder um sich bestätigen zu lassen, dass sie die richtige Entscheidung getroffen haben. Was diese Menschen jedoch nicht wissen, ist, dass sie diese Informationen in der Regel selbst herausfinden können, wenn sie willens sind und bereit, zu lernen. Wenn Sie Ihre zusätzlichen Sinne wecken, die, die erfahrenen Hellseher nutzen, haben Sie keinen Grund mehr, einen „professionellen" Hellseher aufzusuchen. Sie haben die Fähigkeit bereits in sich, diese ist momentan lediglich in einem passiven, untrainierten Zustand vorhanden. Sie müssen Ihre Kraft erwecken und diese schlummernde Fähigkeit nutzen, um Ihr Leben zu verändern. Da es in diesem Buch um die Entwicklung des Übersinnlichen geht, werden wir auch andere übersinnliche Fähigkeiten, die über das Hellsehen hinausgehen, besprechen.

Oft wird angenommen, dass das Hellsehen und alles andere „Übersinnliche" ein und dieselbe Sache sind. Stattdessen gehört die Hellseherei, wie die anderen Fähigkeiten, die wir besprechen werden, zur Gruppe der übersinnlichen Fähigkeiten. Dieses „Übersinnlich" ist ein breites Spektrum, dem man verschiedene Fähigkeiten unterordnen kann. Hellsichtige Entwicklungen und Erfahrungen reichen vom Hellsehen bis hin zur Telepathie, von Präkognition bis zur Hellfühligkeit, und weit darüber hinaus. Schauen wir uns kurz an, was das Wort „übersinnlich" genau bedeutet, damit Sie verstehen können, was ich meine.

Das Wort „Clairvoyance" war ursprünglich ein griechisches Wort und bedeutet im Englischen „Seele, Persönlichkeit, Energie". Es geht also auch beim deutschen Begriff der Übersinnlichkeit um das, was wir als geistige Energie bezeichnen. Jeder Mensch hat Seelenpersönlichkeitsenergie. Diese Energie ist transzendental. Sie geht über die materielle Ebene hinaus und kann uns zu so viel mehr machen, als uns bewusst ist. Die Seelenpersönlichkeitsenergie umfasst den physischen und den spirituellen Bereich. Sie umfasst die gesamte mystische Ebene. Wie jeder andere Mensch haben auch Sie einen Körper und eine Seele. Die fünf Sinne, die Sie zum Sehen, Hören, Fühlen, Riechen und Schmecken benutzen, sind die Sinne Ihres physischen Körpers. Ihre übersinnlichen Sinne hingegen sind die Sinne Ihrer Seele. Wir wurden alle dazu erzogen, uns um unseren physischen Körper zu kümmern, damit er lebendig und gesund bleibt. Aber nur eine Handvoll Menschen unter den Millionen von Menschen auf der ganzen Welt weiß, wie man sich um das Wohlergehen der Seele kümmert.

Ihre Seele ist der Teil Ihrer Selbst, der Sie übersinnlich macht. Die Tatsache, dass Sie eine Seele haben, bedeutet, dass Sie bereits übersinnlich sind. Sie können nicht auf Ihre übersinnlichen Fähigkeiten zugreifen, weil Ihnen nicht beigebracht wurde, Ihre Extrasinne so zu nutzen, wie Sie es mit Ihren anderen Sinnen gelernt haben. Außerdem wurde Ihnen nicht beigebracht, sich um Ihre Seele zu kümmern, so wie Sie sich um Ihren physischen Körper kümmern müssen. Ein Schlüssel zum übersinnlichen Erwachen ist es, für die Seele zu sorgen. Um Ihre Fähigkeiten bewusst zu nutzen, müssen Sie also Ihre geistigen „Muskeln" trainieren. Noch wichtiger ist, dass Sie sich von allen Ideen und Glaubenssätzen befreien, die Sie davon abhalten können, ein übersinnliches Erwachen zu erreichen. Dies ist ein wichtiger Schritt, um Ihre angeborenen Fähigkeiten wiederzuerwecken und auszuweiten.

Dank Hollywood haben viele Menschen eine klischeehafte Vorstellung davon, was es bedeutet, hellsichtig zu sein oder eine übersinnliche Gabe zu haben. In Filmen und Serien werden Hellseher so dargestellt, dass sie Besuche von übernatürlichen Wesen wie Dämonen und Engeln erhalten. Natürlich ist es möglich, diese Wesen zu sehen und mit ihnen zu kommunizieren. Aber es ist nicht so, wie Hollywood es Ihnen weismachen will. Um herauszufinden, ob Sie hellsichtig oder übersinnlich sind, gibt es Anzeichen, auf die Sie achten können. Das häufigste Zeichen ist das Bauchgefühl, das jeder Mensch von Natur aus hat.

Haben Sie schon einmal darüber nachgedacht, etwas zu tun, und sich dann dagegen entschieden, nur um festzustellen, dass Ihre ursprüngliche Entscheidung ein schreckliches Schicksal für Sie zur Folge gehabt hätte? So etwas nennt man *Bauchgefühl*. Der Begriff beschreibt das Gefühl, intuitiv zu wissen, was als Nächstes passiert, obwohl Sie keine Vorkenntnisse zu dieser Sache haben. Wenn Ihnen so etwas passiert, handelt es sich um einen übersinnlichen Sinn, der sich Ihnen mitteilt. Nehmen wir zum Beispiel an, Sie haben sich mit Ihren Freunden verabredet, um nach der Arbeit an Ihrem Lieblingsort abzuhängen. Leider mussten Sie Ihren Freunden absagen, weil Sie plötzlich keine Lust mehr hatten, mit ihnen auszugehen. Irgendetwas in Ihrem Inneren sagt Ihnen, dass Sie zu Hause bleiben und sich einfach einen neuen Film ansehen sollten. Am nächsten Tag teilen Ihnen Ihre Freunde mit, dass sie es wegen einer erheblichen Straßensperrung und langem Warten doch nicht bis zu dem Lokal geschafft haben. In diesem Fall war Ihr Bauchgefühl also richtig.

Neben der Kraft der Intuition und des Bauchgefühls gibt es noch andere Anzeichen, auf die man achten sollte, wenn man wissen will, ob man übersinnliche Fähigkeiten hat. Aber bevor wir dazu kommen, möchte ich kurz die verschiedenen Fähigkeiten erklären, die man theoretisch haben kann.

Empathen

Ein Empath ist eine Person mit der psychischen Fähigkeit, die Gefühle anderer Wesen intensiv zu spüren. Diese Menschen sind empfindlich und verletzlich gegenüber ihrer Umwelt. Solche Menschen erleben eine Flut von Emotionen, die sie sehr verwundbar und angreifbar machen. Wenn Sie ein Empath sind, können Sie aufgrund des Bombardements mit den Emotionen anderer Menschen Angstzustände entwickeln und sich unberechenbar verhalten. Ein Empath kann körperlich, emotional und intuitiv spirituell sein. Auf dieser Verletzbarkeit basiert jedoch auch der übersinnliche Sinn des Hellsehers. Wenn Ihr primärer übersinnlicher Sinn Hellfühligkeit ist, dann sind Sie mit größerer Wahrscheinlichkeit ein Empath. Im weiteren Verlauf des Buches werde ich noch detaillierter auf die übersinnlichen Sinne eingehen.

Alle Menschen werden mit dem Gefühl der Empathie geboren, aber diese Emotion ist bei hellsichtigen Menschen stärker ausgeprägt. Für ein angemessenes Verständnis der psychischen Empathie ist es wichtig, den Unterschied zwischen diesen beiden Gefühlen zu kennen. Im Gegensatz zu dem einfachen menschlichen Gefühl der Empathie geht die psychische Empathie über das bloße Fühlen der Gefühle anderer hinaus. Psychische Empathen können auch die Energie anderer Menschen spüren und lesen. Sie können nicht-verbale und nicht-visuelle Hinweise auf das, was jemand anderes erlebt, aufgreifen. Einige psychische Empathen können die

Energieschwingungen anderer Menschen spüren, und zwar so stark, wie sie auch ihre Gefühle empfinden. Andere sind hellsichtig, d. h. sie wissen einfach, wie sich andere Personen fühlen, auch wenn diese ihnen keinerlei Hinweise geben. Nehmen wir einmal an, Sie können die Energie anderer Menschen lesen, oder Sie fühlen sich regelmäßig von Energie überwältigt, wenn Sie unter Menschen sind. Dann sind Sie wahrscheinlich ein hellsichtiger Empath.

Wie ich schon sagte, können Empathen körperlich, emotional oder intuitiv sein. Ein körperlicher Empath reagiert unbewusst auf die Emotionen der Menschen in seiner Umgebung und auf die körperlichen Anzeichen dieser Emotionen. Wenn Sie sich immer wieder dabei ertappen, wie Sie die Gefühle der Menschen in Ihrer Umgebung spiegeln, könnten Sie ein körperlicher Empath sein. Wenn Sie sich zum Beispiel glücklich fühlen, wenn Sie mit Menschen zusammen sind, die Freude ausdrücken und lachen, unabhängig von Ihrem persönlichen geistigen Zustand, ist das ein Zeichen empathischer Fähigkeiten.

Wenn Sie sich körperlich unwohl fühlen, wenn Sie mit Menschen zusammen sind, die krank sind oder unter ähnlichen Symptomen leiden, ist das ein weiteres Zeichen. Physische Empathen manifestieren die Symptome anderer Menschen und haben kaum Kontrolle über sie. Als körperlicher Empath können Sie den Überfluss an Eindrücken am besten kontrollieren, indem Sie sich immer mit lebhaften und gesunden Menschen umgeben. Wenn Sie Menschen kennen, die Ihren Stresspegel generell erhöhen, sollten Sie den Kontakt mit diesen Personen in Zukunft meiden.

Emotionale Empathen sind die Menschen, die man allgemein mit dem Begriff der Empathie in Verbindung bringt. Wenn Sie das Glück oder den Schmerz anderer so empfinden, als ob es Ihre eigenen wären, könnten Sie ein emotionaler Empath sein. Mit dieser übersinnlichen Fähigkeit nehmen Sie die positiven und negativen Gefühle anderer auf. Wenn Sie in der Nähe glücklicher Menschen sind, fühlen Sie sich ebenfalls begeistert und glücklich. Ebenso fühlen Sie sich unglücklich, wenn Sie sich in der Nähe trauriger Menschen befinden. Wenn Sie sich in der Nähe von Menschen aufhalten, die sich ständig in einer Krise befinden, kann sich das negativ auf Ihre geistige und emotionale Energie auswirken. Ein intuitiver Empath ist das Gleiche wie ein emotionaler Empath, mit einem kleinen Unterschied. Statt zu fühlen, spüren sie die Gefühle anderer durch eine psychische Verbindung. Sie können sogar das spüren, was unausgesprochen ist. Sie können außerdem auch erkennen, ob jemand lügt oder die Wahrheit sagt.

An den folgenden Merkmalen können Sie erkennen, ob Sie ein spiritueller Empath sind:

- Sie werden von Gefühlen überwältigt, wenn Sie sich in Gesellschaft von Menschen befinden.
- Sie finden es schwierig, Nähe und Intimität aufrechtzuerhalten.
- Sie ziehen es vor, sich selbst zu isolieren.
- Sie finden die Natur beruhigend.
- Ihre Sinne sind besonders geschärft.
- Sie haben ein stark ausgeprägtes Bauchgefühl.

Beispiel: Ihre Freunde haben Sie zu einem Restaurantbesuch eingeladen. Sie sind aufgeregt und freuen sich auf die Verabredung. Am Tag der Verabredung bereiten Sie sich vor und machen sich auf den Weg zum Lokal. Sobald Sie das Gebäude zum ersten Mal betreten, werden Sie von verschiedenen Gefühlen gleichzeitig überflutet. Sie erleben eine Mischung aus widersprüchlichen Gefühlen auf einmal und fühlen sich äußerst unwohl. Die Verabredung mit Ihren Freunden wurde schließlich zu einer anstrengenden Erfahrung, weil Sie die meiste Zeit damit verbracht haben, seltsame Gefühle zu empfinden, von denen Sie wussten, dass sie nicht Ihre eigenen waren. Nach diesem Tag haben Sie das Haus drei Tage lang so wenig wie möglich verlassen, weil Sie sich ausgelaugt fühlten, und erstmal wieder Energie tanken mussten. Ähnliches passiert Ihnen jedes Mal, wenn Sie an einen öffentlichen Ort gehen.

Medialität

Wie Hellsichtigkeit wird auch Medialität lose als Synonym für Hellseherei verwendet. Aber ein Medium ist nicht immer ein hellsichtiger Mensch, auch wenn jedes Medium ein Übersinnlicher ist. Ob Sie nun ein spirituelles Medium, ein intuitives Medium oder ein übersinnliches Medium sind, die Grundlage für alle diese Fähigkeiten ist, dass Sie über ein gewisses Maß an Spiritualität verfügen. Ohne spirituell zu sein, kann man kein Medium sein. Falls Sie nicht wissen, was ein Medium ausmacht, erkläre ich es an dieser Stelle kurz: Medien sind Hellseher, die die Fähigkeit haben, mit Geistern im Jenseits zu kommunizieren. Im Grunde genommen kann ein Medium mit Geistern und spirituellen Wesen sprechen. Ein Medium zu sein bedeutet nicht nur, dass man seine

Intuition einsetzt, um Energie und Gefühle zu lesen oder Informationen über Menschen zu sammeln.

Als Medium können Sie durch Ihre Hellsichtigkeit das vergangene, gegenwärtige und zukünftige Leben einer Person sehen, indem Sie sich mit der spirituellen Energie der Person verbinden und mit ihr kommunizieren. Medien nutzen also nicht-physische Energie, die von außerhalb ihrer selbst ausgeht, um die Informationen zu erhalten, die sie über eine Person benötigen. Wenn Sie eine mediale Gabe haben, ist Ihnen vielleicht aufgefallen, dass Sie in Ihren Träumen oft Menschen sehen, die verstorben sind. Und wenn diese erscheinen, haben sie normalerweise Informationen für Sie. Normalerweise zeigen Medien schon in der Kindheit Anzeichen ihrer Fähigkeit. Aber sie merken vielleicht erst im Erwachsenenalter, was der Ursprung dieser Wahrnehmung ist. Manche Menschen bemerken es nie und beschäftigen sich ewig nicht damit.

Medialität setzt voraus, dass man intuitiv ist, was jeder Mensch im Grunde genommen. Jeder kann also auch ein Medium sein, solange er bereit ist, die inneren Sinne zu schulen. Sie können vielleicht nicht mit jedem Geist kommunizieren, aber mit Sicherheit mit Ihren verstorbenen Angehörigen. Geister sind überall um uns herum, und sie sind bereit, mit Ihnen zu kommunizieren, wenn Sie die Fähigkeit haben, sie zu spüren, zu fühlen oder zu hören. Je nach Ihrem ausgeprägten Hellsichtigkeitssinn können Sie Geister entweder sehen, hören, fühlen oder einfach nur ihre Anwesenheit spüren. Achtsamkeit ist der Schlüssel, um ein Medium zu werden, denn Sie müssen immer alles um sich herum im Blick haben. Wenn Sie achtsam sind, werden Sie feststellen, dass die meisten Dinge, die Ihnen seltsam, merkwürdig oder zufällig erscheinen, Zeichen von einem verstorbenen geliebten Menschen sind.

Woher wissen Sie, ob Sie ein Medium sind?

Oft haben Sie Empfindungen, die Sie an einen verstorbenen geliebten Menschen erinnern. Zum Beispiel können Sie einen Hauch des Lieblingsparfüms der Person riechen, das diese gerne trug, als sie noch lebte, oder ihre Lieblingsspeise im Mund schmecken, ohne dass es Ihnen merkwürdig vorkommt. Im Folgenden stehen einige weitere Anzeichen:

- Sie haben regelmäßig lebhafte Träume von der Person.
- Manchmal haben Sie Gedanken im Kopf, die wahrscheinlich von der Person stammen.

- Sie haben immer das Gefühl, dass jemand in Ihrer Nähe ist und versucht, mit Ihnen zu kommunizieren.
- Sie haben Déjà-vu-Erlebnisse.

Beispiel: Ihre Großmutter ist vor Kurzem verstorben. Als sie noch lebte, standen Sie sich sehr nahe, so dass ihr Tod für Sie unerträglich schmerzhaft war. Nach der Beerdigung gehen Sie ihr Haus aufräumen. Plötzlich haben Sie einen intuitiven Gedanken über ihren Keller und haben das Gefühl, dass Sie dort hinuntergehen müssen. Also gehen Sie hinunter in ihren Keller. Dort angekommen, schauen Sie sich um. Voila, Sie finden eine Schachtel, in der sich das wertvollste Armband Ihrer Großmutter befindet. In der Schachtel befindet sich auch ein Zettel, auf dem steht, dass Ihre Oma Ihnen das Armband als Erinnerung hinterlassen hat. Dies ist ein Beispiel für Medialität.

Auch wenn Sie es in diesem Moment vielleicht nicht explizit bemerken, hat der Geist Ihrer Großmutter den Gedanken an den Keller in Ihren Kopf gesetzt. Wenn Sie Ihre Fähigkeiten der Medialität verbessern, können Sie vielleicht sogar mit Ihrer Großmutter kommunizieren, besonders in Momenten, in denen Sie ihre Hilfe brauchen. Es ist üblich, dass verstorbene geliebte Menschen als geistige Führer für ihre Familienmitglieder in der spirituellen Welt dienen.

Telepathie

Wenn man an Kommunikation denkt, kommt einem natürlich zuerst die mündliche und schriftliche Kommunikation in den Sinn, also das Schreiben und Sprechen. Aber haben Sie schon einmal über die Möglichkeit nachgedacht, über den Geist zu kommunizieren? Zweifellos haben Sie schon einmal von Telepathie gehört. Wahrscheinlich kennen Sie die Telepathie nur aus Ihren Lieblingsserien, zum Beispiel aus Fernsehserien über Superhelden. Hollywood hat eine Vorliebe für Filme über Superhelden mit mystischen Kräften. Aber in Wirklichkeit muss man nicht Charles Xavier sein, um mit anderen Menschen durch die Macht des Geistes zu kommunizieren. Wenn Sie übersinnlich begabt sind, verfügen Sie bereits über die Gabe der Telepathie. Es ist eine natürliche Gabe, die wir als Menschen alle besitzen. Seit Anbeginn der Zeit haben die Menschen die angeborene Fähigkeit, sich mit anderen über den Geist zu verbinden.

Telepathie ist eine übersinnliche Gabe, die es Ihnen ermöglicht, Gedanken und Gefühle von anderen Menschen zu senden oder zu empfangen, unabhängig von der Entfernung zwischen Ihnen und der Person. Wie alle übersinnlichen Fähigkeiten ist auch die Telepathie eine Form der außersinnlichen Wahrnehmung. Sie brauchen Ihre physischen Sinne nicht, um telepathisch Nachrichten zu senden und zu empfangen. Telepathie kann in verschiedenen Formen auftreten. Die erste ist das Lesen oder die Fähigkeit, zu spüren oder zu hören, was im Kopf einer anderen Person vorgeht. Dann gibt es die Kommunikation - die direkte mentale Kommunikation mit einer anderen Person. Zusätzlich muss man auch eindrücklich sein - also die Fähigkeit haben, ein Wort, einen Gedanken oder ein Bild in den Geist einer anderen Person einzupflanzen. Schließlich gibt es noch die Kontrolle - die Fähigkeit, eine andere Person zu zwingen, auf eine bestimmte Weise zu denken oder deren Verhalten zu beeinflussen.

Als Mensch haben Sie die natürliche Fähigkeit, die Dinge zu erkennen und sie so zu empfinden, wie sie sind. Auf diese Weise formen Sie Ihre Erfahrungen. Sie können allerdings auch Ihr eigenes Bewusstsein mit dem anderer Menschen verbinden. Es geht dabei um Ihre Seelenpersönlichkeitsenergie, die es Ihnen ermöglicht, Ihre Schwingungsfrequenz mit der eines anderen Menschen in Einklang zu bringen. Wenn Sie das erreichen, brauchen Sie Ihre normalen physischen Sinne nicht mehr, um mit der Person zu kommunizieren oder sich mit ihr zu verbinden. Ob Sie es wissen oder nicht, Sie haben wahrscheinlich schon verschiedene telepathische Erfahrungen gemacht. Wenn Sie beispielsweise jemals eine Erfahrung gemacht haben, bei der Ihr Bauchgefühl Ihnen sagte, dass mit jemandem etwas nicht stimmt, und Sie dann feststellen, dass Ihre Intuition stimmte, dann haben Sie eine telepathische Erfahrung gemacht.

Wie Sie sehen, haben all diese übersinnlichen Fähigkeiten eines gemeinsam: die Intuition. Angenommen, Sie lernen, sich bewusst auf die Schwingungsfrequenzen anderer einzustellen. Auf diese Weise können Sie eine mentale Verbindung mit ihnen herstellen.

Woher wissen Sie, dass Sie selbst oder andere Personen telepathisch sind?

- Der Raum zwischen Ihren Augenbrauen schmerzt und kribbelt ständig. Sie erleben auch andere Empfindungen, die Ihnen Unbehagen bereiten.

- Sie sind von Natur aus einfühlsam. Telepathie und Empathie sind miteinander verknüpft. Während die Empathie mehr mit dem Zugang zu den Gefühlen anderer zu tun hat, bezieht sich die Telepathie mehr auf die Gedanken. Und während ein Empath Informationen über die Gefühle anderer empfängt, kann ein Telepath Gedanken senden und empfangen. Wenn Sie die Gabe der Empathie haben, können Sie sich beispielsweise darin üben, Ihr telepathisches Tor für die weitere psychische Entwicklung zu öffnen.

- Sie fühlen sich zur geistigen Welt hingezogen. Menschen, die sich ihrer übersinnlichen Gaben unbewusst bewusst sind, fühlen sich oft zu übersinnlichen und spirituellen Praktiken hingezogen. Nehmen wir an, Sie fühlen sich dazu hingezogen, sich mit Ihren Ahnen zu verbinden, zu meditieren oder allgemein Zeit mit spirituellen Aktivitäten zu verbringen. Das bedeutet, dass Ihre Gabe darauf wartet, geweckt zu werden.

- Sie merken, wenn Sie jemand anlügt oder betrügt. Menschen mit der Gabe der Telepathie können spüren, wenn jemand nicht ehrlich oder ihnen gegenüber nicht gutgesinnt ist. Wenn sie sich Ihrer Gabe noch nicht bewusst sind, nehmen sie unbewusst die Gedanken Ihres Gegenübers auf. Wenn Sie sich aber ihres Potenzials bewusstwerden und daran arbeiten, Ihre Fähigkeit zu verbessern, können Sie bewusst spirituellen Einfluss ausüben.

Beispiel: Ihr Freund geht in einem anderen Bundesland zur Schule. Obwohl er schon seit sechs Monaten weg ist, kommunizieren Sie jeden Abend mit ihm. Es ist fast wie ein Ritual zwischen Ihnen. Eines Tages haben Sie ein starkes Bauchgefühl, dass etwas nicht stimmt. Sie sind besorgt, dass ihm etwas zugestoßen sein könnte. Dieses Gefühl hält den ganzen Tag über an. Sie bekommen ihn nicht aus dem Kopf. Sobald es dunkel wird, rufen Sie ihn an, und er sagt Ihnen, dass er einen kleinen Unfall hatte und im Krankenhaus liegt. Er sagt, es sei nichts Ernstes, und er werde am nächsten Tag entlassen. Sie sind erleichtert, aber Sie denken auch verwundert an das ungute Gefühl in Ihrem Bauch zurück.

Dies ist ein Beispiel für eine telepathische Erfahrung zwischen zwei Partnern, die starke Gefühle füreinander haben. Telepathische Erfahrungen können zwischen Eltern und Kindern, Geschwistern, Liebenden und Zwillingen auftreten. Die Zwillingstelepathie ist eine weit verbreitete Form der spirituellen Kommunikation zwischen Zwillingen.

Dies sind einige der bekanntesten übersinnlichen Fähigkeiten, die sich der außersinnlichen Wahrnehmung bedienen. Andere Beispiele sind

Präkognition, Astralreisen, luzides Träumen usw. Eine Gemeinsamkeit dieser Fähigkeiten ist, dass sie alle auf der Gabe des Hellsehens beruhen. Sie fragen sich wahrscheinlich, wie Sie feststellen können, ob Sie hellseherische Gaben haben. Die Anzeichen, die Sie am häufigsten erhalten, bestimmen die genaue übersinnliche Fähigkeit, die Sie aller Wahrscheinlichkeit nach haben.

Anzeichen dafür, dass Sie übersinnliche Fähigkeiten haben

Überall um Sie herum gibt es Zeichen, die Ihnen zeigen, dass Sie übersinnliche Wahrnehmungskräfte haben. Trotzdem achten Sie wahrscheinlich nicht auf diese Anzeichen. Um sicher zu sein, dass Sie hellseherische Fähigkeiten haben, finden Sie im Folgenden Anzeichen, auf die Sie achten sollten. Beachten Sie, dass Sie nicht alle diese Anzeichen sehen müssen, um hellsichtig zu sein. Wenn Sie mindestens drei dieser Anzeichen wahrnehmen, sind Sie hellsichtig.

- **Starkes Bauchgefühl:** Wenn Sie feststellen, dass Sie mit Ihrem Bauchgefühl in der Regel richtig liegen, ist dies eines der besten und häufigsten Anzeichen für Spiritualität, auf das Sie achten sollten. Jeder hat im Allgemeinen ein Bauchgefühl, aber es ist oft ausgeprägter, wenn es eine psychische Anziehungskraft zwischen Ihnen und der Geisterwelt gibt. Bei einer übersinnlichen Anziehungskraft haben Sie das Gefühl, dass Sie von einer starken Kraft zu etwas hingezogen werden, und Sie haben das Gefühl, etwas zu wissen. Außerdem treten gelegentlich normale Bauchgefühle auf. Aber wenn man eine übersinnliche Anziehungskraft hat, hat man meistens ein Gefühl des Wissens über eine bestimmte Tatsache.

- **Besonders scharfe Sinne**: Übersinnlichkeit bedeutet, dass Sie eine übersinnliche Wahrnehmungskraft haben. Wenn Sie das Gefühl haben, dass Ihre Sinne schärfer sind als sonst, ist das ein wichtiges Zeichen. Sie hören vielleicht Dinge, die nicht da sind. Es kann sein, dass Sie die Gedanken und Gefühle einer anderen Person spüren können. Ein gutes Beispiel dafür ist es, wenn Sie die Sätze anderer Menschen immer vervollständigen, bevor diese sie überhaupt aussprechen. Nehmen wir an, das passiert Ihnen immer mit verschiedenen Menschen zu verschiedenen Zeiten. Dann können Sie vielleicht mit anderen telepathisch kommunizieren.

- **Lebhafte Träume:** Wenn Sie oft Träume haben, die sich so real anfühlen, dass sie stundenlang nicht verschwinden, könnte dies ein weiteres Anzeichen für eine außersinnliche Wahrnehmung sein. Wenn Sie zum Beispiel von einer Stelle geträumt haben, auf die Sie sich beworben haben, die aber abgelehnt wurde, kann es sein, dass Sie am nächsten Tag doch einen Anruf von dem Unternehmen erhalten. Lebhafte Träume gibt es nicht nur nachts. Sie können auch Tagträume haben. Sie träumen zum Beispiel von einer Trophäe, die Ihnen verliehen wird, um dann festzustellen, dass Sie bei der Arbeit befördert wurden. Achten Sie immer auf Ihre Träume, denn sie können Ihnen Aufschluss über Ihre übersinnlichen Fähigkeiten geben.

- **Anziehung durch die Natur und schöne Dinge:** Hellseher fühlen sich normalerweise von der Natur und anderen schönen Dingen angezogen. Wenn Sie gerne an den Strand gehen oder sich im Wald hinter Ihrem Haus aufhalten, könnte dies ein weiteres Zeichen sein. Hellseher stellen fest, dass sie sich häufiger als andere von der Natur und der Ästhetik angezogen fühlen. Hellsichtigkeit lässt Sie Dinge wie Malen, Zeichnen, Fotografieren und andere kreative Tätigkeiten schätzen. Das liegt daran, dass Hellsichtigkeit ein visueller Sinn ist.

- **Auren sehen:** Als Hellseher ist es üblich, farbige Lichter um jeden herum zu sehen, dem man begegnet. Das Licht, das Sie sehen, wird Aura genannt, die visuelle Projektion des menschlichen elektromagnetischen Feldes. Auren geben Ihnen wichtige Informationen über Menschen, ihre Gedanken und Gefühle. Sie können Ihnen dabei helfen, sich selbst und die Welt besser zu verstehen.

Das nächste Kapitel befasst sich mit den Vorteilen übersinnlicher Gaben und warum Sie Ihre eigenen entwickeln sollten.

Kapitel 2: Der Nutzen der außersinnlichen Wahrnehmungskraft

Wie alle Dinge haben auch außersinnliche Wahrnehmungen Vorteile und Vorzüge. Es ist unmöglich, die Vorteile zu bestreiten, die übersinnliche Gaben denjenigen bringen, die sich ihrer bewusst sind. Natürlich bringt das Übersinnliche auch Verantwortung mit sich, der man gerecht werden muss. Sie müssen vorsichtig mit Ihren übersinnlichen Fähigkeiten umgehen und wissen, wie Sie sie einsetzen können. Ein Fehler kann sich auf eine Weise auswirken, die Sie noch nicht kennen. Außersinnliche Wahrnehmungen zu haben, ist eine faszinierende Sache. Sie ermöglichen es Ihnen, die Welt von einer einzigartigen Perspektive aus zu betrachten. Mit dieser einzigartigen Perspektive können Sie lebenswichtige Entscheidungen treffen und sich selbst auf den richtigen Weg bringen, um Ihre Bestimmung zu erfüllen. Und was noch wichtiger ist: Sie können mit Ihrer Fähigkeit auch anderen helfen.

Ein Vorteil des Hellsehens ist, dass es Ihnen erlaubt, sich auf alles einzustimmen, was um Sie herum geschieht, und gleichzeitig Ihre Schwingung zu erhöhen. Die Nutzung Ihrer übersinnlichen Gabe ist eine Möglichkeit, Ihre Schwingung zu erhöhen. Je mehr Sic Ihre Fähigkeit nutzen, desto mehr können Sie sich mit dem Universum und allem, was darin ist, verbinden. Wie ich bereits erwähnt habe, besteht alles im Universum aus Energie. Sie selbst sind aus Energie gemacht. Ich bin aus

Energie gemacht. Jedes Wesen im Universum ist aus Energie gemacht. Sie existiert in uns allen und verbindet uns auf eine faszinierende Weise mit unserer Umgebung. Wenn Sie Ihre übersinnlichen Fähigkeiten verfeinern und einsetzen, verbessert sich Ihre Fähigkeit, sich auf die Energie des Universums einzustimmen, dramatisch. Schließlich können Sie sich sogar mit Ihrem höheren Selbst verbinden, was das Ziel aller spirituellen Menschen ist. Durch die Verbindung mit Ihrem höheren Selbst erhalten Sie Zugang zur göttlichen Führung und zu anderen geistigen Wesen, die höher stehen als Sie.

Um Ihre übersinnlichen Fähigkeiten nutzen zu können, müssen Sie außerdem meditieren. Ohne Meditation können Sie nicht den höheren Schwingungszustand erreichen, der es Ihnen ermöglicht, Ihre Gaben bewusst einzusetzen. Außerdem müssen Sie Ihre übersinnlichen Gaben nutzen, um Ihre Chakren geöffnet und ausgerichtet zu halten. Chakren sind ein Teil des Energiesystems. Um ein gesundes körperliches, geistiges und spirituelles Leben zu führen, müssen Sie sicherstellen, dass Ihre Chakren immer klar, ausgeglichen und gesund sind.

Wenn Sie ein Anfänger in der Kunst der Hellsichtigkeit und der psychischen Entwicklung sind, ist es wahrscheinlich, dass Ihre Chakren blockiert sind. Das bedeutet, dass Ihre körperliche und geistige Gesundheit nicht so lebendig ist, wie sie sein sollte. Um Ihre Chakren zu öffnen und auszurichten, müssen Sie zunächst Ihre Reise zum hellseherischen Erwachen und zur Entwicklung beginnen. Abgesehen davon sind Ihre Chakren direkt mit jedem Ihrer psychischen Sinne verbunden. Das bedeutet, dass Sie Ihre übersinnlichen Fähigkeiten verbessern können, wenn Sie Ihre Chakren ausgeglichen- und offenhalten.

Außerdem können Sie als Hellseher Ihre eigene Spiritualität und die spirituelle Welt erforschen. Um mit der übersinnlichen Entwicklung zu beginnen, müssen Sie zunächst lernen, richtig zu meditieren. Wenn Sie meditieren, werden Sie an Orte befördert, zu denen Ihr physischer Körper normalerweise keinen Zugang hat. Dies bietet Ihnen die Möglichkeit, mehr über sich selbst zu erfahren. Zum Beispiel können Sie mit Ihren übersinnlichen Fähigkeiten den Ort der Akasha-Aufzeichnungen erreichen. Die Akasha-Aufzeichnungen enthalten Informationen über Ihr vergangenes Leben, Ihre Gegenwart und Ihre Zukunft. Durch den Zugang zu den Aufzeichnungen können Sie mehr über die Dinge erfahren, die Ihr Leben beeinflussen werden. Während Sie die spirituellen Bereiche erforschen, können Sie mit Engeln,

Geistführern, Göttern und anderen spirituellen Wesen kommunizieren, die Ihr Leben mit ihrem Wissen beeinflussen können.

Ihre hellseherischen Gaben können Ihnen helfen, Ihre Lebensrichtung und Ihren Lebenszweck zu verstehen. Hellsichtigkeit verschafft Ihnen einen unschätzbaren Einblick in die Komplexität des Lebens, das Sie erwartet. Selbst wenn Sie von Haus aus ein sehr gut organisierter Mensch sind, kann es leicht passieren, dass Sie angesichts der vielen Entscheidungen, die Sie im Laufe Ihres Lebens treffen müssen, überwältigt werden. Aber wenn Sie mit Ihren übersinnlichen Sinnen im Einklang sind, müssen Ihnen diese Entscheidungen nicht schwerfallen. Sie haben Zugang zu göttlicher Führung für Ihr Leben und dessen Zweck. Im Grunde genommen können Sie sich immer dann einen einzigartigen, spirituellen Überblick verschaffen, wenn Sie ihn brauchen. Das wird Sie davor bewahren, zu viel nachzudenken und zu viel zu analysieren, bevor Sie wichtige Lebensentscheidungen treffen.

Genauso wie übersinnliche Fähigkeiten Vorteile haben, bergen sie auch Risiken. Wenn Sie nicht vorsichtig sind, könnten Sie Ihre Gaben aus egoistischen Gründen einsetzen. Wenn das passiert, könnten Sie den Zugang zu diesem Teil Ihrer Selbst verlieren. Sie sollten Ihre Fähigkeiten nicht ausnutzen. Achten Sie auch darauf, dass Sie die Informationen, die Sie durch Ihre Kräfte erhalten, nicht für unrechte Taten verwenden. Denken Sie daran, dass sich die Zukunft ständig verändert, da sie auf mehreren Möglichkeiten beruht. Sie sollten also keine Ihrer Vorhersagen als die absolute Wahrheit ansehen. Schließlich sollten Sie Ihre Fähigkeiten nicht überstrapazieren, da dies Ihre geistige und körperliche Gesundheit beeinträchtigen könnte. Wenn Sie sich derart tief in die spirituelle Welt integrieren, können Sie den Bezug zur Realität verlieren. Es sollte ein Gleichgewicht zwischen der Erforschung der physischen Ebene und der spirituellen Ebene bestehen.

Um übersinnliches Wachstum zu erreichen, sind einige Dinge zu beachten. Wenn Sie die wichtigsten Tipps befolgen, können Sie den Nutzen Ihrer Fähigkeiten maximieren und gleichzeitig die Risiken minimieren.

Kapitel 3: Typen von Hellsehern - welcher sind Sie?

Wenn Sie jemand fragen würde, was übersinnliche Fähigkeiten sind, wüssten Sie wahrscheinlich nicht, was Sie ihm antworten sollen. Es ist schwer, klar zu beschreiben, was einen Hellseher ausmacht. Der Hauptunterschied zwischen den verschiedenen Arten von Hellsehern ist ihre Fähigkeit, Informationen wahrzunehmen. Ihr ausgeprägter übersinnlicher Sinn bestimmt Ihre übersinnlichen Fähigkeiten. Er bestimmt also, welche Art von Hellseher Sie sind.

Auch die dominanten übersinnlichen Sinne beziehen sich auch darauf, welche übersinnlichen Fähigkeiten Sie persönlich haben. Natürlich wissen Sie bereits, dass Hellsehen oder Hellfühlen bedeutet, dass Sie Dinge wahrnehmen können, die über Ihre normalen Sinneswahrnehmungen hinausgehen. Aber was genau wissen Sie über übersinnliche Fähigkeiten? Sind alle übersinnlichen Fähigkeiten gleich, oder gibt es Unterschiede? Wenn sie sich unterscheiden, was sind dann die so genannten „Hellsinne"? Jeder Mensch wird mit einem oder mehreren dieser Sinne geboren, aber wir verlieren oft den Kontakt zu ihnen. Jeder dieser Sinne funktioniert bei jedem Menschen anders, aber die Informationen, die wir durch sie erhalten, kommen im Allgemeinen in abstrakter Form bei uns an. Manchmal braucht man sogar andere Hilfsmittel, um die empfangenen Botschaften zu entschlüsseln. Wenn Sie z. B. einem Freund sagen wollen, dass er Sie später zu Hause besuchen soll, gibt es dafür mehrere Möglichkeiten. Sie könnten ihn auf seinem Handy anrufen, ihm eine Textnachricht schicken, eine Sprachnachricht auf WhatsApp senden oder ihn sogar anschreien, falls er zufällig nebenan wohnt. Das sind alles Wege, um Ihrem Freund eine Nachricht zu übermitteln, aber sie benutzen unterschiedliche Kommunikationskanäle. Das bedeutet, dass sie alle dieselbe Botschaft auf unterschiedliche Weise übermitteln. Das Gleiche gilt für übersinnliche Sinne und Kommunikation.

Mit jedem übersinnlichen Sinn können Sie die gleiche Botschaft erhalten, aber auf unterschiedliche Weise. Hellsichtigkeit bringt Ihnen Botschaften in Form von Bildern. Mit der Hellfühligkeit hingegen können Sie „fühlen", anstatt zu sehen. Wenn Sie anfangen, sich auf Ihre übersinnlichen Sinne einzustellen, wissen Sie vielleicht nicht, was real und was spirituell ist. Vielleicht merken Sie es nicht einmal, wenn Sie diese Sinne benutzen. Da sie alle mit der Intuition zusammenarbeiten, ist es eine Herausforderung, Ihren herausragenden „hellen" Sinn zu erkennen. Wenn Sie die Sinne besser kennenlernen, werden Sie vielleicht feststellen, dass Sie alle verschiedenen spirituellen Fähigkeiten haben oder ein oder zwei von Ihnen. Es spielt keine Rolle, ob Sie eine oder mehrere haben. Wichtig ist, dass Sie übersinnlich sind, egal ob Sie nur einen dieser Sinne haben oder mehrere.

Die Frage ist also, wie erkennt man die „hellen" Sinne?

Clairvoyance (Hellsehen)

Hellsichtigkeit ist der wichtigste übersinnliche Sinn, den die meisten Menschen kennen. Es ist das Erste, was einem in den Sinn kommt, wenn man jemanden fragt, ob er weiß, was ein Hellseher ist. Daher gehen die meisten Menschen oft davon aus, dass Hellsehen dasselbe ist wie Hellfühlen. Clairvoyance bedeutet „klares Sehen", also hellseherisches Sehen. Einfach ausgedrückt, ist Hellsehen die Fähigkeit, übersinnliche Botschaften zu sehen. Man kann mit Sicherheit sagen, dass die Hellsichtigkeit bei den meisten Menschen der aktivste Sinn ist. Unabhängig von Ihrem Alter oder Geschlecht haben Sie höchstwahrscheinlich auf die eine oder andere Weise schon einmal Hellseherei erlebt. Das Spannende daran ist, dass Sie es vielleicht mehr als einmal erlebt haben, ohne es als das zu erkennen, was es ist. Da Hellsehen der am weitesten verbrcitctc übersinnliche Sinn ist, wird es von vielen als Wunschdenken, Tagträumerei und Umherschweifen des Geistes abgetan. Dieses Missverständnis rührt von der falschen Darstellung dieser Fähigkeit in Filmen und Fernsehsendungen her.

Hellsehen kann man sich am besten als eine Art Schauspiel im Geiste vorstellt, aber jeder hellsichtige Hellseher hat eine andere Vorstellung davon, was er genau sieht. Manche erhalten Botschaften in Form eines mobilen Bildschirms, der plötzlich in ihrem Kopf mit Bildern, Symbolen usw. erscheint. Andere sehen Bilder von Menschen und Gegenständen mit besonderen Merkmalen. Wenn hellsichtige Menschen Geister sehen, materialisieren diese sich oft in Ihrem Geiste, so dass sie unglaublich real wirken. Wenn Sie diese Erfahrung machen, haben Sie vielleicht das Gefühl, eine echte Person vor sich zu sehen. Aber in Wirklichkeit benutzen Sie Ihr „geistiges Auge" und nicht Ihr physisches Auge, um die Person zu betrachten. Die Person befindet sich also nicht wirklich vor Ihnen, Sie können sie nicht berühren. Aber Sie können sie in Ihrem Geist sehen.

In Filmen wird das Hellsehen als etwas dargestellt, das sich im Kopf des Hellsehers abspielt, obwohl Hellseher in der Regel Bilder und Symbole erhalten, die sie interpretieren müssen, um die vollständige Botschaft oder Antwort auf ihre Fragen zu erhalten. Wenn Sie ein hellsichtiges Medium sind, erhalten Sie höchstwahrscheinlich Botschaften auf subtile Weise, deshalb müssen Sie wissen, worauf Sie achten müssen. Andernfalls könnten Sie sich selbst davon überzeugen, dass Ihr Verstand sich die Dinge nur einbildet.

Wenn Sie hellseherisch veranlagt sind, können Sie:

- Zufällige mentale Bilder empfangen
- Sich Dinge leicht vorstellen oder visualisieren
- Farben, Bilder, Symbole usw. blitzartig vor Ihrem geistigen Auge sehen
- Visionen in Form eines Films im Kopf haben

Die Visualisierung ist ein wichtiger Bestandteil des Hellsehens, da es sich dabei um klares Sehen handelt. Wenn Hellsehen Ihr ausgeprägter übersinnlicher Sinn ist, wäre es angenehm für Sie, sich vorzustellen, wie Sie sich am Strand von Hawaii bräunen. Das liegt daran, dass Ihnen Tagträume leichtfallen.

Im Folgenden stehen einige Möglichkeiten, hellsichtige Botschaften zu erhalten:

- **Symbole**: Wie bereits erwähnt, sind Symbole eine Möglichkeit, hellsichtige Botschaften zu empfangen. Das gilt auch für andere übersinnliche Fähigkeiten. Meistens werden hellseherische

Botschaften in Form von Symbolen übermittelt. Anfänglich sind Sie vielleicht verwirrt über die Bedeutung des Symbols. Sie können diese jedoch deuten, wenn Sie Ihre intuitive Gabe kultivieren. Anstatt direkt zu erfahren, dass Sie bei der Arbeit befördert werden, sehen Sie vielleicht Bilder von einer Trophäe in Ihrem Regal. Sie sollten sich keine Sorgen machen, wenn Sie die Symbole nicht sofort verstehen. Je mehr Sie üben und mit Ihren Geistführern arbeiten, desto besser werden Sie die Symbole entschlüsseln können. Wenn Sie die Botschaften erstmal empfangen können, wird es für Sie kein Problem sein, die Bedeutung zu verstehen.

- **Bilder und Videos:** Wie Sie bereits gelernt haben, empfangen Hellsichtige Botschaften nicht immer auf ein und dieselbe Weise. Wir sehen nicht immer dieselben Dinge. Während Sie also Ihre Botschaften in Form von Symbolen erhalten, empfängt jemand anderes vielleicht Bilder und Filme. Diese Bilder können als Schnappschüsse im Kopf entstehen. Sie könnten auch in Form von bewegten Bildern erscheinen, wie etwa beim Betrachten einer Diashow. Für manche können Sie auch Symbole in Form eines Bildes sein.

Der gemeinsame Nenner bei den verschiedenen Arten, wie hellsichtige Menschen Botschaften empfangen, ist, dass sie alle durch das Dritte Auge empfangen werden. Hellsichtige Botschaften sind nicht physisch sichtbar. Um sie zu sehen, brauchen Sie Ihr hellseherisches Auge, das sich in der Mitte Ihrer Stirn befindet. Ihr Drittes Auge ist auch das, was manche das „geistige Auge" nennen. Es ist der Kanal, durch den hellsichtige Menschen Botschaften empfangen. Das Dritte Auge wird in Kapitel fünf ausführlich behandelt.

Clairaudience (Hellhörigkeit)

Clairaudience ist die Gabe des übersinnlichen Hörens. Es handelt sich dabei um die angeborene Fähigkeit, Botschaften zu „hören", ohne die eigenen Ohren im physischen Sinne zu benutzen. So wie es beim Hellsehen um das Sehen geht, geht es bei der Hellhörigkeit um das Hören. Das bedeutet, dass man Botschaften in Form von Klängen und nicht in Form von Bildern oder Symbolen empfängt. Eine hellhörige Person kann plötzlich Ideen, Anweisungen oder Botschaften in ihrem Kopf hören. Die Stimme, die Sie hören, ähnelt Ihrer eigenen Stimmlage, unterscheidet sich also vom Stimmenhören. Es kann sich so anfühlen, als ob Sie mit sich selbst sprechen, nicht als ob jemand anderes mit Ihnen spricht. Die Stimme, die Sie hören, kann innerlich oder äußerlich sein. Innerliches Hören bedeutet, dass Sie die Stimme in sich selbst hören, während die äußerliche Wahrnehmung bedeutet, dass die Stimme oder das Geräusch von außerhalb Ihres Körpers kommt.

Hellhörige Botschaften klingen normalerweise wie ein ausgesprochener Gedanke. Sie sind leise und subtil, so dass manche Menschen annehmen, sie würden laut denken. Hellhörigkeit ist der Schlüssel zur telepathischen Kommunikation. Es ist verständlich, dass es Ihnen schwerfällt, hellhörige Botschaften zu verstehen, da die Geister normalerweise ihre Schwingung senken müssen, bevor sie mit Ihnen kommunizieren können. Das führt dazu, dass ihre Stimmen ruckartig oder abgehackt klingen. Stimmen sind nicht das Einzige, was Sie als hellhörige/r Hellseher/in hören können.

Botschaften kommen auch in Form von Musik oder Klängen. Medien sind hellhörig. Sie hören Worte, Namen, Sätze und Botschaften aus den Stimmen der Verstorbenen. Manchmal werden hellhörige Botschaften als physische Klänge von der feinstofflichen Ebene empfangen. Dies ist eine der seltenen Gelegenheiten, bei denen die Stimme von außen zu Ihnen kommt. In diesem Fall hören Sie den Klang, die Musik oder die Worte einer physischen Stimme - Sie können jedoch die Quelle der Stimme nicht identifizieren. Oft klingt die Stimme des Geistes, der Ihnen die Botschaft sendet, eher wie seine Stimme als Ihre eigene.

Hellhörige Botschaften können auch in Form von Warnungen erfolgen. Nehmen wir an, Sie befinden sich in einer Notlage und Ihr Geistführer möchte Ihnen helfen, heil aus der Situation herauszukommen. In diesem Fall hören Sie vielleicht eine laute Warnung in Ihrem Kopf. Das könnte eine erschreckende Erfahrung für Sie sein, aber es sollte nicht beängstigend sein. Ein Grund, warum Geister ihre Botschaften lieber in subtiler Form senden, ist, dass sie Sie nicht erschrecken wollen. Anfänglich verstehen Sie vielleicht nicht, woher die Botschaften kommen oder warum Sie sie auf Ihrer psychischen Entwicklungsreise erhalten. Hellhörige Botschaften können von Ihrem Geistführer, einem geliebten Menschen, der verstorben ist, oder von Ihrem Höheren Selbst stammen.

Jeder kann das Gehör bis zu einem gewissen Grad entschlüsseln, aber manche Menschen sind dafür prädisponierter, weil es ihr ausgeprägter übersinnlicher Sinn ist. Um herauszufinden, ob Hellhörigkeit Ihr vorherrschender Sinn ist, sehen Sie sich die folgenden Anzeichen an.

- Sie sind musikalisch veranlagt. Sie hören gerne Musik und spielen Musikinstrumente.
- Sie lieben es, sich mit Ihrem inneren Selbst zu verbinden, indem Sie Ihre eigene Musik schreiben.
- Auditive Kanäle sind Ihre bevorzugte Art zu lernen. Das bedeutet, dass Sie lieber jemandem zuhören, der Ihnen etwas erklärt, als selbst etwas darüber zu lesen.
- Lärm macht Sie reizbar und empfindlich.
- Die meiste Zeit hören Sie Klingeln und hohe Töne in Ihrem Kopf.
- Sie neigen zum Nachdenken und verbringen viel Zeit in Ihrem Kopf.

Es ist normal, wenn Sie nicht alle oben genannten Eigenschaften haben, aber Sie müssen mindestens drei haben, um sicher zu wissen, dass Hellhörigkeit Ihre dominante psychische Fähigkeit ist. Wenn das nicht der Fall ist, ist es immer noch möglich, dass Sie in gewissem Maße hellhörig sind. Hier finden Sie eine Liste, mithilfe derer Sie feststellen können, ob Sie hellhörig sind.

- Sie hören Stimmen, die wie Ihre eigenen klingen.
- Oft hört man die Stimmen innerlich, aber manchmal kommen sie auch aus einer externen Quelle.
- Die Erfahrungen sind kurz und direkt auf den Punkt gebracht.

Ein Freund erzählte mir einmal von einer hellhörigen Erfahrung, die ihm das Leben rettete, obwohl er nicht wusste, woher die Information kam. Er war mit seinen Freunden unterwegs. Sie saßen alle in einem Auto. Plötzlich hörte er eine Stimme in seinem Kopf, die ihm sagte, die Passagiere sollten sich fest anschnallen. Er war überrascht, denn er konnte die Quelle der Stimme nicht identifizieren.

Aber er erzählte seinen Freunden, was die Stimme in seinem Kopf gesagt hatte. Sie lachten alle und schnallten sich trotzdem an. Einige Augenblicke später spürten sie, wie ihr Auto von hinten von einem anderen, viel größeren Fahrzeug gerammt wurde. Glücklicherweise wurden sie nicht verletzt, weil sie alle angeschnallt waren. Mein Freund erzählt die Geschichte immer noch jedem, der es hören will. Er spricht oft davon, wie eine „fremde Stimme" sein Leben und das seiner Freunde gerettet hat.

Clairsentience (Hellfühligkeit)

Dies ist der vorherrschende übersinnliche Sinn bei Empathen und hochsensiblen Menschen. Hellfühligkeit ist die Fähigkeit, Botschaften über Emotionen, Gefühle und körperliche Empfindungen wahrzunehmen oder zu empfangen. Nehmen wir zum Beispiel an, an Ihrem Arbeitsplatz werden Veränderungen vorgenommen. Diese Veränderungen bedeuten, dass einige Mitarbeiter entlassen oder in eine andere Niederlassung versetzt werden. Natürlich sind alle frustriert und angespannt, aber für Sie ist es noch schlimmer. Sie sind gestresst und ängstlich. Sie fühlen sich ausgelaugt, aber Sie wissen nicht, warum. Sie haben das Gefühl, verrückt zu werden, weil Sie nicht wissen, warum Sie auf die Veränderungen viel schlechter reagieren als Ihre Kollegen.

In einem Szenario wie diesem ist die Wahrscheinlichkeit hoch, dass Sie hellsichtig sind. Obwohl Sie es nicht wissen, saugen Sie die Emotionen auf, die alle anderen an Ihrem Arbeitsplatz empfinden. Stellen Sie sich nun vor, dass all diese Emotionen von mehreren Menschen gleichzeitig durch den Kopf einer Person gehen. Das ist für die fragliche Person selbstverständlich auslaugend und erschöpfend.

Hellfühlige Hellseher können jedes Gefühl, jede Emotion, jede Empfindung und jede Energie um sie herum wahrnehmen, egal wie subtil diese Dinge sind. Sie brauchen oft Zeit für sich, um sich zu erholen, nachdem sie Zeit mit anderen Menschen verbracht haben. Es fällt ihnen schwer, die Nachrichten oder tragische Filme zu sehen, weil sie die Emotionen der Figuren intensiver spüren als normale Menschen. Glücklicherweise gehört die Hellfühligkeit zu den weniger bekannten übersinnlichen Fähigkeiten, so dass sie in Filmen nicht so häufig falsch dargestellt wird.

Ein Hellsichtiger empfängt intuitive Botschaften durch Spüren. Wenn Sie typischerweise ein bestimmtes Gefühl für Menschen, Orte oder Objekte haben, könnten Sie ein hellfühliger Hellseher sein. Hellfühlig zu sein bedeutet, dass man weiß, wie sich jemand fühlt, bevor er überhaupt ein Wort darüber zu einer anderen Person gesagt hat. Ein typischer Hellseher könnte Hungergefühle in seinem Magen verspüren, wenn er an Obdachlosen vorbeigeht. Oder er wird traurig, wenn er tragische Nachrichten im Fernsehen sieht.

Wenn Sie hellseherisch veranlagt sind, hatten Sie wahrscheinlich schon einmal ein hellseherisches Erlebnis und wussten nur nicht, was es war. Sie wissen zum Beispiel, dass Sie viel zu traurig werden, wenn Sie traurige Filme sehen, aber Sie haben keine Ahnung, warum Sie sich so fühlen. Hier sind ein paar Dinge, die nur hellfühlige Menschen erleben.

- Emotionalen oder körperlichen Schmerz, den andere Menschen empfinden, fühlen.
- Sie haben genaue instinktive Gefühle als Reaktion auf Menschen, Orte, Objekte oder Situationen.
- Es fällt Ihnen schwer, sich in Menschenmengen zurechtzufinden, weil Sie von Ihren Gefühlen überwältigt werden.
- Sie fühlen sich ausgelaugt, wenn Sie unter Menschen sind.
- Sie fühlen sich ausgelaugt, wenn Sie die Nachrichten sehen.

Wenn Sie von Ihren Freunden als übermäßig emotional bezeichnet werden, sind Sie wahrscheinlich ein hellfühliger Hellseher. Das Gute an der Hellsichtigkeit ist, dass Sie, sobald Sie davon erfahren, trainieren können, um weniger empfänglich für die Gefühle und Energien der Menschen um Sie herum zu werden.

Die hellfühige Fähigkeit klingt vielleicht nicht so glamourös wie andere Arten, bei denen man Geister sehen oder hören kann, aber sie hat ihre Vorteile. Wenn Sie Ihre Hellsichtigkeit weiterentwickeln, werden Sie feststellen, dass Sie diese Gabe nutzen können, um anderen Menschen zu helfen. Sie können sie auch nutzen, um geistige Führung von oben zu erhalten.

Claircognizance (Hellwissen)

Beenden Sie oft die Sätze anderer Leute halbwegs durch deren Satz? Liegen Sie instinktiv immer richtig? Wenn Sie feststellen, dass Sie Dinge „einfach wissen", ist das Hellwissen wahrscheinlich Ihre Art der spirituellen Kommunikation, beziehungsweise einer Ihrer dominanten Sinne. Claircognizance ist die Fähigkeit des übersinnlichen Wissens. Sie ist die vierte der wichtigsten übersinnlichen Fähigkeiten. Es handelt sich um eine Fähigkeit, die es Ihnen erlaubt, etwas zu wissen, ohne dass es eine logische Erklärung für den Ursprung dieses Wissens gibt. Claircognizance resultiert aus einem starken Bauchgefühl. Intuitionen sind bei hellwissenden Hellsehern oft stärker als bei anderen Sinnen. Wenn ein solcher Hellseher ein Bauchgefühl bekommt, ist es oft so stark, dass er es nicht abtun kann, selbst wenn er es wollte.

Als Hellwissender „weiß" man Dinge, ohne eine Erklärung dafür zu haben, woher man sie weiß. Es ist, als ob Gedanken und Ideen einfach im eigenen Kopf auftauchen. Das Besondere an hellsichtigen Botschaften ist, dass sie normalerweise spezifisch sind. Wenn Sie an Hellsichtigkeit denken, stellen Sie sich Informationen, Ideen und Fakten vor, die in Ihrem Bewusstsein oder Ihrer Wahrnehmung über andere Menschen und Umstände auftauchen. Diese Informationen erscheinen Ihnen oft wie inspirierte Ideen, die Ihrem eigenen Geist auf unerklärliche Art entsprungen sind. Zum Beispiel wissen Sie einfach, dass Sie einer Person nicht trauen können, und am Ende haben Sie recht. Oder Sie haben das Gefühl, etwas über eine freie Stelle zu wissen, und bewerben sich auf diese Stelle. Normalerweise erscheinen hellseherische Botschaften in Ihrem Kopf wie eine Glühbirne, die plötzlich aufleuchtet und im Handumdrehen wieder erlischt. Sie sind in der Regel zufällig und können jederzeit auftreten, egal ob Sie gerade arbeiten, einen Film sehen, essen oder etwas tun, das nichts mit der Botschaft zu tun hat.

Die Grenze zwischen normalen Gedanken und hellsichtigen Botschaften kann fließend sein, was bedeutet, dass es Ihnen schwerfallen kann, sie zu unterscheiden. Der menschliche Verstand verfügt über sich wiederholende Gedanken, die uns schützen sollen. Es ist leicht, hellsichtige Botschaften mit dieser Art von Gedanken zu verwechseln, aber sie sind voneinander zu unterscheiden. Um zu wissen, ob Ihre Gedanken nur Gedanken oder hellsichtige Botschaften sind, finden Sie hier sechs Anzeichen, die Ihnen bei der Unterscheidung helfen können.

- **Genaue Instinkte:** Als Menschen haben wir alle Instinkte, die unser Überleben sichern sollen. Diese Instinkte werden durch unsere Erziehung, unsere Erfahrungen und manchmal auch durch unser Erbgut geformt und entwickelt. Doch manchmal erweisen sie sich als falsch. Dies ist das Gegenteil von Hellwissen. Als hellwissende Hellseher sind Ihre Instinkte immer richtig. Sie können ein Ereignis, das noch nicht eingetreten ist, einfach aufgrund Ihres Bauchgefühls vorhersagen, denn so stark ist die Genauigkeit Ihrer Intuition. Hellsichtigkeit bedeutet, dass Sie einfach wissen, wann Sie ein Angebot nicht annehmen, nicht auf eine Party gehen oder der Person, die ein Geschäft mit Ihnen abschließen will, nicht vertrauen sollten. Sie wissen nicht, warum, aber Sie wissen, es ist wahr.

- **Lügen aufdecken**: Hellwissende Hellseher sind die Verkörperung eines menschlichen Lügendetektors. Wenn Sie immer wissen, wenn jemand Ihnen gegenüber unehrlich ist, kann das ein Zeichen dafür sein, dass Sie die Gabe der Hellsichtigkeit besitzen. Denken Sie daran, dass diese Gabe mit einigen anderen übersinnlichen Sinnen übereinstimmt, so dass Sie sie mit den anderen Zeichen vergleichen müssen, bevor Sie feststellen, ob Sie hellwissend sind. Die Gabe der Claircognizance bedeutet, dass Sie immer wissen, wenn jemand lügt oder Ihnen gegenüber unaufrichtig ist. Ihnen entgeht nichts. Aus diesem Grund werden die Menschen Ihren Aussagen oder Ansichten über andere leicht vertrauen.
- **Zufällige Ideen und Lösungen**: Nehmen wir an, Sie haben ein Problem, das Sie zu lösen versuchen. Sie haben stundenlang an dem Problem gearbeitet, aber Sie können es nicht lösen. Plötzlich kommt Ihnen eine Idee für die Lösung in den Sinn. Schnell wenden Sie diese Idee an, und es stellt sich heraus, dass sie richtig lagen. Wenn Ihnen das beschriebene Szenario schon ein- oder zweimal begegnet ist, sind Sie möglicherweise hellwissend. Wenn Ihnen oft zufällige Ideen und Vorschläge in den Sinn kommen, die Ihnen helfen, ein Problem zu lösen oder eine Entscheidung zu treffen, ist das ein deutliches Zeichen. Hellwissende Hellseher empfangen Botschaften in Form von Gedanken, Ideen oder Vorschlägen, die ihnen in den Sinn kommen. Das Spannende daran ist, dass diese Botschaften zu jeder Tageszeit eintreffen können. Es kann sein, dass Sie zufällig eine Botschaft erhalten, während Sie die letzte Folge Ihrer Lieblingsserie im Fernsehen sehen oder sogar, während Sie trainieren. Wenn diese Ideen zufällig auftauchen, ist das Beste, was Sie tun können, sie zu beobachten und zu versuchen, zu interpretieren, was diese bedeuten. Da die Claircognizance eng mit dem Bauchgefühl zusammenarbeitet, werden Sie höchstwahrscheinlich immer wissen, worum es in der Botschaft geht. Normalerweise sind hellsichtige Botschaften sehr spezifisch.

Die Einstimmung auf Ihre Hellsichtigkeit ist eine der besten Möglichkeiten, Ihre übersinnlichen Fähigkeiten zu wecken oder zu entwickeln. Es macht ehrlich gesagt alles viel einfacher für Sie. Achten Sie also immer auf Ihr Bauchgefühl und nutzen Sie es, um sich mit Ihrem Hellwissen zu verbinden.

Clairalience (Hellgeruch)

Einer der mächtigsten Sinne sowohl im physischen als auch im spirituellen Bereich ist der Geruchssinn. Er kann auf unglaubliche Weise Gefühle und Erinnerungen wecken. Ob es der Duft eines frisch gemähten Rasens oder die Lieblingssuppe Ihrer Großmutter ist, bestimmte Düfte haben eine tiefere Bedeutung für Sie. Clairalience ist der übersinnliche Geruchssinn, der bei den meisten Menschen auftritt, unabhängig davon, ob sie mit ihrer übersinnlichen Seite in Einklang stehen oder nicht. Oft ist er eine Art Führung oder ein Zeichen Ihres Geistführers. Obwohl er nicht so weit verbreitet oder bekannt ist, wie man früher dachte, ist der Hellgeruch eine wunderbare Fähigkeit, von der Sie in vielerlei Hinsicht profitieren können.

Hellriechende Menschen stellen oft fest, dass sie Dinge erschnüffeln und riechen können, die für andere nicht wahrnehmbar sind. Oft enthalten die Düfte oder Gerüche göttliche Botschaften oder Informationen aus der übersinnlichen Sphäre. Ob Sie diese Gabe haben, können Sie daran erkennen, wie verschiedene Gerüche Ihre Stimmung beeinflussen. Finden Sie, dass manche Gerüche für Sie angenehm sind, während andere abstoßend wirken? Wenn Sie auf die Sie umgebenden Gerüche achten, werden Sie wahrscheinlich geheime Botschaften finden. Sie können feststellen, ob Sie Hellgeruch besitzen, indem Sie beobachten, wie Sie sich vor, während und nach der Wahrnehmung von bestimmten Gerüchen fühlen. Wenn Sie wiederholt einen bestimmten Geruch aus Ihrer Umgebung wahrnehmen, könnte es sich um Ihren Geistführer oder einen verstorbenen geliebten Menschen handeln, der versucht, Ihnen Informationen zu übermitteln.

Ein typisches Beispiel für Hellgeruch ist, wenn Sie noch Tage nach der Beerdigung Ihres verstorbenen Großvaters immer wieder sein Lieblingsparfüm riechen. Wenn Sie immer wieder einen Duft wahrnehmen, der Sie an einen geliebten Menschen erinnert, der verstorben ist, ist das ein mögliches Zeichen dafür, dass der Geist dieser Person in Ihrer Nähe ist. Es könnte auch bedeuten, dass ein Geist versucht, Ihnen etwas mitzuteilen. Hier müssen Sie geduldig sein und versuchen zu deuten, was die mögliche Bedeutung des Geruchs sein könnte. Der Geruch kann alles sein, vom Lieblingskeks bis zur

Lieblingstabakmarke. Es war etwas, das ihnen zu Lebzeiten wichtig war. Wann immer Sie so etwas erleben, ist es richtig, dies anzuerkennen. Erkennen Sie seine Anwesenheit an und versuchen Sie, mit dem Geist zu kommunizieren. Sie können sich auch an Ihre schönsten Erinnerungen mit der Person erinnern. Das Erlebnis kann kurz oder lang sein, aber wichtig ist, dass Sie diesen Moment nutzen, um die Person wissen zu lassen, dass Sie ihre Anwesenheit spüren. Die Geister werden diese einfache Geste Ihrerseits zu schätzen wissen.

Manchmal kommunizieren die Engel mit Ihnen durch Clairalience. Wenn Clairalience Ihre dominante übersinnliche Fähigkeit ist, kann Ihr Engel einen Geruch senden, wenn er in Ihrer Nähe ist. Der Geruch ist wahrscheinlich ein subtiler und süßer Blumenduft. Wenn Sie einen solchen Geruch wahrnehmen, der keine physische Quelle hat, ist das ein Hinweis auf die Anwesenheit eines höheren Wesens aus einer anderen Dimension. Auf alle Gerüche zu achten, denen Sie täglich begegne, ist der Schlüssel zu Ihrer Selbstschulung. Wenn Sie diese Gabe entwickeln, können Sie sie nutzen, um eine Reihe von Dingen zu erreichen.

Erstens können Sie mit Hilfe von Ihrem Hellgeruch Erinnerungen abrufen, die sonst nur schwer abrufbar sind. Ein einfacher Geruch kann eine Welle von Erinnerungen an eine Person oder einen Umstand hervorrufen, die Sie auf Ihrer bewussten Ebene fast vergessen haben. Es kann etwas so einfach sein, wie das Lieblingsparfüm eines Partners zu riechen und sofort seine Gegenwart zu spüren. Es kann aber auch vorkommen, dass Sie etwas riechen, das eine verdrängte Kindheitserinnerung auslöst und zurückbringt.

Mit Gerüchen kann man manchmal auch andere Menschen einschätzen. Man kann sich anhand des Geruchs schnell ein Bild von einer Person machen. Anhand des Geruchs kann man erkennen, ob jemand unehrlich ist, indem man seinen Geruch benutzt, um dessen Intentionen zu erahnen. Egal wie subtil ein Geruch ist, Sie können ihn immer nutzen, um zu wissen, ob sich die Person unwohl fühlt, krank ist, Angst hat, lügt oder in Sie verliebt ist. Sie können ihre Gefühle und Gedanken buchstäblich „riechen".

Der Hellgeruch ermöglicht es Ihnen, Energie zu spüren. Manchmal geht man in den Raum einer anderen Person und merkt sofort, dass man sich in diesem Raum nicht wohl fühlt. Zuerst wissen Sie vielleicht nicht, warum Sie sich so unwohl fühlen. Aber wenn Sie sich auf Ihren übersinnlichen Geruchssinn verlassen, können Sie eine Menge an geheimen Informationen über das Zimmer erfahren, darüber, warum Sie sich dort unwohl fühlen. Clairalience befähigt Sie, Gefahr zu „riechen", im wahrsten Sinne des Wortes. Genauso wie Sie Lebensmittel riechen und sofort erkennen können, ob sie verdorben oder genießbar sind, können Sie Ihren hellseherischen Geruchssinn einsetzen, um Gefahr zu riechen. Selbst wenn Sie nicht definieren können, was Sie in diesem Moment wahrnehmen, vertrauen Sie Ihrem Gefühl, das Ihnen sagt, dass etwas nicht stimmt.

Jeder Mensch, auch Sie selbst, verströmt einen natürlichen Duft, der von seinen Energieschwingungen herrührt. Auch wenn Clairalience nicht Ihre dominante Fähigkeit ist, können Sie den Geruch von allem, was Sie mit Energie umgibt, wahrnehmen. Wenn Sie aber hellsichtig sind, können Sie Gerüche wahrnehmen, die viel stärker sind als die gewöhnlichen Düfte in Ihrer Umgebung. Mit dieser Fähigkeit können Sie die Stimmungen anderer Menschen verändern, indem Sie Ihren natürlichen Geruch mit dem ihren in Einklang bringen. Das ist eine mächtige Gabe, mit der Sie die Stimmung von Menschen beeinflussen können, die Trost und Unterstützung von Ihnen brauchen.

Clairgustance (Hellgeschmack)

Der Begriff Clairgustance bezieht sich auf die außersinnliche Wahrnehmung von Geschmäckern. Jedes Mal, wenn Sie ein Lebensmittel oder einen Gegenstand in den Mund nehmen, schmecken Sie unbewusst die zugehörige Energie und den Geschmack. Aber Clairgustance geht darüber hinaus. Sie konzentriert sich mehr auf die Empfindungen eines bestimmten Geschmacks, den Sie in Ihrem Mund wahrnehmen, auch wenn Sie nichts im Mund haben. Wenn der Hellgeschmack Ihre dominante spirituelle Fähigkeit ist, bedeutet das, dass Sie potenziell die Energien aller energetischen Dinge im Universum schmecken können. Das bedeutet, dass Sie regelmäßig zufällige Geschmäcker in Ihrem Mund empfangen. Oft sind die Geschmäcker, die Sie erhalten, mit jemandem verbunden, den Sie kennen, oder mit einer Erfahrung, die Sie gemacht haben. Wenn Sie zum Beispiel den Geschmack der Suppe wahrnehmen, die Ihre verstorbene Großmutter zu Lebzeiten am liebsten für Sie gekocht hat, ist das ein klares Zeichen für einen Hellgeschmackssinn. Wie beim Hellgeruch ist auch diese übersinnliche Fähigkeit eine Art und Weise, wie Ihr Geistteam mit Ihnen kommuniziert.

Um die Botschaft zu erkennen und die Bedeutung herauszufinden, müssen Sie selbst ein wenig Detektivarbeit leisten. Achten Sie auf den Geschmack, den Sie wahrnehmen - haben Sie den Geschmack zufällig zu einer bestimmten Tageszeit im Mund? An wen erinnert Sie der Geschmack? Die Möglichkeiten und Interpretationsansätze sind endlos, aber Sie werden die Bedeutung entschlüsseln, wenn Sie sich die Mühe machen. Manchmal kann der Geschmack eine Bedeutungsebene zu einem breiteren Kontext in Übereinstimmung mit einem anderen psychischen Sinn hinzufügen – zwei spirituelle Sinne können also auch in Kombination miteinander auftreten.

Ganz gleich, welcher Art Ihre übersinnlichen Fähigkeiten sind, mit etwas Übung und Geduld können Sie Ihre Sinne schärfen und verbessern. Dabei spielt es keine Rolle, ob Sie ein Anfänger sind, der gerade erst damit beginnt, seine Spiritualität zu erkennen, oder jemand, der bereits ein wenig Wissen über übersinnliche Fähigkeiten hat. Wenn Sie mehr als einen der übersinnlichen Sinne haben, haben Sie Glück. Aber auch wenn Sie nur einen dominanten Sinn haben, können Sie sich darin üben, alle übersinnlichen Sinne zu entwickeln. Sie verfügen von Natur aus über all diese Sinne. Selbst wenn Hellsehen Ihre dominante Fähigkeit ist, können Sie die anderen hellseherischen Sinne genauso entwickeln wie Ihre hellsichtige Fähigkeit.

Kapitel 4: Das Auffinden und Lösen von Blockaden

Der Beginn Ihres übersinnlichen Erwachens ist immer ein interessanter Prozess. Sie beginnen, sich für Spiritualität zu interessieren, entdecken sich selbst und arbeiten an der Entwicklung Ihrer intuitiven und übersinnlichen Fähigkeiten. Natürlich sind Sie aufgeregt, denn Sie können es kaum erwarten, Ihre Gaben endlich einzusetzen. Sie befinden sich in der Flitterwochenphase des spirituellen Entwicklungsprozesses. Sie sind sich sicher, dass Sie bereits eine starke Verbindung zu Ihren übersinnlichen Sinnen aufbauen. Es gibt nichts Aufregenderes als dieses Gefühl, aber plötzlich stellen Sie fest, dass Sie keine intuitiven Hinweise empfangen können. Egal wie viel Sie üben und meditieren, Sie sehen nichts, was Ihnen das Gefühl gibt, dass sich Ihre harte Arbeit und Ihre Hingabe auszahlen. Schließlich verlieren Sie das Interesse daran, Hellseher zu werden. Sie denken sich: „Was soll das bringen? Es funktioniert doch gar nicht."

Das oben Gesagte ist eine kurze Beschreibung dessen, was die meisten Menschen durchmachen, wenn sie beginnen, ihre übersinnlichen Fähigkeiten zu entwickeln. Die Anfangsphase kann aufregend sein. Aber wenn Sie an den Punkt kommen, an dem Sie das Gefühl haben, dass Sie hellseherische Hinweise hätten erhalten sollen, ist es vielleicht nicht mehr so aufregend für Sie, wie es einmal war. Wenn sich viele Menschen in dieser Situation befinden, ist ihre erste Schlussfolgerung, dass übersinnliche Fähigkeiten nicht real sind, aber sie sind so real wie der

Mond, die Sonne und andere fantastische Schöpfungen der Natur, die uns alle umgeben. Das Problem ist, dass diese Menschen aufgrund von psychischen und energetischen Blockaden keinen Zugang zu ihren Gaben haben. Bevor Sie sich in der gleichen Situation wiederfinden, in der Sie den Glauben nicht bewahren können, weil Sie die Grundlage der Dinge nicht kennen, sollten Sie alles über diese Blockaden lernen. Noch wichtiger ist, dass Sie wissen, warum sie Ihnen den Zugang zu Ihren übersinnlichen Gaben verwehren und wie Sie sie loswerden können.

Damit Sie verstehen, was eine psychische Blockade ist, muss ich Sie daran erinnern, was die Macht der spirituellen Fähigkeiten für Sie bedeutet. Zu Beginn dieses Buches habe ich kategorisch erklärt, dass übersinnliche Fähigkeiten aus der Persönlichkeitsenergie unserer Seele stammen. Sie mögen einen menschlichen Körper haben, aber in erster Linie sind Sie eine Seele in einem physischen Körper, die menschliche Erfahrungen macht. Standardmäßig wurden Sie als hochschwingendes Wesen erschaffen. Das macht Sie psychisch offen für Ihre Umgebung. Als Kind ist Ihre Verbindung aufgrund Ihrer Offenheit, Reinheit und Unschuld stärker, aber wenn Sie älter werden, beginnen Sie, Ihre psychische Verbindung zum Universum durch negative Umprogrammierung und destruktive gesellschaftliche Erwartungen zu verlieren. Stellen Sie sich ein Beispiel vor: Sie haben ein neues Haus mit neuen Fensterscheiben, die so klar sind wie das Tageslicht. Wenn Sie sie nicht benutzen, sammeln die Fensterscheiben Staub an, und schließlich verlieren Sie die klare Sicht.

Metaphorisch gesehen ist der Staub in diesem Zusammenhang das, was man als psychische Blockade bezeichnet. Diese Blockaden machen es Ihnen schwer oder fast unmöglich, auf Ihre intuitiven und spirituellen Gaben zuzugreifen. Wenn Sie die Blockade nicht finden und auflösen, werden Sie vielleicht nie Zugang zu Ihren übersinnlichen Sinnen haben oder sie für irgendetwas nutzen und richtig einsetzen lernen. Viele Menschen sind sich ihrer übersinnlichen Gaben nicht einmal bewusst, weil die Blockaden sie daran hindern, die elementarsten übersinnlichen Erfahrungen zu machen.

Es gibt verschiedene Ursachen für eine solche Blockaden, aber zu den häufigsten gehören Emotionen. Bei manchen Menschen wird eine Blockade auch durch körperliche Gründe verursacht. Ihre Emotionen können den natürlichen Energiefluss in Ihrem System stören, und sie spielen eine wichtige Rolle für Ihre Erfahrungen und Ihr Leben. Positive Emotionen verbessern in der Regel den Energiefluss, indem sie das

Energieniveau erhöhen. Dazu gehören Gefühle wie Freude, Glück, Aufregung, Empathie, Mitgefühl, Hoffnung usw. Es ist bekannt, dass positive Emotionen auch Menschen mit ähnlich positiver Energie anziehen. Negative Emotionen wie Angst, Wut, Sorge, Hass und Furcht entziehen Ihnen Ihren spirituellen Willen.

Irgendwann in Ihrem Leben müssen Sie Ihre Gefühle unterdrückt haben. Wir alle haben im Allgemeinen die Fähigkeit entwickelt, unsere Emotionen in der Kindheit aufgrund verschiedener Faktoren zu unterdrücken. Wir sind uns nicht bewusst, dass die Unterdrückung von Emotionen unsere Fähigkeit, auf unsere übersinnlichen Fähigkeiten zuzugreifen, beeinträchtigen kann. Ihre Emotionen sind dazu da, ausgedrückt und nicht unterdrückt zu werden. Sie brauchen ein Ventil. Wenn Sie Ihre Emotionen unterdrücken oder verdrängen, speichert Ihr Körper alle Gefühle intern, und sie werden zu einer Blockade. Wenn Sie diese Blockade nicht auflösen, kann sie sich in körperlichen Symptomen wie Angst, Schmerzen, Migräne, chronischen Schmerzen usw. äußern. Was noch wichtiger ist: Sie blockieren den Zugang zu Ihren spirituellen Gaben.

Im Gegensatz zu dem, was am Anfang dieses Kapitels beschrieben wurde, fangen manche Menschen ihr Training gut an. Ihnen gelingen intuitiv Treffer, und dann hören die Treffer plötzlich auf, und sie haben keinen Zugang mehr zu ihrem übersinnlichen Sinn. Hier fragen Sie sich vielleicht, was schiefgelaufen ist. Die Antwort geht zurück auf die Analogie mit der Fensterscheibe, die ich vorhin beschrieben habe. Sie werden mit ungehindertem Zugang zu Ihrem Geist oder Ihrer Seele geboren. Dann beginnen Sie, sich Überzeugungen, Ideen und Meinungen anzueignen, die Sie an den Möglichkeiten Ihrer Gaben zweifeln lassen. Außerdem treffen Sie auf negative Menschen und machen negative Erfahrungen. Das ist der Zeitpunkt, an dem der Staub beginnt, Ihre Sicht zu verschlechtern.

Wenn Sie mit der spirituellen Entdeckung beginnen und Ihr übersinnliches Erwachen startet, reinigen Sie den Staub auf der Fensterscheibe. Je mehr Sie trainieren, desto klarer wird das Fenster (das Fenster steht für die angeborene Spiritualität). Was passiert also, wenn Sie mit dem Putzen weitermachen und dann auf halbem Weg aufhören? Das Fenster sammelt wieder Staub an. Das Gleiche gilt für psychische Blockaden. Angenommen, Sie üben viel, aber Sie sind nicht konsequent bei der Sache. In dem Fall gibt es keine Möglichkeit, das Hindernis zwischen Ihnen und Ihrer spirituellen Verbindung mit der Energie des Universums zu durchbrechen.

Sie sind nicht perfekt, niemand ist das. Auch die Welt ist nicht perfekt. Es ist ganz normal, dass Sie sich jeden Tag unbewusst eine Meinung über die Dinge bilden, wenn Sie Menschen treffen, mit ihnen interagieren und verschiedene Situationen durchleben. Manchmal haben Sie diese Meinungen aber auch ganz bewusst. Manche Begegnungen können dazu führen, dass Sie Emotionen mit niedrigen Schwingungen erleben, wie zum Beispiel Wut, Angst, Zweifel, Stress, Misstrauen, Verurteilung und andere Gefühle. Ihre Spiritualität kann sich nicht mit den niedrig schwingenden Emotionen in Einklang bringen, weil sie auf einer höheren Schwingungsebene arbeitet. Daher konzentriert sie sich auf Gefühle wie Liebe, Freude, Glück und Glauben. Dies sind Gefühle mit höheren Schwingungen.

Es gibt verschiedene Arten von Blockaden. Der Ort, an dem sich die Blockade befindet, bestimmt, wie die Blockade genannt wird. Manche Blockaden sind sichtbar, das heißt, sie sind leicht zu finden. Andere sind nicht so sichtbar, was bedeutet, dass sie Ihr Leben beeinträchtigen können, während Sie sie aufgrund ihrer Unsichtbarkeit nicht lokalisieren können. Im Folgenden finden Sie zehn Arten von psychischen Blockaden und Informationen dazu, wo Sie sie in Ihrem System lokalisieren können. Nachdem wir besprochen haben, wie Sie die Blockaden aufspüren können, werden wir uns damit befassen, wie Sie sie auflösen und Zugang zu Ihren übersinnlichen Sinnen erhalten können.

Blockaden der Aura

Psychische Blockaden entstehen im Feld der Aura durch eine Verzerrung der Energie. Blockaden in den Schichten der Aura treten bei vielen Menschen häufig auf. Sie entstehen in der Regel dadurch, dass die innere Energie langsamer wird und sich festsetzt. Sie treten auch dann auf, wenn negative Energien von außen in die Aura eindringen. Beispiele dafür sind Abdrücke und Anhaftungen wie Implantate oder ätherische Schnüre. Wenn es eine Blockade in der Aura gibt, können Symptome auftreten, die mit der Energie, die die Blockade verursacht hat, oder mit dem Ort, an dem sich die Blockade befindet, zusammenhängen. Eine der besten Methoden, um Blockaden der Aura zu beseitigen, besteht darin, die Aura zu reinigen, sie zu reparieren, Anhaftungen zu entfernen und die Frequenz wieder richtig einzustellen. Noch wichtiger ist, dass man die Aura pflegt, um sie gesund zu halten.

Chakra-Blockade

Die Chakren sind Teil der Energiekompositionen, aus denen Ihr Energiefeld und Ihr Körper bestehen. Die Energie fließt durch die Chakren in Ihre Energiekörper und durch Ihren irdischen Körper. Es gibt sieben Chakren in diesem System, und jedes Chakra hat verschiedene Symptome, die eine Energieblockade darstellen. Wenn es in einem der Chakren eine Blockade gibt, wirkt sich das auf das gesamte Chakren-System aus. Aber das ist noch nicht alles. Es wirkt sich auch auf Ihre körperliche und geistige Gesundheit aus. Ein blockiertes Chakra stört die Funktionen Ihres gesamten Nervensystems, weil es Ihre Fähigkeit einschränkt, Energie auszustrahlen und einzufangen. Das wiederum senkt Ihre Schwingung und macht es Ihnen unmöglich, sich mit Ihrem Geist in Einklang zu bringen. Um jegliche Blockade in den Chakren zu lösen, müssen Sie Ihre Chakren klären, öffnen, ausrichten und ausbalancieren. Sobald Ihre Chakren offen und ausgeglichen sind, werden sie ihren gesunden Zustand von selbst beibehalten.

Emotionale Blockade

Emotionale Blockaden treten in mehreren feinstofflichen Energiekörpern gleichzeitig auf, was sie komplizierter macht als die meisten anderen Arten von Blockaden. Aber der Hauptort ist normalerweise die emotionale Schicht der Aura. Wenn es eine Blockade im Emotionalkörper gibt, wirkt sie sich ungewollt auf die Chakren aus, insbesondere auf das Sakralchakra und die Meridiane. Die aurischen Schichten überdecken einander, was bedeutet, dass die Energie durch einige gehen muss, um andere zu erreichen. Wenn eine Schicht blockiert ist, kann die Energie nicht mehr zu allen zentralen Punkten des Körpers zirkuliert werden. Man kann diese emotionalen Blockaden auflösen, indem Sie die Emotionen loslassen, die Sie in dieser Schicht unterdrücken. Außerdem müssen Sie einen ganzheitlichen Ansatz verfolgen, indem Sie mit Ihren anderen Energiekörpern arbeiten, um eine tiefe emotionale Reinigung durchzuführen.

Mentale Blockade

Die mentale Blockade tritt normalerweise im Mentalkörper auf, der eine weitere der sieben Aura-Schichten darstellt. Jede Blockade in der mentalen Schicht wirkt sich wiederum auf Ihr Unterbewusstsein aus. Ihr Unterbewusstsein verarbeitet jeden Tag 90 Prozent Ihrer Gedanken, auch wenn Sie sich normalerweise nicht bewusst sind, dass Sie diese Gedanken haben. So kann es leicht zu einer mentalen Blockade kommen, ohne dass

Sie es überhaupt merken. Um festzustellen, ob Sie eine mentale Blockade haben, achten Sie am besten auf Ihre Gedanken und sehen, wie sie Ihre Gefühle, Handlungen und Reaktionen beeinflussen. Eine Blockade auf der mentalen Ebene kann eine Blockade auf der emotionalen Ebene verursachen. Sie müssen also wissen, was in Ihrem Kopf vorgeht. Wenn es ein Muster von negativem Denken gibt, könnte das das Problem sein. Die Lösung besteht darin, dieses Muster aufzulösen und dann ein positives Gedankenmuster zu bilden. Sie müssen auch die Blockade in Ihrer mentalen Ebene auflösen und sie dann reparieren und ihr heilen helfen.

Meridian Blockade

Meridiane sind wie kleine Ströme, die Energie um die Energiekörper in der physischen Ebene herumführen. Jedem Meridian werden bestimmte Qualitäten zugeschrieben. Wenn eine Meridianblockade auftritt, wirkt sie sich typischerweise auf die Qualitäten aus. In den meisten Fällen verursachen Emotionen Blockaden in den Meridianen; mit anderen Worten, emotionale Energie wird in den Meridianen blockiert. Wenn Sie also an der Klärung Ihrer Emotionen arbeiten, sollten Sie diesen Moment auch nutzen, um die Meridiane zu klären. Dadurch wird die Klärung so tiefgreifend wie möglich. Sie können an der richtigen Abstimmung zwischen den Meridianen arbeiten, um ihre Gesundheit zu erhalten, indem Sie alle Fehler heilen und reparieren.

Spirituelle Blockade

Spirituelle Blockaden treten an verschiedenen Stellen auf, deshalb müssen Sie genau herausfinden, wo das Problem liegt, um es lösen zu können. Der spirituelle Körper ist anfällig für Energien. Er hat die Tendenz, Energien außerhalb seiner eigenen Operationen aufzunehmen. Das sind Fremdenergien, zu denen normalerweise Prägungen, Anhaftungen und Implantate gehören. Wenn ein Riss in der Aura auftritt, wirkt sich das sehr negativ auf den spirituellen Körper aus. Blockaden in den Chakren und anderen Teilen des Energiesystems können sich ebenfalls auf den spirituellen Körper auswirken. Das bedeutet, dass das Lösen einer spirituellen Blockade nicht mit dem spirituellen Körper selbst zu tun haben muss. Sie müssen die Quelle der Blockade finden, die ein Chakra, eine Aura-Schicht, ein Meridian auslösen kann.

Blockade in der Beziehung

Psychische Blockaden treten manchmal aufgrund Ihrer zwischenmenschlichen Beziehungen auf. Diese Blockaden gehören zu den am schwierigsten zugänglichen und aufzulösenden, da sie sich in der Regel an verschiedenen Stellen in Ihrem Energiesystem befinden. Infolgedessen kann es zu einem energetischen Ungleichgewicht kommen, das Ihre Beziehungsprobleme noch verschlimmert. Beziehungsblockaden sind typischerweise im emotionalen und mentalen Energiekörper zu finden.

Blockade in früheren Leben

Die Blockade eines vergangenen Lebens findet in einer anderen Realität statt, wirkt sich aber auf Ihre gegenwärtige Realität aus. Diese Blockade entsteht durch Handlungen in Ihrem vergangenen Leben. Sie sind eine spirituelle Blockade, die typischerweise Seelenverträge, Familienverbindungen, Erinnerungen oder in den schlimmsten Fällen Flüche beinhaltet. Wenn Sie auf Ihrer psychischen Entwicklungsreise spirituelles Wachstum erreichen wollen, müssen Sie daran arbeiten, Blockaden aus vergangenen Leben zu beseitigen, aber wenn Sie zu sehr auf Ihr vergangenes Leben fixiert sind, könnte das stattdessen ein Zeichen für eine mentale Blockade sein. Was auch immer es ist, das Beste, woran Sie arbeiten können, ist Ihre gegenwärtige Realität.

Nun, da Sie wissen, wie Sie psychische und energetische Blockaden in Ihrem System aufspüren können, müssen Sie lernen, wie Sie die Blockaden lösen. Das ist ein relativ unkomplizierter Prozess, der mehrere Schritte umfasst. Aber zunächst einmal behandeln wir die Anzeichen dafür, dass sich eine Blockade entwickelt hat:

- Negative Denkmuster
- Selbstzerstörerische Tendenzen
- Stress und Ängste
- Mangel an Energie
- Lethargisches Gefühl
- Sich festgefahren oder eingeschränkt fühlen
- Unberechenbare oder instabile Gefühle und Verhaltensweisen
- Verlust der Entschlusskraft
- Verlust von Motivation und Orientierungssinn

All diese Symptome sind Anzeichen dafür, dass sich Blockaden im Körper aufgrund negativer Emotionen und Störungen des Energieflusses manifestieren und gereinigt werden müssen.

Wie man eine emotionale Blockade löst

Meditation ist eine der wirksamsten Methoden, um emotionale Blockaden zu lösen. Aber der Prozess geht über einen einfachen meditativen Prozess hinaus. Es kann sein, dass Sie die Schritte, die wir hier besprechen werden, ein paar Mal durchführen müssen, bevor Sie die Blockade endgültig loswerden.

Die meditative Übung besteht aus fünf Schritten. Bevor Sie beginnen, suchen Sie sich einen ruhigen Ort, an dem Sie während der Übung nicht unterbrochen oder belästigt werden. Nehmen Sie dann eine Sitzposition ein, die stabil und bequem ist. Am besten ist es, aufrecht auf einem Stuhl oder auf dem Boden zu sitzen, je nachdem, was Sie bevorzugen, aber ein Stuhl ist auf lange Sicht wahrscheinlich bequemer. Fußböden werden schnell kalt. Seien Sie entspannt und schließen Sie sanft die Augen. Bleiben Sie mindestens eine Minute lang in dieser Position sitzen und konzentrieren Sie sich auf Ihre Atmung. Sie können ein Mantra verwenden oder darauf verzichten. Bleiben Sie einige Zeit in dieser entspannten Position und beginnen Sie dann damit, vorsichtig Ihre emotionale(n) Blockade(n) aufzulösen.

Finden Sie die Emotion

Der erste Schritt besteht darin, die Emotion zu lokalisieren. Denken Sie mit geschlossenen Augen über Erlebnisse nach, die eine negative Reaktion oder ein Gefühl in Ihnen ausgelöst haben könnten. Das kann ein Streit bei der Arbeit sein oder eine Situation, in der Sie von jemandem schlecht behandelt wurden und Sie Groll verspürten. Denken Sie mindestens 30 Sekunden lang an den Vorfall, der Ihnen zuerst in den Sinn kommt. Versuchen Sie, sich so lebhaft wie möglich an die Details zu erinnern. In diesem Moment sind Sie eher Beobachter als Teilnehmer. Sie erleben das Geschehen aus einer anderen Perspektive. Auf diese Weise können Sie die Emotionen erkennen, die Sie während des Vorfalls ausgedrückt haben. Identifizieren Sie das genaue Gefühl, das Sie in diesem Moment erlebt haben. Geben Sie dem Gefühl eine Bezeichnung. Die Bezeichnung sollte präzise und spezifisch sein.

Sich der Erfahrung bewusst werden

Bewegen Sie Ihre Aufmerksamkeit langsam von der Bezeichnung, die Sie gewählt haben, weg. Lenken Sie Ihre Aufmerksamkeit auf Ihren physischen Körper und werden Sie sich der Empfindungen bewusst, die er produziert. Die Empfindungen entstehen durch die Emotion, die Sie gerade identifiziert haben, also achten Sie auf sie. Diese beiden Dinge, die Sie in diesem Moment erleben - eine Bezeichnung in Ihrem Geist und die körperlichen Empfindungen in Ihrem Körper - sind die genaue Darstellung dessen, was eine Emotion ist. Sie können das eine nicht vom anderen trennen, denn Emotionen sind sowohl eine kognitive als auch eine physiologische Erfahrung. Deshalb werden Emotionen auch Gefühle genannt, weil Sie sie in Ihrem Körper spüren können, während Sie sie erleben. Achten Sie auf Ihren Körper, wenn Sie sich an das Erlebnis erinnern. Achten Sie auf jeden Teil Ihres Körpers, an dem sich die Empfindungen aufbauen. Es kann ein Druck auf der Brust sein oder ein Engegefühl im Bauch. Vielleicht spüren Sie sogar einen Druck in der Kehle. Jeder Punkt, an dem Sie diese Empfindungen spüren, ist ein Ort, an dem die Emotion unterdrückt wird, was dann eine psychische Blockade verursacht.

Die Emotion ausdrücken

Wenn Sie das unterdrückte Gefühl gefunden haben, müssen Sie es „ausdrücken". Legen Sie dazu Ihre Hand auf die Stelle Ihres Körpers, an der Sie die intensivste oder spürbarste Empfindung haben. Das ist genau die Stelle, an der sich die Blockade befindet. Wenn Sie feststellen, dass die Blockade an mehr als einer Stelle sitzt, bewegen Sie Ihre Hand von einer Stelle zur anderen, bis Sie alle Punkte erreicht haben. Nehmen Sie sich bei jeder Stelle einen Moment Zeit und sagen Sie laut: „Hier tut es weh". Körperliches Unbehagen bedeutet, dass ein Teil von Ihnen körperlich, geistig und seelisch aus dem Gleichgewicht geraten ist. Auch Ihr Körper weiß, dass Sie aus dem Gleichgewicht geraten sind, aber er kann das Ungleichgewicht nicht selbst beheben.

Verantwortung übernehmen

Wir unterdrücken Gefühle, weil wir die Verantwortung für das Erleben dieser Emotion nicht übernehmen wollen. Oft ist dies auf eine negative Konnotation zurückzuführen, die mit der Emotion verbunden ist. Wut zum Beispiel wird typischerweise als negative Emotion angesehen. Wut kann tatsächlich sowohl positiv als auch negativ sein; es kommt nur darauf an, wie Sie auf das Gefühl reagieren. Übernehmen Sie also die Verantwortung für die in Ihrem Körper blockierten Gefühle. Akzeptieren Sie, dass die Erfahrung in Ihrem eigenen Körper stattfindet. Das bedeutet, dass Sie die Kontrolle über die Emotionen haben, nicht andersherum. Verantwortung zu übernehmen bedeutet, dass Sie anerkennen, dass Sie selbst die Kontrolle darüber haben, wie Sie auf emotionale Angriffe reagieren. Wenn Sie die Verantwortung nicht übernehmen, können Sie auch die emotionale Blockade in Ihrem Körper nicht lösen.

Die Emotionen freisetzen

Nachdem Sie die Verantwortung für die Emotion übernommen haben, die für Ihre psychische Blockade verantwortlich ist, besteht der nächste Schritt darin, diese Emotion loszulassen. Achten Sie noch einmal auf die Stellen in Ihrem Körper, an denen die Emotion unterdrückt wird. Dann nehmen Sie sich vor, mit jedem Atemzug, der in Ihren Körper ein- und ausgeht, die Emotion loszulassen. Wiederholen Sie bei jedem Atemzug Ihre Absicht, loszulassen. Während Sie dies tun, werden Sie spüren, wie die Spannung und der Schmerz aus Ihrem Körper verschwinden. Wenn Sie möchten, können Sie auch Geräusche machen, die an Stelle des Gefühls erklingen. Das kann Ihnen helfen, die Verkrampfung zu lösen und loszulassen.

Auf diese Weise sind Sie die emotionale Blockade losgeworden, die Sie daran hinderte, auf Ihre übersinnlichen Fähigkeiten zuzugreifen. Sie können diese Übung immer dann anwenden, wenn Sie ein Erlebnis haben, das bei Ihnen eine negative Emotion auslöst. Das wird verhindern, dass sich weitere emotionale Blockaden bilden und Sie dauerhaft in Ihrer Spiritualität behindert werden.

Andere Möglichkeiten, psychische Blockaden zu lösen

Neben dieser Übung zum Lösen von emotionalen Blockaden gibt es weitere Möglichkeiten, alle Arten von psychischen Blockaden zu lösen.

- **Klären Sie externe Energiequellen:** Ihre Energiequelle ist normalerweise offen, so dass andere Menschen Ihre Energiequelle anzapfen können. Wenn dies geschieht, schrumpft Ihre Aura und wird anfällig für externe Energien um Sie herum. Stellen Sie sich das ungefähr so vor wie Angriffe von Keimen auf das Immunsystem. Das Gleiche geschieht mit Ihrer Energie. Manchmal kommen fremde Energien in Ihr Energiefeld und bleiben dort stecken. Das kann für Sie sehr unangenehm sein, weil sich die Zusammensetzung der fremden Energiekörper von der Ihrer eigenen unterscheidet. Das kann zu Rissen, Lecks und verzerrter Energie in Ihren Aura-Schichten führen. Dies kann sogar Ihr Chakren-System blockieren und stilllegen. Schlimmer noch, die Verbindung zu Ihrer Spiritualität im Allgemeinen kann unterbrochen werden. Deshalb ist die Reinigung fremder Energien aus Ihrem Energiefeld eine der effektivsten Methoden, um Blockaden zu lösen.

- **Haken entfernen:** Haken bilden sich in Ihrem Energiefeld, wenn Sie mit einer anderen Person Machtspiele spielen, und diese Person in Ihr Energiefeld eindringt, was zu Rissen, Lecks und Blockaden führt. Es fühlt sich an, als wäre ein Körperteil von jemandem ohne Grund plötzlich in Ihrem eigenen Energiefeld verankert. Die Entfernung des Fremdkörpers ist entscheidend für den Zugang zu Ihrer Spiritualität.

- **Schnüre durchtrennen:** Es kann auch zur Bildung von negativen Bindungssträngen kommen, die sich bilden, wenn man ständig Zeit mit negativen Menschen verbringt. Diese Schnüre senken Ihre Schwingungen auf die niedrigste Frequenz. Wenn eine Schnur Ihr Energiefeld mit dem Energiefeld einer negativen Person verbindet, ist es am besten, die Schnur zu durchtrennen und Ihre Energie zu befreien. Es ist nicht ideal, einen offenen Kanal zwischen zwei Feldern zu haben. Es spielt keine Rolle, ob ein Feld schädlich ist oder nicht.

- **Chakren reinigen:** Wenn Ihr Chakra-System blockiert ist, müssen Sie es öffnen und reinigen. Auch wenn nur ein Chakra betroffen ist, müssen Sie alle Chakren öffnen. Wenn nicht alle Chakren geöffnet sind, können Sie sie nicht richtig ausrichten und ins Gleichgewicht bringen. Es ist wichtig, dass Sie Ihre Chakren regelmäßig reinigen, unabhängig von Blockaden, denn sie stehen in Verbindung mit lebenswichtigen Körperfunktionen, Organen und verschiedenen Bereichen in Ihrem Leben. Saubere Chakren erleichtern positive Erfahrungen im Leben.

- **Verwenden Sie Kristalle:** Kristalle haben reinigende und heilende Kräfte. Das heißt, sie können Ihnen helfen, Blockaden zu beseitigen und Risse und Lecks in Ihrem Energiefeld zu reparieren. Sie können Ihnen außerdem helfen, festgesetzte Energien wieder zu befreien, um den gesamten Energiefluss in Ihrem Umfeld zu verbessern. Legen Sie die Kristalle, die Sie gewählt haben, auf Ihre Chakren und führen Sie eine Visualisierungsübung durch, um die Blockade zu lösen und den Energiefluss wiederherzustellen.

- **Reiki-Heilung:** Energieheilung ist eine Methode, um festgefahrene, undichte oder blockierte Energie aus den Energiekörpern oder dem Energiefeld zu befreien. Um diese Methode anzuwenden, müssen Sie möglicherweise einen Reiki-Energieheiler aufsuchen. Es ist ein einfaches Verfahren, das Sie auch selbst erlernen können. Alles, was Sie tun müssen, ist, Ihre Hand nur wenige Zentimeter von Ihrer Aura entfernt zu halten, während Sie damit die Energie in den entsprechenden Bereichen Ihres Energiefeldes bewegen.
- **Geistige Führer konsultieren:** Schließlich können Sie sich auch an Ihren Geistführer wenden, um die psychischen Blockaden zu lösen. Das ist möglich, wenn Sie schon einmal mit dem Geistführer interagiert haben. Aber auch wenn Sie dies vorher noch nicht getan haben, kann es Ihnen helfen, jeden Tag Zeit mit dem Geist zu verbringen, um ihn zu erreichen. Nutzen Sie die Meditation, um Ihre spirituelle Verbindung zu aktivieren und Ihren Geistführer zu kontaktieren.

Nachdem Sie alle psychischen Blockaden gelöst haben, die Sie daran hindern, auf Ihre Fähigkeiten zuzugreifen, können Sie mit den oben genannten Übungen und Techniken fortfahren, um die Gesundheit Ihrer Aura, Chakren, Meridiane und anderer Teile des Systems aufrechtzuerhalten, in denen Blockaden auftreten können. Sie brauchen diese, um Ihre Verbindung mit Ihrer Spiritualität aufrechtzuerhalten, also denken Sie nicht daran, auf halbem Weg mit dem Lösen der Blockaden aufzuhören. Arbeiten Sie daran, einen Zeitplan zu erstellen, der tägliche Zeit mit Ihrer spiritualen Seite vorsieht. Diese Zeit sollte nicht verhandelbar sein – es ist wichtig, dass Sie sich wirklich um diese Auszeit bemühen. Auf diese Weise werden die Sitzungen zur Gewohnheit, und die Versuchung, auf halbem Weg aufzugeben, wird mit der Zeit weniger verlockend.

Ziehen Sie außerdem die Möglichkeit in Erwägung, bei Ihren täglichen Aktivitäten positive Affirmationen zu verwenden. Diese helfen Ihnen, jegliche Negativität von sich fernzuhalten. Essen Sie außerdem mehr biologische Lebensmittel, die frei von Giftstoffen sind. Gesunde, biologische Lebensmittel können dazu beitragen, Ihre Vitalität und Energie zu erhalten oder wiederherzustellen. Wie Sie selbst, haben auch Lebensmittel Energiefelder. Wenn Sie also Lebensmittel mit giftiger Energie zu sich nehmen, wird dies Ihr Energiefeld beeinträchtigen.

Schließlich sollten Sie täglich Zeit in der Natur verbringen. Das biete Ihnen eine unglaubliche Möglichkeit, Ihr Energiefeld zu harmonisieren. Die Natur verfügt über heilende Schwingungen, die Sie zur Abstimmung Ihrer Energiebahnen und -kanäle nutzen können.

Kapitel 5: Die Aktivierung des Dritten Auges und wahre Achtsamkeit

Spazieren Sie manchmal einen Weg hinunter und Ihr Instinkt sagt Ihnen plötzlich, dass Sie anhalten sollen? Haben Sie manchmal eine Vorahnung zum Inhalt von Prüfungsfragen oder anderen Herausforderungen? Wissen Sie manchmal intuitiv, wer Sie anruft, wenn Ihr Telefon klingelt? Haben Sie schonmal jemanden kennengelernt, und intuitiv das Gefühl gehabt, der Person nicht trauen zu können? All diese Erfahrungen haben etwas mit Ihrem Dritten Auge zu tun. Ihr Drittes Auge ist der Ursprung Ihrer Intuition, so dass jede intuitive Erfahrung, die Sie machen, mit dieser Körperstelle verbunden ist. Je weiter Sie auf Ihrer spirituellen Reise voranschreiten, desto mehr werden Sie sich im Einklang mit Ihrem inneren Auge und Ihren übersinnlichen Fähigkeiten im Allgemeinen fühlen. Wenn Sie sich schließlich an Ihre Fähigkeiten gewöhnt haben, können Sie dann irgendwann anfangen, Dinge vorherzusagen, bevor sie geschehen.

Die Aktivierung des Dritten Auges ist der Schlüssel zu wahrer Achtsamkeit, denn wenn es geöffnet ist, sind Sie sich jederzeit Ihrer selbst und Ihres Umfeldes bewusst. Die Aktivicrung des Dritten Auges ist nichts, dass Sie in einem Zug machen können. Es ist ein langsamer Prozess, und es kann Jahre dauern, bis Sie diese Fähigkeit schließlich vollständig aktivieren können. Sie allein bestimmen, wie lange es dauert, bis sich Ihr

Auge vollständig öffnen lässt.

Das Dritte Auge befindet sich in der Mitte Ihrer Stirn, etwas über Ihren Augenbrauen. Es ist das Zentrum der Vorstellungskraft, der Intuition und der inneren Weisheit. Sie können es nicht sehen, da es sich um ein spirituelles Auge handelt. Es besteht aus Energie und ist mit dem dritten Chakra des Dritten Auges verbunden. Dieses Zentrum der Spiritualität in der Mitte Ihrer Stirn ist mit der Zirbeldrüse verbunden, die für die meisten Ihrer Fähigkeiten verantwortlich ist. Um es zu öffnen, müssen Sie die Zirbeldrüse aktivieren. Es ist selten, dass Menschen über die Spiritualität sprechen, ohne die Veränderung des Bewusstseins zu erwähnen. Die Zirbeldrüse ist der Sitz des menschlichen Bewusstseins. Ohne die Zirbeldrüse können Sie Ihr volles psychisches Potenzial nicht erreichen. Daher möchte ich an dieser Stelle zunächst die Verbindung zwischen der Zirbeldrüse und dem Dritten Auge näher erläutern, und beschreiben, wie sich diese Verbindung auf Ihre Fähigkeit zur Hellseherei auswirkt.

Die Zirbeldrüse befindet sich in der Mitte Ihres Gehirns, direkt hinter Ihren Augen. Sie ist erbsengroß und hat die Form eines Kiefernzapfens. Sie hat eine rötlich-graue Farbe. Früher war die Zirbeldrüse ein äußerst wichtiges Werkzeug für Seher und Mystiker. Heutzutage ist sie jedoch inaktiv geworden, und ihr eigentlicher Zweck ist im Laufe der Jahre in Vergessenheit geraten. Beachten Sie, dass das Bewusstsein durch die Verbindung zwischen Ihrem Körper und Ihrem Geist geprägt wird. Das bedeutet, dass die Zirbeldrüse als Hauptsitz des Bewusstseins die eigentliche physische Verbindung darstellt.

Das Chakra-System ist der Kanal, durch den die Energie im physischen Körper fließt. Es ist verantwortlich für die Fähigkeit des Geistes, und notwendig, um die Form zu beleben. Stellen Sie sich die Chakren wie die Räder eines Motors vor - indem sie die Energie effektiv im Körper verteilen, sorgen sie dafür, dass die Energie ausgeglichen und offen bleibt. Dies sichert die optimale Funktion des spirituellen Energieflusses. Wenn die Energie im Chakra-System stagniert, wirkt sich das auf jeden Teil Ihres Körpers aus. Dies kann zu Unbehagen, Krankheit und Depression führen. Ihre Chakren sind das Energiezentrum Ihres Körpers, während Ihre Organe an bestimmten Stellen im Körper liegen. Das Nervensystem kontrolliert die Chakren, ist aber im Gegensatz zu den Organen nicht auf einen Ort im Körper beschränkt. Während sich zum Beispiel das Herzorgan auf der linken Seite des Körpers befindet, liegt das Herzchakra in der Mitte der Brust. Das Chakra des Dritten Auges befindet sich in ähnlicher Weise in der Mitte der Stirn.

Im hinduistischen Chakra-System wird die Zirbeldrüse Ajna Chakra genannt. Dies ist der hinduistische Name für das Chakra des Dritten Auges. In allen esoterischen Traditionen wird es als die Verbindung des Menschen zum Geist betrachtet. Es beschreibt den Raum zwischen Ihnen und dem Göttlichen, der Sie durch jede Stufe menschlicher Erfahrungen führt. Ein offenes und gesundes Drittes Auge ist Ihre höchste Quelle feinstofflicher Energie. Die Bedeutung dieses Auges geht über die „physischen" Eigenschaften hinaus. Es ist transzendent, durch die Art und Weise, wie es unsere spirituelle Reise beeinflusst. Die Öffnung des Dritten Auges ist der Schlüssel zu allen übersinnlichen Fähigkeiten, einschließlich der Hellsichtigkeit, Telepathie, Astralprojektion, Medialität und des luziden Träumens.

Diese spirituelle Machtquelle zu öffnen, kann Ihnen in vielerlei Hinsicht zugutekommen. Eine dieser Möglichkeiten ist, dass sie Ihnen hilft, Ihre innere Weisheit zu nutzen. Ein geöffnetes Drittes Auge öffnet den Weg zu größerer Selbsterkenntnis und emotionaler Beherrschung. Dies sind die beiden Grundlagen der inneren Weisheit. Wenn Sie das innere Auge öffnen, werden Sie erkennen, wie viel Weisheit und Intelligenz schon immer in Ihren Fingerspitzen lag. Je mehr Vorteile Sie sehen, desto mehr werden Sie geneigt sein, Ihr Drittes Auge bis zur höchsten Kapazität zu öffnen.

Ihr Drittes Auge kann Ihre Gesundheit wiederherstellen und sicherstellen, dass die verschiedenen Prozesse in Ihrem Körper und Ihrem Geist optimal funktionieren. Wenn Sie sich eine bessere Gesundheit wünschen, könnte die Aktivierung des Dritten Auges Ihr Schlüssel dazu sein. Ein durchschnittlicher Mensch wünscht sich ein Leben, in dem er ohne Angst, Sorgen oder ähnliche Erfahrungen leben kann. Nehmen wir einmal an, Sie wünschen sich dieses Leben auch für sich selbst. In diesem Fall gibt es nichts, was Sie nicht erreichen können, wenn Sie Ihre Intuition in vollem Umfang öffnen.

Um Ihr Drittes Auge zu aktivieren, müssen Sie sich die Meditation zur Gewohnheit machen. Die Kraft der Meditation besteht darin, dass sie die Natur Ihrer Gedanken von Grund auf verändern kann. Das bedeutet, dass Sie mit Hilfe der Meditation Ihre kognitiven Prozesse neu programmieren können, so dass sich die von Ihnen gewünschten Gedankenmuster manifestieren. Und wenn Sie auf diese Weise den Ballast des negativen Denkens loswerden, können Sie die höchste Lebensordnung erfahren, und Ihre persönlichen Ziele erreichen. Denken Sie an das Gesetz der Anziehung - Positives zieht Positives an. Indem Sie Ihren Geist darauf trainieren, überwiegend positive Gedanken und Gefühle zuzulassen, können Sie Ihre Schwingung erhöhen und in der Welt der Spiritualität aufsteigen. Wenn Sie sich diese Möglichkeiten eröffnen, wird Ihre körperliche, geistige und emotionale Gesundheit aufblühen. Dieser Prozess hilft Ihnen dann, Seelen anzuziehen, die sich auf ähnlichen Schwingungsebenen wie Sie befinden - was zu besseren Beziehungen in allen Bereichen führt.

Wie die meisten Menschen fragen Sie sich wahrscheinlich auch, was das Leben für Sie bereithält: „Was erwartet mich da draußen?" Auch wenn Sie es nicht wissen, brauchen Sie sich keine Sorgen zu machen. Alles, was Sie über Ihre Karriere, Träume, Ziele oder Beziehungen wissen wollen, wird zugänglich, wenn Sie Ihr Drittes Auge aktivieren. In diesem Teil Ihrer Selbst wartet eine Fülle von Informationen auf Sie. Sie müssen Ihren Geist nur öffnen, um Zugang zu ihnen erhalten. Wenn Sie Ihr Drittes Auge öffnen, können Sie die Welt aus einer neuen, für Sie günstigeren Perspektive sehen. So können Sie das Ungesehene erfassen und das Unmögliche in das Mögliche verwandeln.

Wenn Sie zum ersten Mal versuchen, sich darauf einzustimmen, stellen Sie vielleicht fest, dass Sie es nicht gleich können. Wenn das bei Ihnen der Fall ist, bedeutet das einfach, dass Ihre Wahrnehmung blockiert ist. Ein blockiertes Drittes Auge versperrt Ihnen den Zugang zu Ihrer Intuition, zur Vorstellungskraft und zu unendlicher Weisheit. Mit einem blockierten Dritten Auge haben Sie keinen Sinn für die Richtung im Leben. Ihre Energie bleibt stecken und stagniert, und das gilt auch für Sie als Person. Ein blockiertes Drittes Auge ist der Weg zu chronischem Unglück und Apathie. Wenn Sie ein blockiertes Ajna haben, glauben Sie auch nicht mehr an die Stimme Ihrer inneren Weisheit. Sie hören auf, auf Ihr Bauchgefühl zu hören. Sie verlieren die Verbindung zu Ihrem Geist. Dadurch kann Ihre Wahrnehmung der Welt durch Blockaden verzerrt werden.

Da das Dritte Auge die neurologischen Funktionen Ihres Körpers steuert, werden Sie feststellen, dass Ihr Körper einige Fähigkeiten verliert, wenn es blockiert ist. Der Körper ist möglicherweise nicht mehr in der Lage, den Schlaf zu regulieren, den Stoffwechsel auszugleichen oder Infektionen zu bekämpfen. Infolgedessen werden Sie häufig krank. Sie können unter Schlaflosigkeit leiden oder, in schlimmeren Fällen, Bluthochdruck entwickeln. Einige Anzeichen für ein blockiertes Drittes

Auge sind:

- Engstirnigkeit
- Mangelnde Orientierung im Leben
- Verlust der Vorstellungskraft
- Verweigerung
- Schlechte Sicht
- Schlechtes Gedächtnis

Manchmal ist das Dritte Auge zwar nicht blockiert, aber überaktiv. Wenn es überaktiv ist, gibt es unter anderem folgende Anzeichen:

- Besessenheit mit übersinnlichem Sehen
- Halluzinationen
- Paranoia
- Unfähigkeit zur Konzentration
- Alpträume
- Zufällige Leere
- Erhöhte Skepsis

Sie können auch aufgrund eines überaktiven oder unausgeglichenen Dritten Auges luzide Träume erleben.

Wenn Sie feststellen, dass Ihr Drittes Auge blockiert ist, müssen Sie daran arbeiten, diese Blockade zu lösen. Das ist manchmal ein langer Prozess. Aber wenn man weiß, was man tun muss, kann man das Problem schließlich vollständig beheben. Es gibt drei Möglichkeiten, mit denen man das Dritte Auge öffnen kann: Nahrungsmittel, Affirmationen und Meditationstechniken.

Nahrung für das Dritte Auge

Die Nahrung, die Sie zu sich nehmen, hat einen erheblichen Einfluss auf die Gesundheit Ihres Dritten Auges. Mit der richtigen Ernährung können Sie sogar Ihre intuitiven und perzeptiven Fähigkeiten verbessern. Das ist keine Aufregung. Ihr Drittes Auge gedeiht gut, wenn Sie sogenanntes „Brainfood" (Gehirnnahrung) zu sich nehmen, besonders violetter oder indigofarbene Lebensmittel können helfen. Das Pigment dieser Farbe steht für jeden Traum, jede Idee, jeden Wert und jede Verbindung zum Universum. Im Folgenden finden Sie einige der besten Lebensmittel, die

Sie zu sich nehmen können, um die Aktivierung Ihres Dritten Auges zu unterstützen. Diese Lebensmittel sind nicht nur nahrhaft, sondern können auch dazu beitragen, Ihr Drittes Auge auszugleichen und Ihre Reise in das Reich des höheren Bewusstseins zu beschleunigen.

- Heidelbeeren, Brombeeren und ähnliche Früchte mit violetten Pigmenten enthalten Antioxidantien. Ihre Farbe zeigt auch, dass sie Flavonoide enthalten, insbesondere Resveratrol, das den Blutdruck senkt. Die Durchblutung wird sofort besser, wenn die Arterienwände entspannt sind. Antioxidantien tragen zur Entspannung bei, und verbessern die Durchblutung der Zirbeldrüse.

- Pflaumen und Zwetschgen sind ebenfalls gut für die Erweckung des Dritten Auges. Sie enthalten eine andere Art von Antioxidantien, die Phenole. Diese können alle schädlichen Radikale neutralisieren, die sich in die Gehirnzellen und -moleküle einnisten wollen. Denken Sie daran, dass sich die Zirbeldrüse im Zentrum des Gehirns befindet, so dass alles, was sich auf die Gehirnzellen auswirkt, auch die Zirbeldrüse beeinflusst.

- Gemüse wie violetter Kohl, violette Zwiebeln und Auberginen sind weitere Beispiele für Lebensmittel, die auf dem Speiseplan stehen sollten, um das Dritte Auge zu öffnen und zu aktivieren. Diese Gemüsesorten enthalten Polyphenole, die Entzündungen im Körper reduzieren.

- Obwohl sie keine violetten Pigmente enthalten, sind Fisch, Nüsse und Leinsamen ebenfalls gut für Ihr Drittes Auge. Sie versorgen Ihren Körper mit Omega-3-Fettsäuren und verringern so das Risiko von Schizophrenie, Depression, Demenz und Legasthenie.

- Es ist wissenschaftlich erwiesen, dass dunkle Schokolade zur geistigen Klarheit beiträgt. Sie löst die Freisetzung von Serotonin, dem Wohlfühlhormon, aus, was ungewollt die Konzentrationsfähigkeit verbessert. Es ist kein Wunder, dass so viele Menschen Schokolade genießen.

Das Energiezentrum Ihres Dritten Auges reguliert die Funktionen Ihres Gehirns, Ihrer Augen, Ohren, Nase und Ihres neurologischen Systems. Sie müssen den Blutfluss zu diesen kritischen Bereichen ermöglichen, da diese dazu beitragen, Ihr Chakra-System im Gleichgewicht zu halten. Angenommen, Sie leiden häufig unter Migräne, Schwindel, Depressionen, Augenschmerzen, Schlaflosigkeit und Halluzinationen. Das ist ein Zeichen dafür, dass Sie auf eine gesündere Ernährung umsteigen sollten, die Ihrem Dritten Auge hilft. Achten Sie also beim nächsten Einkauf auf violettes Obst und Gemüse und vergewissern Sie sich, dass es frisch ist. Es gibt keine Entschuldigung dafür, die eigene Intuition nicht mit der richtigen Ernährung zu füttern.

Affirmationen für das Dritte Auge

Neben der Ernährung können auch Affirmationen dabei helfen, das Dritte Auge zu öffnen. Positive Affirmationen sind nachweislich fast so wirksam wie Meditation, und können Ihren Geist offen und ausgeglichen zuhalten. Sie lassen sich leicht in Ihre tägliche Routine integrieren, um diesen Bereich jeden Tag zu reinigen und auszugleichen. Wenn Sie daran denken, jeden Tag zu meditieren und Affirmationen zu machen, brauchen Sie sich keine Sorgen zu machen, dass es blockiert wird. Sie können die Affirmationen in Ihr Tagebuch schreiben und sie jeden Tag aufsagen. Oder Sie können sie immer dann aufsagen, wenn Sie eine Meditationssitzung haben. Das Wichtigste ist, dass Sie die Praxis konsequent durchziehen. Das ist der sicherste Weg, um Ergebnisse zu erzielen. Im Folgenden finden Sie kraftvolle Affirmationen, die Sie verwenden können, um sich zu öffnen und sich auf Ihre Intuition und innere Weisheit einzustimmen.

- Ich bin intuitiv, weise und im Einklang mit meiner inneren Weisheit.
- Ich bin mit meiner inneren Weisheit und meinem höheren Bewusstsein verbunden.
- Ich vertraue auf die Kraft meiner Intuition.
- Ich versuche, von der tiefen Weisheit meines höheren Bewusstseins zu lernen.
- Ich bin im Einklang mit der unendlichen Weisheit des Göttlichen.
- Ich sehe und handle im Einklang mit meiner göttlichen Bestimmung.
- Ich öffne mich für meine tiefste Weisheit und innere Führung.

- Ich bin unaufhaltsam in meiner Fähigkeit zu Freude, Glück und Heilung.
- Ich lasse die Vergangenheit los und gebe mich der Gegenwart hin.
- Ich bin offen für neue Energie, neue Orte, neue Menschen und neue Erfahrungen.
- Ich bin erleuchtet vom Licht meines höheren Geistes.
- Ich bin die Quelle von Liebe, Freude und Wahrheit in meinem Leben.

Sie können noch einen Schritt weiter gehen und Ihre Affirmationen selbst formulieren. Das Wichtigste ist, dass Ihre Affirmationen positiv und an Sie selbst gerichtet sind. Orientieren Sie sich bei der Formulierung Ihrer Affirmationen an den obigen Beispielen. Das Beste an Affirmationen ist, dass Sie sie für bestimmte Bereiche Ihres Lebens, die Sie verändern wollen, gezielt formulieren können. Sie könnten zum Beispiel sagen: „Das Licht des Göttlichen erleuchtet meine Karriere". Oder Sie können es noch spezifischer machen und sagen: „Meine heutige Präsentation wird vom Licht des Göttlichen erleuchtet. Wenn ich meine innere Weisheit anzapfe, wird alles gut mit meiner Präsentation."

Rezitieren Sie die Affirmationen zweimal pro Tag. Auch die Meditation sollte zweimal täglich praktiziert werden, einmal am Morgen und einmal am Abend.

Meditationstechniken für das Dritte Auge

Meditation ist eines der ersten Dinge, die Ihnen in den Sinn kommen sollten, wenn Sie etwas tun wollen, das mit der Stärkung Ihrer übersinnlichen Fähigkeiten zu tun hat. Sie ist eine der schnellsten und effektivsten Methoden, um Ihr Drittes Auge zu öffnen. Es gibt viele Meditationstechniken, um Ihr Drittes Auge zu öffnen, aber ich werde Ihnen an dieser Stelle drei wirkungsvolle Techniken vorstellen. Diese Techniken sind einfach und unkompliziert, machen Sie sich also keine Sorgen, falls Sie ein Anfänger sind. Sie werden sie leicht finden, selbst wenn Sie noch nie meditiert oder Achtsamkeit praktiziert haben.

Die folgende Herangehensweise ist besonders gut für Anfänger geeignet:

- Suchen Sie sich einen schönen und ruhigen Ort zum Meditieren. Achten Sie darauf, dass Sie von niemandem gestört werden. Schalten Sie Ihre mobilen Geräte und alle anderen ablenkenden Gegenstände in Ihrer Nähe aus.
- Nehmen Sie eine bequeme Haltung ein. Sie können sich mit aufrechtem Rücken auf einen Stuhl setzen und die Füße fest auf den Boden stellen.
- Atmen Sie mindestens zehnmal sanft ein und aus. Achten Sie darauf, dass Ihre Atemzüge tief und langsam sind.
- Richten Sie Ihre Aufmerksamkeit auf den Punkt zwischen Ihren Augenbrauen, wo sich Ihr Drittes Auge befindet. Konzentrieren Sie sich auf diesen Bereich, während Sie weiter ein- und ausatmen.
- Visualisieren Sie nun eine violette Energiekugel, die an dieser Stelle schwebt. Denken Sie daran, dass Violett die Farbe des Dritten Auges ist, stellen Sie sich also keine andere Farbe vor.
- Während Sie ein- und ausatmen, stellen Sie sich vor, wie sich die violette Energiekugel ausdehnt und immer größer und wärmer wird.
- Stellen Sie sich dann vor, wie sie alle Formen negativer Energie aus Ihrem Dritten Auge entfernt, indem die positive Energie die negative Kraft überstrahlt.
- Stellen Sie sich vor, wie Sie die Wärme der Kugel in sich aufnehmen - spüren Sie, wie sie Sie umspült.
- Wenn Sie sicher sind, dass Sie die Energie vollständig absorbiert haben, öffnen Sie die Augen.

Bei diesem Beispiel handelt es sich um eine einfache Meditationsübung, die Sie leicht in Ihre tägliche Routine einbauen können. Die Übung sollte nicht mehr als 10 bis 15 Minuten pro Tag in Anspruch nehmen. Aber nehmen wir an, Sie möchten die Übung noch länger machen. Dabei können Sie sich vorstellen, wie die Energiekugel von einem Körperteil zum anderen wandert und sie eines nach dem anderen von Negativität befreit.

Es gibt eine weitere Meditationstechnik zur Öffnung des Dritten Auges. Bei dieser handelt es sich um einen umfangreicheren Ansatz, der 30 bis 60 Minuten in Anspruch nehmen kann. Es handelt sich um eine Yogatechnik, also achten Sie darauf, dass Sie die Anweisungen sorgfältig und genau befolgen.

Anweisungen

- Suchen Sie sich einen ruhigen und entspannenden Ort zum Meditieren.
- Atmen Sie tief durch die Nase ein. Warten Sie ein paar Augenblicke und atmen Sie dann durch den Mund aus.
- Entspannen Sie Ihr Gesicht beim Einatmen und Ausatmen. Spüren Sie, wie sich die Entspannung im Rest Ihres Körpers ausbreitet.
- Entspannen Sie sich langsam mehr und mehr.
- Konzentrieren Sie sich auf die Mitte Ihrer Stirn. Spüren Sie die Energie des Dritten Auges, während Sie sich auf diesen Punkt konzentrieren. Spüren Sie, wie dieser Bereich ein violettes Licht ausstrahlt.
- Visualisieren Sie das Licht, das aus Ihrem Dritten Auge in alle Himmelsrichtungen strahlt.
- Geben Sie nun alle schädlichen und störenden Gedanken an das strahlende Licht ab.
- Entspannen Sie Ihr Gesicht und Ihren Körper noch weiter.
- Stellen Sie sich vor, dass sich die Lichtkugel auf Ihrer Stirn öffnet. Beobachten Sie, wie Ihr Licht heller wird, während es aus der Kugel herausstrahlt.
- Nehmen Sie die körperlichen Empfindungen in Ihrem Körper wahr, während er leichter wird.
- Erlauben Sie es Ihrem Dritten Auge, sich zu öffnen, während Sie Ihren Körper entspannen, und er leichter wird.
- Bitten Sie die göttliche Kraft, Sie mit reinem weißem Licht zu beschenken. Bitten Sie darum, dass das Licht jeden Teil von Ihnen und jeden Ort um Sie herum erfüllt.
- Nehmen Sie sich Zeit, bevor Sie Ihre Augen öffnen.

Achten Sie darauf, dass Sie alle Anweisungen für die Anwendung dieser Technik sorgfältig befolgen.

Die Trataka-Technik

Die Trataka-Meditationstechnik wird auch als Meditation über das Dritte Auge bezeichnet, weil sie gezielt das Dritte Auge öffnet und aktiviert. Sie funktioniert, in dem Sie Ihr ganzes Bewusstsein auf Ihr Drittes Auge richten, um sich sofort in einen meditativen Zustand zu versetzen. Dies ist kein Meditationsansatz, den man überall anwenden kann – er lässt sich z. B. nicht im Bus oder in der Bahn verwenden. Am besten benutzt man einen derartigen Ansatz, wenn man so ruhig wie möglich bleibt.

- Nehmen Sie den Lotussitz (oder den Schneidersitz) ein. Wenn Sie diese Haltung nicht halten können, ohne sich unwohl zu fühlen, setzen Sie sich auf einen Stuhl. Hauptsache, Sie sitzen gerade, so wie Sie es normalerweise beim Meditieren tun.
- Setzen Sie sich also bewusst aufrecht hin, so dass Ihre Wirbelsäule so gerade wie möglich ist. Schließen Sie dann sanft die Augen.
- Atmen Sie nun dreimal langsam ein- und aus.
- Konzentrieren Sie sich auf die Mitte Ihrer Stirn.
- Heben Sie den Kopf mit geschlossenen Augen etwa 25 Grad nach oben an. Dies ist die optimale Kopfposition für den Einsatz des Dritten Auges.
- Zählen Sie langsam von hundert bis eins (rückwärts, 100, 99, 98...).
- Achten Sie beim Rückwärtszählen darauf, dass Sie Ihren Blick nicht von der Mitte abwenden.
- Sie sollten langsam ein süßes Gefühl der Anspannung in Ihren Augen spüren. Es sollte sich nach Anstrengung anfühlen, aber nicht unangenehm sein; Sie werden es genießen.
- Wenn Sie sich dem Ende des Vorganges nähern, werden Sie ein seltsames Gefühl in Ihrem Dritten Auge bemerken. Vielleicht fällt es Ihnen schwer, dieses Gefühl mit einem bestimmten Wort zu beschreiben. Konzentrieren Sie sich einfach auf die Stelle auf Ihrer Stirn, an der sich Ihr Drittes Auge befindet.

- Schließlich werden Sie einen Zustand der Stille erreichen, in dem es sich anfühlt, als ob Sie Ihre Gedanken in Ihrem Geiste sehen könnten. Ihre Gedanken können Ihnen in solchen Situationen erscheinen, als würden sie sich auf einem Bildschirm bewegen.
- Nach einigen Augenblicken hören Ihre Gedanken auf, sich zu bewegen, und Sie können sie sehen. Sie haben vielleicht ein Gefühl als seien Sie in Trance oder als hätten Sie einen Traum.
- Bleiben Sie mindestens 10 Minuten in diesem Zustand.
- Bringen Sie sich dann langsam wieder in einen Zustand der Normalität zurück. Lassen Sie die Anspannung von Ihren Augen abfallen, und bringen Sie Ihre Augen langsam wieder in ihre normale Position zurück. Sie sollten sich locker und frei anfühlen. Richten Sie Ihr Bewusstsein weg von der Position des Dritten Auges.
- Bleiben Sie einige Minuten lang ruhig. Erlauben Sie Ihren Augen, sich wieder wie von selbst zu fühlen. Dann atmen Sie dreimal ein und aus.
- Öffnen Sie langsam Ihre Augen und kehren Sie zu Ihrer normalen Tätigkeit zurück.
- Ihre Meditation ist abgeschlossen.

Diese Meditation ist eine wirksame Technik zur Stärkung des Dritten Auges. Außerdem hilft die Übung auch der Gesundheit Ihrer physischen Augen. Sie schützt sie vor möglichen Schäden. Beachten Sie, dass die Anspannung, die Sie während der Übung empfinden, Ihre Augen nicht beeinträchtigen kann. Üben Sie diese Meditation jeden Morgen und Abend. Mit jeder Wiederholung wird sich Ihrer Intuitionskraft weiterentwickeln.

Vorsichtsmaßnahmen: Seien Sie sich bewusst, dass diese Meditationstechnik eine sehr prekäre Übung ist. Denken Sie daran, dass sie sich auf einen Aspekt Ihres irdischen Körpers konzentrieren soll. Während Sie meditieren, werden Sie vielleicht bemerken, dass sich die Mitte Ihrer Stirn zu erwärmen beginnt. Wenn dies geschieht, brechen Sie die Meditation sofort ab und versuchen Sie es an einem anderen Tag erneut.

Wenn Sie die Übungen konsequent und regelmäßig durchführen, werden Sie langsam Anzeichen dafür bemerken, dass sich Ihr Drittes

Auge öffnet und aktiviert. Wenn Ihnen dieses Zeichen noch nicht bereits bewusst ist, könnten Sie es leicht mit anderen Hinweisen verwechseln oder als Zufall abtun. Um das zu vermeiden, finden Sie im Folgenden eine Auflistung der wichtigsten Anzeichen für das Erwachen des Dritten Auges:

- **Dumpfes Gefühl**: Sie verspüren ein dumpfes Gefühl in der Mitte Ihrer Stirn. Dies beginnt im Allgemeinen, wenn sich das Dritte Auge öffnet. Die Empfindung entsteht dadurch, dass sich Ihr Bewusstsein öffnet. Es kann sich so anfühlen, als würde Sie jemand sanft an dieser Stelle berühren, sodass sich langsam ein leichtes Gefühl der Wärme von dort aus ausbreitet. Es kann sein, dass diese Empfindung nicht auftritt, während Sie eine Meditation mit Hilfe des Dritten Auges durchführen. Es taucht oft aus dem Nichts auf, also halten Sie einfach tapfer Ausschau und bleiben Sie wachsam.

- **Gesteigerte Intuition**: Dies ist eines der offensichtlichsten Zeichen des Erwachens des Dritten Auges. Sie müssen nicht einmal danach Ausschau halten, denn Sie werden die Veränderungen unweigerlich bemerken. Wenn sich das Dritte Auge öffnet, werden Sie eine Zunahme der intuitiven Fähigkeiten erleben. Normalerweise geschieht Intuition zufällig. Vielleicht bemerken Sie es nicht einmal, wenn sie kommt. Aber wenn Ihr Drittes Auge erwacht, werden Sie feststellen, dass Ihre Intuition stärker und dominanter geworden ist. Sie ist nicht mehr zufällig. Sie ist jetzt wie ein Kompass, der Sie auf Schritt und Tritt begleitet. Zum Beispiel wissen Sie vielleicht ohne Erklärung, was der nächste Schritt sein wird. Kämpfen Sie nicht gegen Ihre Intuition an, wenn dies geschieht. Stimmen Sie sich stattdessen auf sie ein und akzeptieren Sie sie als das, was sie ist.

- **Licht- und Farbempfindlichkeit**: Mit dem Erwachen Ihres Dritten Auges werden Sie vielleicht feststellen, dass Sie empfindlicher auf Lichteinfall und helle Farben reagieren. Der Prozess ist in der Regel subtil und mild, aber Sie sollten in der Lage sein, zu bemerken, wenn er beginnt. Diese neu entdeckte Empfindlichkeit für Licht und Farben bietet Ihnen eine Möglichkeit, sich alles in Ihrer Umgebung noch stärker bewusst zu machen. Es ist ein Zeichen dafür, dass Sie sich auf dem Weg zu wahrer Achtsamkeit befinden.

- **Allmähliche Veränderung**: Der Sinn der Öffnung Ihres Dritten Auges ist es, Ihnen zu helfen, eine neue und tiefgreifende Perspektive auf das Universum zu gewinnen, und genau das wird mit Ihnen als Resultat dieses Prozesses geschehen. Sie werden langsame und stetige Veränderungen in Ihrer Lebensphilosophie und Ihrer Persönlichkeit feststellen. Diese Veränderungen werden sich positiv auf Ihr Leben auswirken, also nehmen Sie sie einfach an, wenn sie kommen. Die Art und Weise, wie Sie Menschen, Tiere, die Natur und alles andere um sich herum behandeln, wird sich ändern. Vielleicht werden Sie weniger egoistisch und toleranter gegenüber anderen. Das ist einer der vielen Vorteile der Erweckung Ihres Dritten Auges.
- **Häufige Kopfschmerzen**: Ein offenes Drittes Auge führt zu vermehrten Kopfschmerzen. Dieser Druck auf den Kopf wird noch stärker sein als der Druck, den wir im ersten Punkt beschrieben haben. Die Kopfschmerzen entstehen in der Regel durch die Energieüberladung, die durch die Öffnung des Dritten Auges entsteht. Sie können die Energie nutzen, um zu meditieren, in der Natur spazieren zu gehen oder etwas anderes zu tun, was Ihnen Spaß macht. Kopfschmerzen sind eigentlich ein Zeichen dafür, dass sich Ihr geistiges Auge öffnet und die Zirbeldrüse aktiviert wird.

Während sich Ihr Drittes Auge weiter öffnet und erwacht, werden Sie vielleicht Dinge erleben, die Ihnen zunächst seltsam erscheinen. Wenn Sie nicht vorsichtig sind, werden Sie sich wahrscheinlich von dem Gefühl überwältigt fühlen. Das kann dazu führen, dass Sie mit Ihren neuen Fähigkeiten nicht zurechtkommen. Sie können diese Erfahrungen mit sorgfältiger Planung in den Griff bekommen, damit Sie nicht mit einer Überlastung durch intuitive Treffer konfrontiert werden.

- **Häufige Schlafstörungen**: Das Öffnen des Dritten Auges bedeutet, dass Sie häufig lebhafte Träume und Albträume haben werden. Das kann Ihren Schlaf stören und Sie empfindlicher machen. Die intensiven Träume und Albträume können Sie die ganze Nacht lang wachhalten. Dies kann dazu führen, dass Sie sich beim Aufwachen müde und erschöpft fühlen. Auch tagsüber können die Bilder aus Ihren Träumen oder Albträumen immer wieder in Ihren Kopf zurückkehren. Um dies zu vermeiden, sollten Sie jeden Abend vor dem Einschlafen meditieren. Dadurch bleibt Ihr Geist in einem ruhigen und entspannten Zustand, und die Wahrscheinlichkeit, dass Sie einen intensiven Traum oder Alptraum haben, sinkt.

Sie können außerdem ein Traumtagebuch führen, um wiederkehrende Muster in Ihren Träumen oder Albträumen zu verstehen. Manchmal hören diese Träume nicht auf, bis es Ihnen gelingt, ihre Bedeutung zu erkennen. Sobald Sie die Botschaft oder Lektion gedeutet haben, wird Ihr Drittes Auge aufhören, Sie mit intensiven Bildern zu bombardieren.

- **Astralprojektion:** Dies ist eine spirituelle Reise, bei der Ihr Astralkörper Ihren Körper verlässt, um an einen anderen Ort zu gehen. Ihr Körper kann jeden Teil des Universums, einschließlich der höheren Ebenen, in einem astralen Zustand erkunden. Wenn sich Ihr Drittes Auge öffnet und stärker wird, werden Sie vielleicht anfangen, unvorhersehbar astrale Visionen in Ihrem Kopf zu projizieren. Wenn Sie noch nie zuvor eine Astralprojektion gemacht haben, könnte das erste Mal sehr beängstigend für Sie sein. Aber wenn Sie verstehen, dass Astralprojektion nicht von Natur aus gefährlich ist, wird es Ihnen trotzdem gut gehen. Sollten Sie befürchten, Ihren physischen Körper nie wiederzufinden, darf ich Ihnen versichern, dass derartig dramatische Dinge nur in Filmen passieren. Sie können nicht wirklich außerhalb Ihres Körpers stecken bleiben. Astralprojektion ist ein Zeichen dafür, dass Sie die von Ihnen gewünschte psychische Entwicklung durchleben.

Abschließend finden Sie im Folgenden einen Überblick über alles, was Sie täglich tun sollten, damit Ihr Drittes Auge geöffnet und ausgeglichen bleibt.

- Meditieren Sie jeden Morgen und Abend mindestens 10 Minuten lang.
- Verwenden Sie ätherische Öle auf Ihren Pulspunkten.
- Schlafen Sie jede Nacht etwa 8 Stunden lang.
- Essen Sie nährstoffreiche, augenfreundliche Lebensmittel.
- Rezitieren Sie jeden Morgen und Abend positive Affirmationen für Ihr Drittes Auge.

Mit diesen können Sie Ihr Drittes Auge nicht nur öffnen, sondern es auch anschließend, aktiviert und ausgeglichen halten.

Kapitel 6: Wie man die Energie der Menschen, die einen umgeben, wahrnehmen und deuten kann

Energie ist die Kraft des Lebens, die alles im Universum durchströmt. Wie ich in einem früheren Kapitel bereits sagte, besteht alles im Universum aus Energie. Das Universum selbst ist pure Energie, zusammen mit seinen vielen Entitäten und verschiedenen Manifestationen von Energieformen. Daraus können Sie ersehen, dass Energie eines der wichtigsten Elemente in der Welt ist. Wenn Sie lernen, sie zu lesen, können Sie tief in die Persönlichkeit einer anderen Person eindringen und diese bis in ihr Innerstes enträtseln. Wenn Sie wissen, wie man Energie liest, können Sie hinter die äußere Fassade blicken, die die meisten Menschen Ihnen zeigen. Sie werden Zugang zu der wirklichen Person im Inneren Ihrer Mitmenschen finden. Wie Sie sehen können, ist dies eine spannende Fähigkeit, die Sie mit etwas Übung erlernen können.

Das Energielesen beschreibt die Fähigkeit, das Energiefeld einer Person zu erkennen und zu interpretieren. Wie bereits festgestellt, hat jeder Mensch ein eigenes Energiefeld. Gedanken und Gefühle beeinflussen dieses Feld. Wenn Sie also lernen, Energie zu lesen, lernen Sie auch, die Gedanken und Gefühle anderer zu lesen. Ob Sie dies mit oder ohne deren Wissen tun, ist Ihre Entscheidung. Moralisch richtig wäre es jedoch, dass Sie Ihre Fähigkeit des Energielesens niemals dazu nutzen, Zugang zu den tiefsten Geheimnissen anderer Menschen zu erhalten, es sei denn, diese geben Ihnen ihre Zustimmung.

Das Konzept des Energielesens gibt es schon seit Jahrhunderten. Im Laufe der Geschichte gab es immer wieder Berichte über Menschen, die ihre Fähigkeiten zum Energielesen einsetzten, um die tiefsten Geheimnisse der Menschheit zu lüften. Jemand, der die Energie anderer Menschen spüren und lesen kann, ist ein hochintuitiver Mensch, ein Hellseher. Energie lesen heißt also intuitiv sein. Hochintuitive Menschen sind sensibel für den Fluss der Lebenskraft im Universum. Sie können die feinsten Schwankungen im Energiefeld einer Person, eines Ortes, eines Tieres oder eines Gegenstandes wahrnehmen. Manchmal wird das Energielesen auch als Aura-Lesen bezeichnet, da es Ähnlichkeiten zwischen den beiden Begriffen gibt. Sie können die beiden Begriffe praktisch als Synonyme verwenden.

Wenn Sie sich fragen, ob das Energielesen dasselbe ist wie die Hellseherei, dann muss ich Ihnen leider sagen, dass dies nicht der Fall ist. Aber auch Hellseher können Energielesungen durchführen, da ihr wichtigstes Werkzeug die Intuition ist. Jeder, der ein starkes Gespür für Intuition hat, kann eine Lesung durchführen. Der Hauptunterschied zwischen dem Energielesen und der Hellseherei besteht darin, dass sich die Hellseherei auf abstrakte Bildgebungen fokussiert. Im Gegensatz dazu konzentriert sich das energetische Lesen auf die Sinnesorgane. Beim Hellsehen wird eine Verbindung zu einer nicht-physischen Welt hergestellt. Außerdem wird beim Lesen von Energien die Aura beobachtet, um Informationen zu erhalten, während beim Lesen der Psyche der Kontakt zu den Geistführern aufgenommen wird.

Nehmen wir einmal an, Sie haben eine neue Person kennengelernt, die Sie auf Anhieb nicht mögen. Bei solchen Situationen handelt es sich um ein klassisches Beispiel dafür, dass Ihre Intuition die negative Energie der anderen Person aufgegriffen hat. Wenn Ihre Energie nicht mit der einer anderen Person übereinstimmt, fühlen Sie sich wahrscheinlich von der anderen Person distanziert. Bis zu einem gewissen Grad sind wir alle Energieleser, denn wir können erkennen, ob uns eine Person gut oder schlecht gesinnt ist, je nachdem, wie wir uns fühlen, wenn wir ihr begegnen. Es ist verständlich, dass wir dabei nicht erkennen, dass die Gefühle, die wir wahrnehmen, von ihrem Energiefeld herrühren. Energieleser sind nicht viel anders als Sie selbst. Der Unterschied ist, dass diese Menschen ihre Fähigkeiten verfeinert und weiterentwickelt haben. Wenn auch Sie Ihre Fähigkeiten verfeinern, können Sie durch regelmäßiges Üben genauso gut werden, wie die meisten Energieleser es auch sind.

Die Förderung der Intuition kann für Sie von großem Nutzen sein. Wann immer Sie das Gefühl haben, dass Sie im Leben nicht weiterkommen, können Sie sich darauf verlassen, dass Ihre Fähigkeit zum Energielesen Ihnen sagt, warum es sich anfühlt, als sei etwas nicht richtig. Wenn Sie zum Beispiel an einem Projekt arbeiten, ohne voranzukommen, wird Ihnen das Energielesen sagen, warum Sie das Gefühl haben, festzustecken. Alles, was in Ihrem Leben geschieht, ist irgendwie mit der Kraft verbunden, die in Ihrem Inneren fließt und die Ihre Spiritualität ausmacht. Es ist also keine schlechte Idee, sich dem Energielesen zuzuwenden, wenn Sie sich verloren oder festgefahren fühlen.

Wenn es Ihnen schwerfällt, eine wichtige Entscheidung zu treffen, kann eine Energielesung Ihnen dabei helfen, den richtigen Weg einzuschlagen. Ganz gleich, ob es sich um eine Entscheidung in Bezug auf Ihre Karriere, Ihr Liebesleben oder Ihr Geschäft handelt, es ist eine praktische Methode, um zu erfahren, was zu tun ist. So können Sie einen tieferen Einblick in die Ereignisse Ihres Lebens gewinnen. Anhand Ihres Energiefeldes können Sie den richtigen Weg in Ihrem Leben entdecken.

Was haben Sie davon, wenn Sie lernen, Energien zu lesen?

- Sie erhalten göttliche Führung.
- Sie identifizieren Bereiche in Ihrem Leben, die Ihre sofortige und besondere Aufmerksamkeit benötigen.
- Sie haben die Fähigkeit, Energieblockaden zu erkennen und aufzulösen. Dies stärkt Ihre Intuition weiter.
- Das Lesen von Energien kann Ihnen helfen, mit einem Trauma aus der Vergangenheit umzugehen.
- Es kann Ihnen ermöglichen, Einblicke und Informationen über sich selbst erhalten.
- Gewinnen Sie eine neue Perspektive auf das Leben und dessen Herausforderungen.
- Balancieren Sie Ihre Chakren, und gleichen Sie Unebenheiten aus.

Es gibt noch viel mehr Arten und Weisen, auf die Sie profitieren können, solange Sie lernen, Ihre eigene Energie zu lesen. In jedem Fall gehören die oben genannten Vorteile zu den beliebtesten.

Emotionen sind die häufigsten Ausdrucksformen von Energie. Sie haben eine „Ausstrahlung", die sich man auf die Menschen überträgt und die sie auch von Ihren Mitmenschen erfahren. Dieses System funktioniert in beide Richtungen. In der Nähe mancher Menschen fühlt man sich wohl, aber bei anderen fühlt man sich unwohl. Der Energiefluss manifestiert sich durch die Emotionen einer Person. Wenn Sie jemandem mit einem positiven Energiefluss begegnen, werden Sie sich wahrscheinlich glücklich und gut fühlen. Bei jemandem mit negativem Energiefluss fühlen Sie sich dagegen gestresst, ängstlich, erschöpft und unwohl.

Emotionale Energie ist eine äußerst wichtige Sache. Sie ist ansteckend. Der Unterschied zwischen einer gesunden und einer giftigen Beziehung ist die emotionale Energie. Bevor Sie mit jemandem regelmäßig interagieren, kann es nicht schaden, sich ein Bild von der Person zu machen und seine Lebenskraft zu erfahren. Dann wissen Sie, ob eine Freundschaft, eine romantische Beziehung oder sogar eine Geschäftsbeziehung mit einer solchen Person möglich ist. Mit anderen Worten: Sie prüfen Ihre Energiekompatibilität. Das ist so ähnlich, wie wenn wir das Verhalten einer Person studieren, um zu sehen, wie kompatibel wir sind, wenn wir an eine Beziehung oder eine Ehe denken.

Leider sind manche Menschen gut darin, zu Beginn einer Beziehung zu verbergen, wer sie wirklich sind. Wenn Sie also ihr Verhalten unter die Lupe nehmen, werden Sie vielleicht nichts Greifbares finden. Aber wenn Sie wissen, wie man Energie liest, können sogar solche Menschen ihre tatsächliche Energie nicht vor Ihnen verbergen. Wenn Sie diese lesen, können Sie feststellen, ob ihre Worte und Handlungen mit ihrer Energie übereinstimmen. Wenn das nicht der Fall ist, dann wissen Sie, dass diese Personen etwas vor Ihnen verbergen. Beim Energielesen ist das, was Sie sehen, auch das, was Sie tatsächlich von der Person bekommen.

Hier sind einige Beispiele dafür, dass die Energie einer Person nicht mit ihren Worten oder ihrem Verhalten übereinstimmt.

- Sie haben einen Streit mit Ihrem Partner. Sie haben sich beide entschuldigt, aber irgendwie können Sie immer noch Feindseligkeit von Ihrem Partner spüren.
- Eine Person bittet Sie auf die romantischste Art und Weise um ein Date, aber Sie haben einfach nicht das Gefühl, dass die Person Sie wirklich mag. Man merkt, dass bei deren Interesse nicht viel Herz dabei ist.

- Ein Freund ist fröhlich und benimmt sich wie ein wahrer Sonnenschein, aber man spürt keine Freude in ihm. Stattdessen haben Sie das Gefühl, die Person sei tief in Ihrem Inneren verletzt worden.

Letztlich sagt Ihnen die Energie, die Sie von jemandem spüren, die Wahrheit darüber, wer diese Person ist und wie sie Ihnen gegenüber steht. Das bedeutet, dass Sie wissen sollten, wie Sie sie mit ihren Gefühlen in Verbindung bringen können. Manche Menschen versuchen nicht, trügerisch oder irreführend zu sein. Was auch immer das Problem ist, das Gefühl von Disharmonie ist oft ungewollt, weil die Person sich vielleicht nicht einmal darüber bewusst ist, wie sie sich wirklich im tiefsten Inneren fühlt. Wenn sie Ihnen etwas erzählen, dann tut sie das, weil sie es wirklich glaubt und nicht, weil sie Sie absichtlich in die Irre führen wollen. Das Gute daran ist, dass dies keine Rolle spielt, da Sie immer noch ihre wahren Gefühle entschlüsseln können.

Hier kommt es darauf an, den Botschaften Ihres Körpers Aufmerksamkeit zu schenken und deren Ratschläge zu befolgen. Natürlich kann es sein, dass Ihr Verstand Sie von etwas anderem überzeugen will. Lassen Sie sich die Weisheit Ihres Körpers nicht ausreden. Um dieses Prinzip besser zu verstehen, können Sie Folgendes tun: Wenn Sie Ihre energetische Reaktion auf einen Menschen herausfinden, müssen Sie immer darauf achten, wie sich Ihr Körper anfühlt. Steigt Ihre Energie an oder sinkt sie plötzlich ab? Anstatt sich gegen die Botschaft Ihres Körpers zu wehren, folgen Sie ihm einfach. Aber wie können Sie sich Klarheit über die Gefühle anderer Menschen verschaffen?

Spüren Sie ihre Anwesenheit

Damit ist die Energie gemeint, die sie ausstrahlen - die Energie, die nicht unbedingt mit ihren Worten oder Handlungen übereinstimmt. Eine emotionale Atmosphäre umgibt jeden Menschen. Wenn Sie sich auf diese Atmosphäre einstimmen, erhalten Sie einen Einblick in den wahren Charakter einer Person. In diesem Zusammenhang kann Präsenz auch als Charisma interpretiert werden - die magnetische Kraft, die dazu führt, dass Sie sich zu anderen Menschen hingezogen fühlen. Seien Sie sich darüber im Klaren, dass Charisma bei manchen Menschen nicht immer mit ihrem Herz verbunden ist. Seien Sie vorsichtig mit solchen Menschen, da diese sich oft als schlecht für Sie erweisen.

Ein Beispiel für eine solche Situation ist die Begegnung mit einem Narzissten. Narzissten können wie Energievampire sein, weil sie hochintuitive und sensible Menschen wie Sie suchen und sie mit ihrer Fähigkeit, alle Aufmerksamkeit auf sich zu ziehen, förmlich aussaugen. Narzissten sind oft so charismatisch, dass es schwer ist, ihre wahren Absichten zu erkennen. Sie können niemandem vertrauen, der Charisma ohne Herz hat. In den meisten, wenn nicht in allen Fällen dieser Art, ist die Intuition wahrscheinlich trügerisch.

Wenn Sie versuchen, die Anwesenheit einer Person zu spüren, achten Sie auf die folgenden Dinge:

- Wie warm oder kalt ist ihre Energie?
- Haben Sie das Gefühl, dass Ihre Energie in ihrer Nähe versiegt?
- Gibt es eine freundliche Wärme, die Sie zu der Person hinzieht?
- Können Sie leichte Ablenkbarkeit spüren?

Beobachten Sie die Augen

Das Auge ist ein sehr leistungsfähiges Organ. Über die Augen können so viele Informationen ausgetauscht werden. Wenn jemand Sie heimlich von Herzen hasst, können Sie das der Person an den Augen ablesen. Umgekehrt ist es so, dass wenn sie Sie mit Liebe überschütten will, diese Liebe und Zuneigung in den Augen der Person sichtbar wird. Die Augen vermitteln mächtige Energien - der Dichter Rumi nennt diese Methode der Kommunikation einfach „den Blick". Genau wie das Gehirn senden auch die Augen starke elektromagnetische Signale aus. Diese Signale sind der Grund dafür, dass man sich manchmal beobachtet fühlen kann, auch wenn niemand in der Nähe ist.

Jäger, Soldaten und Polizisten berichten immer wieder von diesem Gefühl. Die Macht der durch die Augen übertragenen Energien ist auch der Grund, warum es in einigen Kulturen den so genannten „bösen Blick" gibt. Man glaubt, dass dieser böswillige Blick so mächtig ist, dass er dem Empfänger tatsächlich Unglück bringen kann.

Achten Sie auf die Augen der Menschen, denen Sie begegnen. Sind sie gemein? Nett? Wütend? Ruhig? Sogar sexy? Beachten Sie, dass sich das Gesicht von den Augen unterscheidet. Eine Person kann einen bösen Blick haben, während ihre Augen sanft wirken. Die Art und Weise, wie jemand Sie ansieht, kann bei Ihnen eine Reihe von Reaktionen hervorrufen. Beispielsweise kann Ihnen jemand mit seinen Augen das Gefühl geben, glücklich, bewundert, verängstigt oder wütend zu sein.

Versuchen Sie auch zu erkennen, ob die Person versucht, ihre wahren Gefühle zu verbergen.

Wenn Sie den Menschen in die Augen sehen, schauen Sie nie zu tief hinein. Die Augen mancher Menschen haben eine hypnotische Wirkung. Wenn Sie einer Person nicht vertrauen, schauen Sie ihr bloß nicht tief in die Augen. Je weniger Sie sich auf Menschen mit negativer Energie einlassen, desto unwahrscheinlicher ist es, dass Sie sich auf deren Energieniveau einlassen. Schauen Sie deswegen nur jemandem, dem Sie vertrauen und in dessen Gesellschaft Sie sich wohl fühlen, in die Augen. Lassen Sie sich von der wunderbaren Energie der Person umspülen.

Beobachten Sie, wie sich eine Berührung, eine Umarmung und ein Händedruck anfühlen

Energie wird normalerweise durch physischen Kontakt übertragen. Das ist so ähnlich zu verstehen, wie der Fluss elektrischer Ströme durch Kabel und Leitungen. Körperlicher Kontakt mit jemandem kann Ihnen viel über seine Gefühle oder Absichten Ihnen gegenüber verraten. Achten Sie darauf, wie es sich anfühlt, wenn Sie jemanden umarmen. Fühlt es sich warm an? Zuversichtlich? Abweisend? Gemütlich? Sind die Hände schwitzig oder klamm? Ist der Griff so stark, dass Sie sich erdrückt fühlen? Was auch immer Sie bei der körperlichen Berührung spüren, kann Ihnen einen Einblick in die Emotionen und den Geisteszustand der Person geben.

Neben den physischen Hinweisen kann Ihnen auch die Ausstrahlung, die Sie empfangen, die Emotionen einer Person verraten. Wenn manche Menschen Ihr Inneres förmlich schütteln, vermitteln sie Gefühle der Freude, Freundlichkeit oder Ruhe. Im Gegensatz dazu vermitteln andere Personen Feindseligkeit, Anhänglichkeit oder entziehen Ihnen sogar schnell die Kraft. Seien Sie vorsichtig mit Menschen, die Ihnen die Kraft rauben. Wenn Sie zu viel Zeit mit ihnen verbringen, kann das Ihren Energievorrat aufbrauchen. Wenn Sie die Energie einer Person nicht als angenehm empfinden, vermeiden Sie jeglichen körperlichen Kontakt mit dieser Person.

Beachten Sie ihren Tonfall

Wenn jemand lacht oder spricht, achten Sie auf seinen Tonfall. Der Ton und das Stimmvolumen können Ihnen ebenfalls viel über die Gefühle der Person verraten. Schwingungen werden durch Tonfrequenzen erzeugt. Frequenzen hört man unter anderem durch die Lautstärke. Wenn Sie sie nicht hören, können Sie sie unterhalb eines hörbaren Bereichs spüren. Beobachten Sie, wie der Tonfall oder das Lachen verschiedener Menschen auf Sie wirken. Worte werden von der Energie des Tons, der Wärme und der Kälte der Menschen getragen.

Achten Sie darauf, ob der Tonfall einer Person beruhigend, weinerlich, schnippisch oder abweisend ist. Ist ihr Ton laut? Nuschelt sie oder spricht sie leise? Spricht die Person in einem langsamen, monotonen Ton? Die Art, wie Menschen lachen, deutet auf Unbeschwertheit hin. Fragen Sie sich selbst: Klingt das Lachen dieser Person echt? Vorgetäuscht? Gehässig? Kindisch? Schwer? Achten Sie auf die Tonlage der Person und darauf, wie Sie sich beim Zuhören fühlen.

Konzentrieren Sie sich auf ihre allgemeine Stimmung

Versuchen Sie, neben der Stimme, den Augen und der Berührung einer Person auch ein Gefühl für deren Gesamtausstrahlung zu bekommen. Was fühlen Sie, wenn Sie sich am selben Ort wie diese Person befinden? Was sagt Ihnen die Energie, die sie ausstrahlt? Woher kommt sie? Kommt sie von einem Ort der Sorge oder der Fürsorge? Ist die Ausstrahlung, die Sie wahrnehmen, positiv? Strahlt sie Ihnen gegenüber Freundlichkeit aus? Oder haben Sie das Gefühl, dass ihre Absichten trügerisch oder gar boshaft sein könnten? Energie lügt nicht, also ist das, was Sie durch die allgemeine Ausstrahlung der Person spüren, wahrscheinlich der wahre Einblick in deren Seele.

Energien zu lesen ist einfach, aber man muss es richtig machen. Im Folgenden finden Sie Tipps dazu, wie Sie die Energie von jemandem lesen können, den Sie gerade erst kennengelernt haben.

- **Verbindungen aufbauen**: Das Erste, was Sie tun sollten, wenn Sie jemanden treffen, ist, ihm Ihr Wohlwollen entgegenzubringen. Das tun Sie, indem Sie die Person herzlich und positiv begrüßen. Auf diese Weise können Sie eine Verbindung zu ihr aufbauen. Noch wichtiger ist, dass Sie sich dabei keine bewusste oder unbewusste Meinung über die Person bilden. Sie müssen sicherstellen, dass Sie sich kein Urteil über die Person, die Sie zu lesen versuchen, gebildet haben. Die Bedeutung dieses Punktes kann nicht genug betont werden, also nehmen Sie diesen Hinweis bitte sehr ernst. Wenn Sie sich im Voraus ein Urteil bilden, sei es positiv oder negativ, kann das eine eindeutige Lesung verhindern. Sie müssen so neutral wie möglich bleiben.

- **Intention festlegen**: Was wollen Sie über die Person wissen, die Sie gerade lesen? Diese Frage sollten Sie sich stellen, um sich auf

Ihre Absicht zu konzentrieren. Die Frage muss einfach, aber bewusst gestellt werden. Sie impliziert, dass Sie zu einem bestimmten Zeitpunkt Informationen über die Person erfahren möchten. Diese Frage ist von entscheidender Bedeutung, denn sie ermöglicht es Ihnen, die Informationen zu filtern, die Sie beim Lesen erhalten. Stellen Sie sich das so vor, als hätten Sie um eine Führung Ihrer Intuition gebeten. Genau darum geht es.

Der Mensch ist ein komplexes Gebilde, und es gibt so viele, vielleicht zu viele Informationen über die Menschen, die Sie treffen, herauszufinden. Die meisten dieser Informationen haben nichts mit Ihrer Beziehung zu ihnen zu tun, also brauchen Sie nicht alle verfügbaren Informationen. Das bedeutet, dass Sie sich vornehmen müssen, bewusst nur die Informationen aufzunehmen, die für Ihre gegenwärtige Beziehung mit ihnen relevant sind. Dadurch wird jedes Signal, das Sie erhalten, für Sie deutlich sichtbar.

- **Hören Sie zu**: Konzentrieren Sie sich. Achten Sie auf alle Gedanken, die während des Lesens auftauchen. Nehmen Sie jeden Gedanken, jedes Gefühl und jedes Bild, das Sie erhalten und das mit dem zu tun hat, was Sie wissen wollen, ohne Wertung zur Kenntnis. Denken Sie nicht über die Wichtigkeit oder Unwichtigkeit dessen nach, was Sie erfahren, sondern nehmen Sie das Wissen einfach an. Für viele Menschen ist das Haupthindernis für die Nutzung ihrer Intuition die Unfähigkeit, Vertrauen zu entwickeln. Sie erhalten immer intuitive Informationen, unabhängig von Ihren persönlichen Gefühlen. Sie müssen nur offen sein, und dazu bereit, sie zu hören.

Doch viele Menschen verwerfen ihre Intuition, ohne auch nur zu versuchen, auf sie zu hören. Sie denken, dass intuitive Informationen imaginär, irrelevant oder unlogisch sind. Verhalten Sie sich bitte nicht so. Bevor Sie eine Information, die Sie von einer Person erhalten, abtun, seien Sie neugierig, versuchen Sie herauszufinden, wie die Information Ihnen helfen könnte. Vertrauen Sie darauf, dass die Information aus einem bestimmten Grund zu Ihnen gekommen ist, auch wenn Sie diesen Grund noch nicht kennen.

- **Beobachten Sie:** Achten Sie darauf, wie Sie die Informationen, die Sie erhalten, am eigenen Leib empfinden. Auch wenn wir gerne glauben, dass wir eine feste individuelle Identität haben, haben alle Menschen eine durchlässige zwischenmenschliche Grenze. Wenn Sie diese Grenze anzapfen, werden Sie empfänglich für die Energie, die Gefühle und die Gedanken anderer Menschen. Wenn Sie Ihre Selbstwahrnehmung bis zu einem gewissen Grad entwickelt haben, können Sie genau wissen, was mit jemandem los ist, indem Sie beobachten, wie die Person sich fühlt, wenn Sie in ihrer Nähe sind. Das geht zurück auf alles, was wir im vorherigen Teil dieses Buches besprochen haben: Emotionen, Tonfall, Körperkontakt, Augen und die allgemeine Ausstrahlung Ihres Gegenübers.

Um ein geschickter Energieleser zu werden, müssen Sie sich selbst darin schulen, zu erkennen, was Sie aus den Menschen herauslesen. Es ist einfach und unkompliziert, Ihre eigene Intuition zu nutzen, um andere Menschen zu lesen. Je mehr Sie üben, desto besser werden Sie im intuitiven Lesen.

Sie brauchen keine Hellseher, um zu wissen, was Sie von den Menschen um Sie herum zu erwarten haben. Ihre Intuition reicht völlig aus. Ihre Fähigkeit, Menschen intuitiv zu lesen, geht auf Ihr Drittes Auge zurück. Wenn Sie es nicht aktivieren, bleibt Ihre Intuition auf der Grundebene. Arbeiten Sie deshalb daran, Ihr Drittes Auge zu aktivieren, um erfolgreich Energien lesen zu können.

Kapitel 7: Die Chakren kennenlernen

Vorhin habe ich erwähnt, dass die Chakren die unsichtbaren Energiezentren des Körpers sind. Ich bin jedoch nicht näher darauf eingegangen, was sie zu Energiezentren macht. In diesem Kapitel werden wir uns eingehend mit den Chakren und ihrer Bedeutung für Ihre psychischen Fähigkeiten befassen.

In Ihrem Körpersystem gibt es viele Chakren. Die bekanntesten sind jedoch die sieben, die das Chakra System bilden. Wenn Sie sich nicht zum ersten Mal mit dem Thema Spiritualität beschäftigen, haben Sie wahrscheinlich schonmal gehört, dass manche Menschen ihre Chakren „deblockieren" wollen, was bedeutet, dass sie blockiert oder geöffnet werden können. Vielleicht haben Sie auch schon Facebook-Posts gesehen, in denen Menschen davon sprachen, dass sie Steine und Kristalle verwenden, um ihre Chakren auszugleichen. Wenn die Chakren geöffnet sind, fließt die Energie frei durch sie hindurch und harmonisiert den physischen Körper, den Geist und die Seele. Die wörtliche Übersetzung von „Chakra" im Sanskrit lautet „Rad", weshalb ich Ihnen erklärt habe, dass Sie sich die Chakren wie die Räder eines Motors vorstellen sollen. Wenn Sie sich die Chakren auf diese Art visualisieren, sollten Sie ein Bild von viele Rädern vor Augen haben, die von Lebensenergie durchflossen werden.

Erlauben Sie mir, Ihnen einen kurzen Überblick darüber zu geben, was Chakren sind.

Sie haben einen physischen Körper. Ihr physischer Körper trägt eine Seele in sich. Aber das ist noch nicht alles. Neben Ihrem physischen Körper haben Sie auch einen Energiekörper, die Aura. Im nächsten Kapitel geht es ausführlicher um das Thema Aura, deshalb werde ich jetzt nicht näher auf die Aura eingehen. Wie der Name schon sagt, ist Ihre Aura wie eine Art energetische Blaupause Ihres physischen Körpers. Es geht hier darum, dass Sie neben dem physischen Körper, den Sie sehr gut kennen, auch einen Energiekörper haben.

Die sieben Chakren sind Energiepunkte, die überall in Ihrem Körpersystem zu finden sind, weshalb sie auch als Energiezentren bezeichnet werden. Sie verarbeiten Energie und lassen sie frei zu jedem Teil Ihres Körpers fließen. Die sieben Chakren verarbeiten nicht alle Energie für einen bestimmten funktionellen Aspekt. Stattdessen haben sie alle einen bestimmten Bereich, mit dem sie verbunden sind. Die Chakren reagieren sehr empfindlich auf Ihre Gedanken und Emotionen und auf vergangene Traumata, die mit Gefühlen und Emotionen verbunden sind. Die meisten Menschen gehen davon aus, dass Gesundheit rein körperlich ist, und deshalb lassen sie ihre geistige Gesundheit leiden. Sie vernachlässigen ihre Gedanken und Emotionen, weil sie glauben, dass diese keinen großen Einfluss haben, aber das ist überhaupt nicht richtig.

Angenommen, Sie haben ein Magenproblem, das schon seit Ihrer Jugend besteht. Jeder weiß, dass Sie einen empfindlichen Magen haben. Außerdem haben Sie auch das Gefühl, Ihr Leben nicht im Griff zu haben. Ihre Eltern sagen Ihnen immer, dass Sie die Dinge auf ihre Weise tun sollst. Obwohl Sie es nicht mögen, wenn andere Ihnen vorschreiben, wie Sie Ihr Leben zu leben haben, glauben Sie, dass es unverantwortlich wäre, den Anweisungen Ihrer Eltern und anderer Autoritätspersonen nicht zu folgen. Sie unterdrücken Ihre wahren Gefühle in dieser Situation. Welcher Zusammenhang besteht zwischen dieser Situation und Ihrem Magenproblem? Doch eigentlich keiner, richtig? Falsch! Die beiden Phänomene sind eng miteinander verbunden, aber das ist Ihnen zu diesem Zeitpunkt noch nicht bewusst.

Weil andere Menschen ohne Ihre Zustimmung die Kontrolle über Ihr Leben ausüben, haben Sie eine negative Programmierung in Bezug auf deren vermeintlich Macht erfahren. Ihre Eltern diktieren Ihnen Ihr Leben und lassen Sie ohne persönliche Macht zurück, was ein Problem sein kann. Dadurch wird Ihr Solarplexuschakra blockiert, weil Sie die Emotionen unterdrücken, die Sie empfinden, weil Ihnen die Autoritätspersonen in Ihrem Leben die Macht genommen haben. Sie wissen es zwar noch nicht, aber dadurch manifestiert sich in Ihrem physischen Körper ein unangenehmes Magenproblem. Sie sehen also, wie Ihr physischer Körper, Ihr Geist und Ihre Seele miteinander verbunden sind. Die Chakren erhalten die Verbindung zwischen diesen drei Dingen aufrecht und sind daher für Ihr allgemeines Wohlbefinden unerlässlich.

Wurzelchakra

Das erste Chakra entlang des Energiesystems ist das Wurzelchakra, das sich an der Basis der Wirbelsäule befindet. Es handelt sich um die erste Komponente, das sich in Ihrem Energiesystem entwickelt. Es ist eine Darstellung Ihres grundlegenden und ursprünglichen Instinkts, der einfach nur darin besteht, zu überleben. Ihr Wurzelchakra befasst sich mit Ihrer Sicherheit, Geborgenheit und Stabilität, daher kommt auch seine Nähe zur Erde, damit Sie immer geerdet bleiben können. Angenommen, Sie haben eine stabile Beziehung, eine Karriere und ein insgesamt stabiles Leben. Das deutet darauf hin, dass sich Ihr Wurzelchakra in einem guten Zustand befindet. Seine Nähe zur Erde ermöglicht es Ihnen, selbstbewusst und präsent zu sein.

Wenn das Wurzelchakra ausgeglichen ist, fühlen Sie sich wahrscheinlich sicher, geborgen, geerdet, zentriert und glücklich. Wenn es unteraktiv ist und nicht optimal funktionieren kann, bedeutet das, dass eine Blockade vorliegt. Zu den Symptomen einer Blockade gehören Furcht, Angst, Ungewissheit, finanzielle Instabilität und Abgehobenheit. Man wird dadurch auch vom Körperlichen abgekoppelt. Manchmal kann es aber auch zu einer Überaktivität kommen. Wenn dies geschieht, bedeutet es, dass das Wurzelchakra jeden Teil Ihres Lebens beherrscht. Es beeinflusst die Art und Weise, wie Sie mit der Welt und den Menschen in ihr interagieren.

Zu den Symptomen eines überaktiven Wurzelchakras gehören Aggressivität, Materialismus, Gier, Zynismus und Machthunger. Blockaden und Ungleichgewicht im Wurzelchakra äußern sich physisch als:

- Verstopfung
- Essstörungen
- Probleme im unteren Rücken
- Ischias
- Schmerzen in den Beinen

Rot ist die Farbe des Wurzelchakras. Die Nebennierendrüse ist die Verbindungsdrüse. Normalerweise kann jeder rote Edelstein zur Reparatur und Heilung des Wurzelchakras verwendet werden.

Sakralchakra

Das Sakralchakra entwickelt sich nach dem Wurzelchakra und ist damit das zweite Chakra im Chakra System. Es befindet sich unterhalb des Nabels, an dem Punkt, an dem sich Ihre Fortpflanzungsorgane befinden. Daher können Sie wahrscheinlich erahnen, dass es Ihre sexuellen Wünsche, Ihre schöpferische Kraft und Ihre Verbindung zu anderen Menschen kontrolliert. Wenn es ausgeglichen und gesund ist, bedeutet das, dass Sie ein höchst kreatives und freudiges Leben führen. Es bedeutet auch, dass Sie eine große Lebensfreude haben. Sie erforschen und entdecken mit Freude die Welt um sich herum. Sie fühlen sich wohl mit Ihrer Sexualität und haben eine gesunde sexuelle Beziehung zu Ihrem Partner. Intimität fällt Ihnen leicht, und Sie verweigern sich nicht den vielen Freuden des Lebens.

Ein ausgeglichenes und gesundes Sakralchakra äußert sich in Leidenschaft, Offenheit, Kreativität, Optimismus und einer gesunden Libido. Wenn es blockiert oder unteraktiv ist, zeigen sich unter anderem folgende Anzeichen:

- Geringe Libido
- Mangel an Kreativität
- Unfähigkeit, intime Beziehungen einzugehen
- Dysfunktionale Beziehungen
- Gefühle der Isolation
- Störung der sexuellen Identität

Wenn das Sakralchakra hyperaktiv ist, können Sie unter anderem folgende Symptome bekommen:

- Sucht nach Sex
- Manipulative Tendenzen
- Hedonismus

Übermäßige Emotionalität Wenn das Sakralchakra ungesund oder blockiert ist, zeigen sich körperliche Symptome wie z. B.:

- Unfruchtbarkeit oder Impotenz
- Sexuelle Dysfunktion
- Hüftschmerzen
- Unregelmäßige Menstruation
- Probleme beim Wasserlassen

Orange ist die Farbe des Sakralchakras. Die verbindenden Drüsen sind die Gonaden. Edelsteine, die orangefarben sind, helfen typischerweise, das Sakralchakra zu reparieren und zu heilen. Zu diesen Edelsteinen gehören zum Beispiel orangefarbener Saphir, Karneol, Topaz und viele weitere.

Solarplexuschakra

Der Solarplexus befindet sich direkt über dem Nabel und ist das Dritte Chakra im Energiesystem. Es befindet sich genau in der Mitte der Magengegend. Es ist das Chakra, das Ihnen das sogenannte Bauchgefühl - ein flaues Gefühl als Reaktion auf Gefahr oder Sorgen - im Magen gibt. Es hat auch mit Intuition zu tun, aber nicht auf die gleiche Weise wie das Dritte Auge. Das Solarplexuschakra regelt Ihre Macht und Ire Kontrolle über Ihr eigenes Leben. Wenn Sie das Gefühl haben, dass Sie die Kontrolle über Ihr Leben und jede Entscheidung, die Sie treffen, haben, bedeutet das, dass Ihr Solarplexus in bester Verfassung ist. Dann fühlen Sie sich frei wie ein Vogel. Menschen, die aus Kulturen kommen, die Gehorsam gegenüber Autoritätspersonen erzwingen, ohne Fragen zu stellen, haben oft Probleme mit ihrem Solarplexuschakra.

Wenn Ihr Solarplexus ausgeglichen und gesund ist, fühlen Sie sich natürlich selbstbewusst und haben die Kontrolle über Ihr Leben. Sie haben auch eine sehr starke persönliche Kraft und ein erstaunliches Bewusstsein für sich selbst. Außerdem haben Sie Antrieb und Motivation. Wenn es jedoch blockiert oder unteraktiv ist, können folgende Symptome auftreten:

- Mangelnde Orientierung im Leben
- Geringes Selbstwertgefühl
- Minderwertigkeitskomplex
- Erhöhte Empfindlichkeit gegenüber Kritik

Gefühl der Ohnmacht Bei Überaktivität treten häufig folgende Symptome auf:

- Herrschsüchtige Haltung
- Egoismus
- Lust auf Macht
- Perfektionismus

Beurteilende Meinungen gegenüber Ihren Mitmenschen Blockaden, Schlacken und allgemeine Probleme im Solarplexus manifestieren sich physisch als:

- Bluthochdruck
- Hypoglykämie
- Empfindlicher Magen
- Probleme mit der Verdauung
- Diabetes
- Chronische Müdigkeit

Gelb ist die Farbe des Solarplexuschakras. Seine Verbindungsdrüse ist die Pankreasdrüse. Gelbe Edelsteine wirken effektiv bei der Heilung und tragen zum Ausgleich dieses Chakras bei. Beispiele für Edelsteine für dieses Chakra sind der gelbe Saphir, Bernstein und Citrin.

Herzchakra

Das Herzchakra befindet sich in der Mitte der Brust. Es befindet sich direkt neben dem physischen Herzen. Finden Sie, dass dieser Teil Ihrer Brust warm anfühlt, wenn Sie an einen geliebten Menschen denken? Das ist die Wirkung Ihres Herzchakras. Es ist eines der am einfachsten zu verstehenden Chakren. Es kontrolliert Ihre Fähigkeit, Liebe zu senden und zu empfangen. Es beschützt Ihre Beziehungen, Ihr Gefühl der Solidarität mit Ihren Mitmenschen und Ihr Mitgefühl. Wenn Sie sich ständig in toxischen Beziehungen befinden oder Angst davor haben, sich zu verlieben, ist das ein Zeichen dafür, dass Ihr Herzchakra geheilt oder korrigiert werden muss.

Das Gleichgewicht in Ihrem Herzchakra zeigt sich in der Art und Weise, wie Sie mit den Menschen um sich herum umgehen. Anzeichen für Ausgeglichenheit sind unter anderem:

- Frieden und Ausgeglichenheit
- Das Gefühl, zu lieben und geliebt zu werden
- Toleranz
- Mitgefühl für andere Lebewesen
- Verbindung zu allem Leben im Universum

Ein blockiertes oder unteraktives Herzchakra kann in Ihnen Gefühle von Bitterkeit und Hass auslösen. Mangelndes Einfühlungsvermögen, Intoleranz, Verlust der Verbindung zu anderen in Ihrem Leben und Vertrauensprobleme sind weitere Anzeichen für eine Blockade oder Unteraktivität. Wenn es überaktiv ist, treten folgende Symptome auf:

- Eifersucht
- Gegenseitige Abhängigkeit
- Bedürftigkeit oder Anhänglichkeit
- Selbstaufopferung

Übermäßiges Schenken von Aufmerksamkeit und materiellen Geschenken Herzchakra-Probleme manifestieren sich körperlich als:

- Probleme im oberen Rücken
- Herzkrankheit
- Kreislaufprobleme
- Hoher Blutdruck
- Probleme mit der Lunge

Grün ist die Farbe des Herzchakras. Seine Verbindungsdrüse ist die Thymusdrüse. Edelsteine, die grün gefärbt sind, eignen sich in der Regel gut zur Klärung und zum Ausgleich des Herzchakras. Zu diesen Edelsteinen gehören zum Beispiel der Smaragd, die Jade, der Rosenquarz und viele weitere.

Kehlkopfchakra

Das Kehlkopfchakra befindet sich, wie der Name schon sagt, in der Kehle. Es wird mit Sprache und Kommunikation in Verbindung gebracht. Damit meine ich Ihre Fähigkeit, sich auf prägnante Weise auszudrücken. Es geht also um die Ebenen Ihrer Kommunikationsfähigkeiten und Ihres Selbstausdrucks. Wenn Sie das Gefühl haben, dass Sie Schwierigkeiten haben, Ihre Gedanken und Gefühle wirksam auszudrücken, ist das ein

Zeichen für ein Problem Ihres Kehlkopfchakras, das darauf wartet, angegangen zu werden. Ein offenes und gesundes Kehlkopfchakra bedeutet, dass Sie selbstbewusst für sich selbst sprechen und Ihre Meinung sagen können, ohne Angst vor Kritik zu haben.

Wenn Sie im Gleichgewicht sind, können Sie die Symptome erkennen. Sie umfassen:

- Klare Kommunikation
- Die Fähigkeit, sich ohne Angst und Hemmungen auszudrücken
- Kreativität
- Selbstvertrauen beim Halten einer Rede
- Diplomatie
- Die Fähigkeit, fundierte und wertvolle Ratschläge zu erteilen

Andererseits zeigen Menschen mit einem blockierten oder unteraktiven Kehlkopfchakra diese Symptome:

- Unfähigkeit, die Wahrheit zu sagen
- Unfähigkeit, sich wirksam auszudrücken
- Neigung dazu, missverstanden zu werden
- Geheimnisvolle Verschwiegenheit

Probleme beim Zuhören oder Verstehen von Kommunikation mit anderen Menschen Wenn Ihr Kehlkopfchakra überaktiv ist, können sich die folgenden Anzeichen zeigen:

- Scharfe Kritik an anderen
- Übermäßig rechthaberische Tendenzen
- Klatschhafte Haltung
- Schreien und über andere hinwegreden
- Probleme im Halschakra können sich körperlich manifestieren als:
- Ein schwaches Immunsystem
- Anfälligkeit für Grippe
- Chronischer Husten
- Halsweh
- Probleme mit dem Gehör

Blau ist die Farbe des Kehlkopfchakras. Die Verbindungsdrüse ist die Schilddrüse. Blaue Edelsteine eignen sich am besten, um sie zu reinigen und zu heilen.

Chakra des Dritten Auges

Da ich bereits in einem ganzen Kapitel über das Dritte Auge gesprochen habe, werde ich mich hier sehr kurzfassen. Wie Sie bereits wissen, befindet sich das Chakra des Dritten Auges in der Mitte Ihrer Stirn. Es ist das bekannteste Chakra, weil es mit Intuition und übersinnlichen Fähigkeiten verbunden ist. Es ist der Sitz der Intuition; es ist das Auge des Geistes. Wenn es offen und ausgeglichen ist, treten folgende Symptome auf:

- Eine aktive Vorstellungskraft
- Hohe Intuition
- Scharfe Gedanken und ein klarer Verstand
- Sinn für Orientierung und eine Vision für die Zukunft

Außersinnliche Wahrnehmung Ein blockiertes oder unteraktives Drittes Auge zeigt Anzeichen wie:

- Mangelnde Konzentration
- Mangelnde Kreativität und Vorstellungskraft
- Schlechtes Gedächtnis
- Schlechtes Urteilsvermögen
- Verlust der Orientierung

Fehlende außersinnliche Wahrnehmung Ein überaktives Drittes Auge zeigt unter anderem folgende Anzeichen:

- Halluzinationen
- Wahnvorstellungen
- Albträume und Tagträume
- Zwanghafte Gedanken

Hyperaktive außersinnliche Wahrnehmung Probleme im Chakra des Dritten Auges können sich körperlich manifestieren als:

- Schlechte Sicht
- Augenerme Sic

- Kopfschmerz
- Unruhiger Schlaf
- Probleme mit dem Gedörperli
- Konzentrationsschwedör

Lila oder Indigo ist die Farbe des Chakras des Dritten Auges. Die verbindende Drüse ist die Zirbeldrüse. Lila-farbige Edelsteine sind in der Regel wirksam für die Klärung und den Ausgleich dieses Chakras.

Kronenchakra

Das Kronenchakra befindet sich ganz oben auf dem Kopf, in dem Bereich, der als Krone bezeichnet wird. Es handelt sich um die Darstellung Ihrer Verbindung zu Ihrem höheren Bewusstsein. Es ist das Zentrum der Spiritualität in Ihrem Körper, weil es sich in der Nähe Ihrer Hauptenergiequelle und Ihres höheren Selbst befindet. Es handelt sich um den Kanal, durch den Ihre Seele Ihren Körper verlässt, wenn die Zeit gekommen ist. Wenn Sie meditieren, ist es dieses Chakra, durch das Sie Zugang zum Universum haben. Wenn es ausgeglichen und gesund ist, zeigt es unter anderem folgende Symptome:

- Den Glauben an den Kosmos
- Eine Verbindung zum Göttlichen
- Ein Gefühl der universellen Liebe
- Die Fähigkeit, Informationen besser zu verstehen

Hohe Intelligenz und Selbsterkenntnis Eine blockierte und unteraktive Krone zeigt unter anderem folgende Symptome:

- Isolation und Depression
- Herausforderungen beim Lernen
- Ein Gefühl von Nebel im Gedächtnis, Erinnerungsprobleme
- Abkopplung vom Spirituellen

Verlust des Glaubens Bei Überaktivität sind die Anzeichen in der Regel folgende:

- Spirituelle Besessenheit oder Sucht
- Beurteilender Charakter
- Dogmatismus

Unbegründete Gefühle der Abneigung gegenüber anderen Probleme können sich hier auch physisch manifestieren:

- Neurologische Probleme
- Nervenschmerzen
- Migräne
- Kognitive Probleme

Weiß ist die Farbe des Kronenchakras. Die verbindende Drüse ist die Hirnanhangsdrüse. Alle klaren Edelsteine wie zum Beispiel Amethyst, Diamant oder klarer Quarz können sehr wirksam sein, um das Kronenchakra zu reinigen und auszugleichen.

Wie der Chakra-Ausgleich die psychische Entwicklung beeinflusst

Um Ihre übersinnlichen Fähigkeiten zu entwickeln oder zu stärken, ist das Ausbalancieren Ihrer Chakren einer der wichtigsten Schritte, die Sie unternehmen müssen. Ohne Gleichgewicht können Sie keine göttliche Führung erhalten oder sich mit geistigen Führern verbinden. Die Notwendigkeit Ihre Chakren offen und ausgeglichen zu halten ist nicht verhandelbar, wenn Sie Ihre hellseherischen Fähigkeiten entwickeln wollen. Sie fragen sich wahrscheinlich, warum die Chakren so wichtig für die psychische Entwicklung sind. Dafür gibt es mehrere Gründe, aber ich werde Ihnen die drei wichtigsten an dieser Stelle genauer erläutern.

Jeder Ihrer Hellsinne ist mit einem Chakra verbunden. Ihre Chakren sind Teil dessen, was das Energiesystem ausmacht. Sie sind Ihre Verbindung zur spirituellen Welt und zum Universum. Wie Sie bereits wissen, ist das Öffnen des Dritten Auges der Schlüssel zur Aktivierung Ihrer hellseherischen Sinne. Das ist zwar richtig, aber das Chakra des Dritten Auges ist nicht das einzige, das mit Ihren übersinnlichen Sinnen verbunden ist.

Mehrere Ihrer Chakren sind mit den wichtigsten übersinnlichen Sinnen verbunden. Wenn Sie sich einmal genauer entsinnen, fällt Ihnen auf, dass die vier wichtigsten übersinnlichen Sinne das Hellsehen, Hellhören, Hellfühlen und Hellwissen sind.

- Hellsichtigkeit ist mit dem Chakra des Dritten Auges verbunden
- Hellhörigkeit ist mit dem Kehlkopfchakra verbunden

- Hellfühligkeit ist mit dem Solarplexuschakra verbunden
- Hellwissen ist mit dem Kronenchakra verbunden

Wenn diese Chakren offen, klar und ausgeglichen sind, bedeutet dies, dass auch die Portale zu diesen übersinnlichen Sinnen offen und klar sind. Sie zu deblockieren ist gleichbedeutend mit der Deblockierung Ihrer spirituellen Zugangsportale. Wenn Sie in der Lage sind, eine routinemäßige Heilpraxis aufzubauen, verbessern Sie auch Ihre übersinnlichen Sinne, nicht nur Ihre Chakren.

Wie funktioniert das? Die Antwort auf diese Frage liegt im zweiten Grund.

Ein ausgeglichenes Energiesystem ist der Schlüssel zum Empfang übersinnlicher Botschaften. Die Chakren sind Teil des gesamten Energiesystems. Es gibt eine zentrale Energiesäule im Energiesystem, die entlang der gesamten Länge der Wirbelsäule verläuft und Sie über Ihr Kronenchakra mit dem Universum und über Ihr Wurzelchakra mit der Erde verbindet. Jedes Chakra ist wie eine Station entlang der Energiesäule und sie regulieren, wie die Energie durch den ganzen Körper fließt. Um übersinnliche Botschaften zu empfangen, müssen die Energiesäule, Ihre Chakren und der Rest des gesamten Energiesystems in einem klaren und gesunden Zustand sein -nur so kann der freie Fluss der Energie ohne Blockaden gewährleistet werden.

Kehren wir zu dem Beispiel mit der Fensterscheibe zurück. Erinnern Sie sich, dass wir sagten, die Fensterscheibe sei mit dickem Staub bedeckt? Stellen Sie sich nun vor, Sie würden versuchen, aus dem Fenster zu schauen, während der ganze Staub Ihnen noch immer die Sicht verdeckt. Werden Sie etwas sehen können? Eindeutig nicht. Vielleicht können Sie nicht einmal einen flüchtigen Blick erhaschen. Stellen Sie sich nun vor, Sie nehmen Ihre Reinigungsmittel und entfernen den ganzen Schmutz und Staub von der Fensterscheibe. Was passiert, wenn es langsam klar und glänzend wird? Sie können sofort durch das Fenster nach draußen oder nach drinnen sehen, abhängig davon, auf welcher Seite Sie stehen.

Genauso verhält es sich auch mit Ihren übersinnlichen Sinnen und Ihren Fähigkeiten. Wenn es zu viele Energieblöcke und Schlacken in Ihren Chakren gibt, wird Ihr Weg zum Empfang von übersinnlichen Botschaften versperrt und unzugänglich. Deshalb müssen Sie dafür sorgen, dass das System immer sauber und glänzend bleibt, um eine übersinnliche Entwicklung zu erreichen. Denken Sie daran, dass eine einmalige Reinigung des Energiesystems nicht ausreicht. Es mag für eine Weile funktionieren, aber ohne ständige Pflege wird es irgendwann wieder blockiert sein. Die Fähigkeit, die Chakren, mithilfe von regelmäßigen Pflegeübungen, offen und im Gleichgewicht zu halten ist der Schlüssel, um weiterhin übersinnliche Botschaften empfangen zu können.

Der dritte Grund, warum der Ausgleich der Chakren für die psychische Entwicklung entscheidend ist, betrifft Ihre Energieschwingungen. Ein Nebeneffekt der Reinigung Ihrer Chakren und Ihres Energiesystems ist, dass es Ihre Schwingungen intakt hält. Das Universum und alles in ihm ist durch vitale Lebenskräfte verbunden. Dennoch gibt es innerhalb des gesamten Kraftfeldes unterschiedliche Frequenzbänder. Das Frequenzband eines jeden Menschen ist das Abbild seiner Realität. Wenn Sie ein positiver Mensch mit positiver Energie sind, schwingen Sie auf einem höheren Frequenzband. Negative Energie lässt Sie in einem niedrigeren Frequenzbereich schwingen. Sie fragen sich bestimmt, was das mit Ihren Chakren zu tun hat.

Nun, Chakren werden meist durch negative Gedanken, Emotionen und Energien blockiert. Die Rückstände eines negativen Glaubenssystems und die Narben Ihrer vergangenen Traumata bilden Blockaden in Ihrem System. Nicht nur das, sondern Sie erlauben Ihnen auch, weiterhin auf einer niedrigeren Frequenz zu schwingen, wenn Sie an traumatischen Erinnerungen aus der Vergangenheit festhalten. Wenn Sie nicht verstehen können, wie dies Ihre Fähigkeit, übersinnliche Botschaften zu empfangen, einschränkt, lassen Sie es mich genauer erklären. Ihr höheres Selbst, Ihre Engel und Ihre Geistführer sind allesamt hochschwingende Wesen, d.h. sie existieren auf einer viel höheren Frequenz als wir Menschen. Angenommen, Sie wollen sich mit höher schwingenden Wesen im göttlichen Reich verbinden oder mit ihnen kommunizieren. In einem solchen Fall müssen Sie sicherstellen, dass Sie ebenfalls mit einer hohen Schwingungsfrequenz arbeiten. Wenn Ihre Frequenz auf einem niedrigeren Band liegt, können Sie sich nicht mit den höheren Reichen verbinden.

Wenn Sie Ihr System durch die Chakren von allen negativen Gedanken, Emotionen und Blockaden befreien, geben Sie der positiven Energie eine Chance, durch Sie hindurchzufließen. Auf diese Weise verringern Sie die Kluft zwischen sich selbst und der göttlichen Sphäre.

Klärung und Ausgleich der Chakren

Die Reinigung der Chakren und ihr Ausgleich ist keine einseitige Angelegenheit. Es gibt verschiedene Möglichkeiten, um den Chakra-Ausrichtung anzugehen. Im Folgenden besprechen wir die kraftvollsten und einfachsten Wege, um die Chakren auszugleichen. Dazu gehören Übungen, Meditationstechniken, Routinen und Praktiken, die Sie leicht in Ihr Leben einbauen können. Sie können entscheiden, was am besten zu Ihrem Lebensstil passt, und einige Methoden können sogar kombiniert werden. Zum Beispiel können Sie Meditation mit Affirmationen kombinieren. Jedes Chakra reagiert auf unterschiedliche Heiltechniken, deshalb werden wir die Übungen einzeln betrachten.

Hinweis: Siehe Kapitel Vier für positive Affirmationen.

Das Wurzelchakra ausbalancieren

Wenn Sie wollen, dass Ihr Wurzelchakra immer offen, rein und ausgeglichen bleibt, müssen Sie kleine Veränderungen in Ihrem Lebensstil vornehmen. Diese kleinen Veränderungen werden sich kumulieren, um ein größeres Ergebnis zu erzielen. Erstens müssen Sie dafür sorgen, dass Sie jede Nacht die vollen 8 Stunden Schlaf bekommen. Gesunder Schlaf ist eine einfache Strategie, um sicherzustellen, dass Ihr Chakra nicht blockiert wird. Dann müssen Sie körperliche Übungen und Aktivitäten in Ihren Tagesablauf einbauen, die der Förderung Ihrer spirituellen Gesundheit dienen. Ihre Vorstellung von täglicher körperlicher Betätigung könnte beispielsweise ein kleinwenig Gartenarbeit jeden Tag sein. Gartenarbeit oder jede andere Tätigkeit, die Sie mit der Erde verbindet, ist in der Tat ideal, um das Chakra ins Gleichgewicht zu bringen.

Da die Farbe des Wurzelchakras rot ist, müssen Sie auch rot gefärbte Lebensmittel in Ihre Ernährung aufnehmen. Beispiele dafür sind Tomaten, Rüben und Granatäpfel. Erwägen Sie, rote Edelsteine wie Granat oder Rubin in Ihrer Umgebung aufzubewahren. Diese können dazu beitragen, die Ausstrahlung Ihres Wurzelchakras zu verstärken. Neben den kleinen Änderungen im Lebensstil können Sie mit der folgenden Übung das Gleichgewicht halten.

- Nehmen Sie die Schmetterlingshaltung ein. Greifen Sie sich mit beiden Händen an die Knöchel.

- Als Nächstes heben Sie Ihre Hüften an und beginnen, hin und her zu wippen - das stimuliert Ihren Dammbereich.
- Beobachten Sie alle subtilen Veränderungen in Ihrem Körper. Ein Beispiel für eine Veränderung, die Sie erleben könnten, ist die Erwärmung Ihres Körpers und die Öffnung Ihrer Hüften.
- Wiederholen Sie diese Übung 10- bis 100-mal.
- Vergessen Sie nicht, es sich bequem zu machen, während Sie diese Übung machen.

Ausgleich des Sakralchakras

Das Element des Sakralchakras ist Wasser. Daher ist die Entspannung in der Nähe von Wasser eine Möglichkeit, seine Energie zu klären und auszugleichen. Zu den körperlichen Aktivitäten, die Sie zu diesem Zweck in Ihren Tagesablauf aufnehmen können, gehören Schwimmen in der Natur, Spaziergänge im Regen oder das Beobachten von Regenschauern. Nehmen Sie außerdem mehr orangefarbenes Obst und Gemüse wie Karotten, Orangen usw. in Ihre Ernährung auf. Goldstein und Bernstein sind einige der Edelsteine, die Sie in Ihrer Umgebung aufstellen können, um den Energiefluss aufrechtzuerhalten. Und diese Heilübung ist perfekt für das Sakralchakra.

- Legen Sie sich flach auf den Bauch. Legen Sie die Arme an die Seite und lassen Sie die Handflächen zum Boden zeigen. Zeigen Sie mit den Zehen nach außen.
- Atmen Sie ein, und heben Sie das rechte Bein nach oben, ohne das Knie zu beugen.
- Atmen Sie aus, während Sie Ihr Bein wieder auf den Boden absenken. Gehen Sie dabei langsam und behutsam vor.
- Wiederholen Sie die Bewegung mit dem zweiten Bein, d. h. mit dem linken Bein.
- Führen Sie diese Bewegung dann noch einmal mit beiden Beinen gleichzeitig aus.
- Wiederholen Sie dies, bis Sie eine Ausbreitung von einem Gefühl der Wärme um Ihr Sakralchakra herum spüren.

Das Solarplexuschakra ausbalancieren

Einige der Lebensstiländerungen, die Sie vornehmen können, um das Gleichgewicht Ihres Solarplexuschakras zu fördern, sind das Lösen von Rätseln, das Lesen von Kunstbüchern oder die Teilnahme an kreativen Kursen. Die Energie, die notwendig ist, um Aufgaben zu Ende zu bringen, kann Ihnen helfen, Positivität zu erzeugen. Diese Energie wird beim Lesen von Büchern oder beim Lösen von Rätseln benötigt und kann Ihnen helfen, das Solarplexuschakra zu reaktivieren, selbst wenn es vorher inaktiv war. Verbringen Sie mehr Zeit damit, sich in der Sonne zu sonnen. Um Ihre Verdauung zu verbessern, sollten Sie ein Entgiftungsprogramm starten. Nehmen Sie mehr gelb gefärbte Lebensmittel wie Kamille und Kürbis in Ihre Ernährung auf. Achten Sie beim Meditieren darauf, dass Sie gelbe Edelsteine wie gelben Achat und Citrin um sich haben. Verwenden Sie gelbe ätherische Öle wie Rosmarin, um eventuelle Blockaden zu lösen.

Integrieren Sie neben diesen Veränderungen auch die folgenden Übungen in Ihre tägliche Routine:

- Nehmen Sie den halben Lotussitz ein, wobei das rechte Bein auf dem linken liegt.
- Legen Sie Ihre rechte Handfläche auf Ihren rechten Fuß.
- Atmen Sie ein und heben Sie die linke Hand zum Himmel. Konzentrieren Sie sich auf den Handrücken.
- Atmen Sie aus und senken Sie die Hand sanft zurück auf die Fußspitze.
- Wiederholen Sie diese Bewegung mit der anderen Hand.
- Wechseln Sie bis zu 10 Minuten lang zwischen der linken und der rechten Hand ab, bis Sie warme Empfindungen in Ihrem Solarplexus spüren.

Ausgleich des Herzchakras

Reine und positive Energie in Ihr Leben einzuladen, ist der sicherste Weg, Ihr Herzchakra zu klären und auszugleichen. Zu den Aktivitäten, die Ihnen dabei helfen können, gehören Spaziergänge in der Natur, Zeit mit Ihren Lieben oder ehrenamtliches Engagement für wohltätige Organisationen. Auf diese Weise nehmen Sie die Gefühle des Mitgefühls und der Empathie an. Dies wiederum erweckt Ihr Herzchakra und füllt es mit Positivität. Nehmen Sie grüne Lebensmittel und Getränke in Ihre Ernährung auf. Beispiele dafür sind Ingwertee und goldene Rüben. Bewahren Sie Steine wie Bernstein und Topas in Ihrem Haus auf.

Machen Sie außerdem jeden Tag die folgende Übung.

- Setzen Sie sich in den Lotussitz.
- Bilden Sie mit Ihren Händen eine Faust und führen Sie sie vor die Brust.
- Atmen Sie tief ein. Ziehen Sie beim Einatmen die Hände nach hinten an die Brust und weiten Sie sie so weit wie möglich. Achten Sie darauf, dass Ihr Rücken dabei aufrecht ist. Bleiben Sie mindestens 10 Sekunden lang so.
- Konzentrieren Sie sich beim Ausatmen wieder auf Ihre Körpermitte. Krümmen Sie Ihre Wirbelsäule ein wenig und kippen Sie Ihr Kinn nach unten.
- Wiederholen Sie die Übung 10-mal, wobei Sie für jede Bewegung 10 Sekunden benötigen sollten.
- Sie sollten spüren, wie sich ein kühles, erfrischendes Gefühl in Ihrer Brust ausbreitet, wenn sich das Chakra öffnet.

Das Kehlkopfchakra ausgleichen

Wie Sie bereits wissen, ist das Kehlkopfchakra das Zentrum des Selbstausdrucks. Daher sind Singen, mündliche Poesie und bedeutungsvolle Gespräche großartige Aktivitäten, um es auszugleichen. Jede Tätigkeit, bei der Sie Ihre Gedanken und Gefühle sinnvoll ausdrücken können, ist gut für das Kehlkopfchakra. Meditieren Sie auch mit blauen Edelsteinen, um die Kraft Ihres Kehlkopfchakras zu verstärken. Nutzen Sie außerdem diese Übung, um Gleichgewicht und Offenheit zu erhalten.

- Knien Sie sich auf den Boden, wobei die Zehen unter Ihnen gekrümmt sein müssen. Lassen Sie Ihre Hüfte auf den Fersen ruhen.
- Legen Sie Ihre Hände auf den unteren Rücken, dort, wo sich Ihre Niere befindet.
- Atmen Sie sanft, aber tief ein und aus.

- Beim Einatmen beugen Sie Ihren Körper leicht nach hinten, so weit es geht, während Ihr Kinn nach oben geneigt ist. Dadurch wird Ihr Kehlkopfchakra geöffnet.
- Wenn Sie ausatmen, lassen Sie Ihr Kinn nach unten zur Brust sinken, so dass sich Ihr Körper nach vorne beugt.
- Wiederholen Sie dies 10-mal, bis Sie spüren, wie sich Ihr Kehlkopfchakra öffnet und ausgleicht.

Das Chakra des Dritten Auges korrigieren

Tägliche Meditation ist zweifellos die beste Strategie, um Ihr Drittes Auge im Gleichgewicht zu halten. Meditation wird als Nahrung für den Geist betrachtet, und das Chakra des Dritten Auges ist das Auge des Geistes. Für welche Art der Meditation Sie sich auch entscheiden, Sie sollten sie bei Sonnenschein oder Mondlicht durchführen. Achten Sie außerdem auf ausreichenden Schlaf, um die Klarheit Ihres Geistes zu verbessern und Ihr Gedächtnis zu stärken. Indigofarbene Lebensmittel können ebenfalls dazu beitragen, das Chakra des Dritten Auges auszugleichen, also nehmen Sie mehr davon in Ihren Speiseplan auf. Feigen und schwarze Johannisbeeren gehören zu den Lebensmitteln, die Sie in Betracht ziehen können.

Befolgen Sie die untenstehende Übung zur Sonnenmeditation, um das Gleichgewicht wiederherzustellen.

- Spreizen Sie die Beine weit auseinander und beugen Sie sie um etwa 15 Grad.
- Führen Sie Daumen und Zeigefinger zusammen, um ein Dreieck zu bilden. Heben Sie die Hände nach oben, bis die Daumen in der Mitte der Stirn enden.
- Atmen Sie entspannt ein und aus.
- Dann visualisiere die Energie der Sonne, die durch das gebildete Dreieck in Ihr Drittes Auge strömt.
- Heben Sie Ihre Augen etwa 15 Grad in Richtung Himmel.
- Verharren Sie bis zu 5 Minuten in dieser Position und spüren Sie, wie die Energie der Sonne Ihr Drittes Auge und die Zirbeldrüse erfrischt.

Ausgleich des Kronenchakras

Das Führen eines Traumtagebuchs bietet Ihnen eine Möglichkeit, um Ihr Kronenchakra trainieren können. Sie können sich auch ein Visionsbrett zulegen, um Ihre Träume und Absichten in einem spirituell aufgeladenen Raum zu analysieren. Meditation ist auch deshalb so gut, weil sie eine Verbindung zwischen Ihrem physischen Selbst und Ihrem spirituellen Körper herstellt. Machen Sie es sich zur Gewohnheit, sich eine weiße Lichtquelle vorzustellen, die Ihren Kopf mit Energie erfüllt. Essen Sie außerdem mehr cremefarbene Lebensmittel und Getränke. Meditieren Sie mithilfe von Amethyst, Fluorit und anderen klaren Edelsteinen.

Machen Sie die folgende Übung, um Ihr Kronenchakra auszugleichen.

- Setzen Sie sich bequem in den halben Lotussitz. Lassen Sie Ihre Wirbelsäule beim Sitzen aufrecht.
- Heben Sie langsam beide Hände und führen Sie sie zu beiden Seiten Ihrer Stirn. Zwischen ihnen sollte etwas Platz sein.
- Konzentrieren Sie sich auf das Gefühl im Bereich zwischen Ihren Händen.
- Führen Sie Ihre Hände langsam aneinander heran und spreizen Sie sie wieder auseinander. Um es einfach auszudrücken: Die Bewegung ist ein Ausdehnen und Zusammenziehen.
- Während Sie diese Bewegung wiederholen, stellen Sie sich vor, dass mit jeder Bewegung Blumen aufblühen.
- Spüren Sie, wie die Energie durch alle Ihre Chakren fließt.
- Atmen Sie langsam ein und aus und führen Sie Ihre Hand in einer streichenden Bewegung vom Kopf zum Unterbauch.
- Setzen Sie die Meditation für einige Minuten fort, während Sie Ihre Augen schließen.

Da Sie nun Ihre sieben Chakren kennen, und wissen, mit welchen Teilen Ihres Körpers sie verbunden sind und wie Sie sie ausgleichen können, können Sie ein blockiertes Chakra sofort erkennen und das Problem schnell lösen. Mit den oben genannten Übungen und gesunden Angewohnheiten können Sie ein ausgeglicheneres Leben führen. Ausgeglichene Chakren helfen Ihnen dabei, das allgemeine Energieniveau aufrechtzuerhalten, das Sie brauchen, um sich mit sich selbst zu verbinden und auf Ihrer psychischen Entwicklungsreise voranzukommen.

Kapitel 8: Auren lesen

Erinnern Sie sich noch daran, dass wir in Kapitel sechs über das elektromagnetische Feld des Menschen sprachen? Nun, dieses elektromagnetische Feld ist Ihre Aura. Die Aura ist eine trübe oder verschwommene Lichtblase, die sich Zentimeter vom Körper entfernt erstreckt und ihn von Kopf bis Fuß umgibt. Alles, was existiert, hat eine Aura, auch Felsen, Bücher und andere Gegenstände und Lebewesen. Solange Energie durch sie hindurchfließt, haben sie eine Aura. Da wir bereits über Energie gesprochen haben, wissen Sie, wie die Aura funktioniert. Sie funktioniert nach den gleichen Prinzipien wie Ihr Energiefeld, daher trifft alles, was wir über Energie besprochen haben, auch auf Ihre Aura zu. Lassen Sie uns nun über andere Teile der Aura sprechen.

Die Aura hat sieben Schichten, über die sie mit dem physischen Körper interagiert und Informationen über die sieben Chakren weiterleitet. Die Chakren sind also auch ein Teil des aurischen Feldes. Jedes Chakra ist mit jeder ihrer Schichten verbunden. Jeder Aurakörper korreliert mit Ihrem physischen, emotionalen, mentalen und spirituellen Zustand. Die Schwingungen Ihrer Gedanken, Gefühle, Gesundheit, Ihres Bewusstseins und vergangener Erfahrungen sind in jedem Aurakörper gespeichert, immer abhängig davon, welche Aura-Schicht mit der fraglichen Information korreliert.

Der äußerste Teil ist derjenige, der sich typischerweise etwa 5 bis 7 Fuß vom physischen Körper entfernt befindet. Der Grad der Ausdehnung bei einer Person hängt vom allgemeinen Wohlbefinden dieser Person ab.

Auch wenn Sie Ihre Aura vielleicht nicht sehen können, können Sie sie spüren, wenn Sie mit der Aura einer anderen Person interagieren. Das bedeutet, dass Sie manchmal ein klares Gefühl dafür haben, dass sich eine andere Person in Ihre „Privatsphäre" eindringt. Bevor Sie lernen, wie man die Aura liest, müssen Sie also die sieben feinstofflichen Energiekörper erkennen und identifizieren. Dies ist entscheidend für das Lesen der Aura. Im Gegensatz zum vorherigen Kapitel, in dem Sie gelernt haben, wie Sie Ihre Intuition zum Lesen von Energie einsetzen können, geht es hier in erster Linie um die Farben der Aura. Darüber erfahren Sie später mehr.

Ätherische Schicht

Der Ätherkörper ist die dem physischen Körper am nächsten liegende aurische Schicht. Es handelt sich um die Schicht, die man sieht, wenn man versucht, die Aura einer Person zu lesen oder deren Energie zum Heilen zu nutzen. Sie erstreckt sich etwa 2 bis 4 Zentimeter über den physischen Körper hinaus. Sie kann Ihnen in Form eines violetten oder grauen Nebels oder Dunstes erscheinen. Der Ätherkörper ist mit Ihrem Wurzelchakra und Ihren Drüsen, Organen und Meridianen verbunden. Die Qualität dieser Schicht entspricht der Gesundheit und dem Zustand Ihres physischen Körpers. Daher manifestiert sich jeder Zustand, der im physischen Körper auftritt, oft zuerst dort. Wenn Sie lernen, wie man Auren liest, können Sie feststellen, wann sich ein neuer Zustand im Ätherkörper entwickelt. So können Sie sich darum kümmern, den Zustand zu verbessern, bevor es sich physisch manifestiert.

Emotionale Ebene

Die zweite Ebene des aurischen Feldes ist die emotionale Schicht, die sich bei vielen Menschen etwa fünf Zentimeter vom Körper entfernt befindet. Sie umgibt den physischen Körper in einer ovalen Form und wirkt wie ein Kokon um ihn herum. Dieser Teil der Aura ist mit dem Sakralchakra verbunden, das auch als das zweite Chakra bekannt ist. Sie bezieht sich in erster Linie auf Ihre Gedanken, Gefühle, Emotionen und Erfahrungen.

Der Emotionalkörper verändert sich ständig, je nach Stimmung, dem Inhalt Ihrer Gedanken und Gefühle, und er beherbergt leicht negative Emotionen wie Wut, Angst, Einsamkeit und Groll. Normalerweise kommuniziert die emotionale Ebene Ihre Energien mit der ätherischen Ebene, die sie dann verarbeitet und an den physischen Körper weiterleitet. Wenn Sie Magenbeschwerden, Krämpfe und körperliche

Verspannungen verspüren, liegt das oft daran, dass die emotionale Ebene den Ätherkörper mit emotionalem Schmerz bombardiert. Da wir oft eine Reihe von Gefühlen erleben, erscheint dies normalerweise als eine Mischung aus allen Regenbogenfarben. Wenn Sie diese lesen, lässt sich der Zustand Ihrer Chakren leicht feststellen.

Mentale Ebene

Die mentale Schicht ist der dritte feinstoffliche Energiekörper im aurischen Feld. Sie erstreckt sich bis zu 21.1 cm vom physischen Körper entfernt. Die mentale Ebene ist direkt mit dem Solarplexuschakra verbunden, das auch das dritte Chakra im Energiesystem ist. Dieser Aurakörper ist eine Repräsentation Ihrer kognitiven Prozesse, Gedanken und Ihres allgemeinen Geisteszustands. Er ist in der Regel leuchtend gelb und enthält alles von Ihren Ideen, Überzeugungen, logischen Prozessen und Ihrem Intellekt bis hin zu Ihrem Bewusstsein. Hier rationalisieren Sie Ihre Gedanken und Ideen. Psychische Probleme treten oft an dieser Stelle auf, bevor sie sich im feinstofflichen oder physischen Körper materialisieren. Wenn Sie versuchen, diese Ebene der Aura zu lesen, sollten Sie besonders auf den Kopf, den Nacken und die Schultern achten, denn dort strahlt und leuchtet sie am stärksten.

Astralebene

Man könnte sie auch als *Brücke* oder als Astralkörper bezeichnen. Die Astralebene ist die vierte Aura-Schicht und erstreckt sich bis zu 31,6 cm über den Umfang des physischen Körpers hinaus. Sie ist mit dem Herzchakra verbunden und enthält daher Informationen über Ihren Sinn für Liebe, Freude und andere hochschwingende Emotionen. Dieser Bereich wird auch „die Brücke" genannt, weil es die physische und die spirituelle Welt miteinander verbindet. Um die spirituelle Ebene zu besuchen, müssen Sie Ihren physischen Körper für Ihren Astralkörper ablegen. Die Astralebene reflektiert oft eine rosafarbene Farbe. Sie wird durch liebevolle und intime Beziehungen zu den Menschen in Ihrer Umgebung gestärkt. Über diesen Körper können Sie auch auf den Zustand Ihrer Chakren zugreifen. Wenn Sie die Astralprojektion erlernen, können Sie in Ihrer Astralform jeden Ort des Universums erkunden. Noch wichtiger ist, dass die Heilung in der Astralebene schneller von statten geht.

Ätherische Schicht

Die ätherische Schicht ist die fünfte aurische Schicht, und sie ist in erster Linie mit Ihrem Kehlkopfchakra verbunden. Sie befindet sich etwa

90 cm von Ihrem Körper entfernt. Sie ist für Klang, Kommunikation, Schwingung und Kreativität verantwortlich. Die ätherische Schicht wird auch als die ätherische Vorlage bezeichnet, weil sie die Kopie Ihres physischen Körpers in der geistigen Welt darstellt. Die ätherische Vorlage ist also eine Art Blaupause, durch die sich Ihr physischer Körper manifestiert hat. Sie erscheint oft wie das Negativ eines Fotos, kann aber in der Farbe variieren. Alles, was Sie auf der physischen Ebene erschaffen, wird auf der ätherischen Vorlage aufgezeichnet. Dazu gehören Ihre Persönlichkeit, Ihre Identität und Ihre gesamte Energie.

Himmlische Schicht

Der himmlische Körper ist der sechste feinstoffliche Energiekörper, der mit dem Chakra des Dritten Auges verbunden ist. Es handelt sich um die Darstellung Ihres Unterbewusstseins. Es ist der Punkt, an dem sich Ihr Bewusstsein mit Ihrem spirituellen Geist verbindet. Wenn Sie meditieren und andere spirituelle Praktiken ausüben, ist dies der Ort, auf den sich Ihr Bewusstsein konzentriert. Der himmlische Körper enthält Informationen über Träume, Erinnerungen, Ihr spirituelles Bewusstsein, Intuition, Vertrauen und bedingungslose Liebe. Sie können nur dann eine Erfahrung machen, die größer ist als Sie selbst, wenn Sie sich darauf einstimmen. Diese Schicht hat eine starke Schwingung, was bedeutet, dass Ihre Frequenzschwingung sehr hoch sein muss, um sich auf den Himmelskörper einzustimmen. Durch einen starken himmlischen Körper haben Sie die Macht, mit Geistern zu kommunizieren und übersinnliche Botschaften zu empfangen.

Ketherische Schicht

Die ketherische Schicht ist die am weitesten vom physischen Körper entfernte Schicht, steht aber der geistigen Welt am nächsten. Die manchmal als ketherische Vorlage beschriebene Schicht beherbergt den siebten und letzten feinstofflichen Energiekörper im aurischen Feld. Sie ist mit dem Kronenchakra verbunden. Dort finden Sie Informationen über alle Ihre vergangenen Leben. In der ketherischen Vorlage können Sie außerdem eins mit dem Universum werden. Dieser Aurakörper schwingt mit einer höheren Frequenz als alle anderen Schichten. Er ist der Schutzschild aller anderen Aurakörper und die Heimat allen Wissens und aller Möglichkeiten. Er enthält eine Blaupause Ihres bisherigen spirituellen Lebensweges, in der alle Ereignisse, die Sie im Laufe Ihres Lebens erlebt haben, festgehalten werden. Er gilt als Ihre Verbindung zum Göttlichen, zur Quelle, zum Schöpfer, zu allem, was existiert, zu Gott und allen anderen Wesen, an die Sie persönlich glauben. Je höher Ihr spiritueller Körper ist, desto näher ist die ketherische Schicht an Ihrem physischen Körper.

Viele Menschen glauben, dass es noch weitere Schichten des Energiefeldes gibt, die erst noch entdeckt werden müssen. Bis sie jedoch entdeckt werden, sind die oben genannten die Schichten, die man kennen und lesen lernen muss.

Wie man Auren sieht

Auren zu sehen ist einfach, wenn man hellsichtig ist. Aber Hellsichtige können sie nicht immer automatisch sehen. Um Ihre Aura oder die einer anderen Person lesen zu können, müssen Sie zunächst wissen, was das aurische Feld enthält, d.h. seine sieben Schichten. Jetzt, da Sie das Basiswissen haben, müssen Sie lernen, wie Sie es sehen können. Sie müssen zunächst für sich selbst üben, bevor Sie zu anderen energetischen Objekten übergehen können. Wenn Ihr vorherrschender übersinnlicher Sinn nicht die Hellsichtigkeit ist, können Sie die Aura vielleicht nicht sehen, aber Sie können sie spüren oder fühlen. Und wenn Sie mehrere dominante übersinnliche Sinne haben, ist es trotzdem gut möglich, dass Sie die Aura sehen, fühlen oder spüren können, was gut für Sie ist. Um Ihre Möglichkeiten zu erweitern, finden Sie im Folgenden verschiedene Übungen, um die Aura mit verschiedenen übersinnlichen Sinnen zu „sehen" und wahrzunehmen.

Übung 1: Die Aura spüren

Wenn Sie ein kinästhetischer Mensch sind, ist es einfacher, die Aura zu fühlen als sie zu lesen. In psychischer Hinsicht bedeutet kinästhetisch zu sein, hellfühlig zu sein. Wie bereits definiert, ist Hellfühligkeit die außersinnliche Wahrnehmung von Gefühlen. Sie ermöglicht es Ihnen, Dinge jenseits der materiellen Ebene zu fühlen und wahrzunehmen. Ihre Hände sind die wichtigsten Werkzeuge, die Sie brauchen, um das menschliche Energiefeld und die feinstofflichen Energiekörper zu spüren. Um die erste Übung durchzuführen, müssen Sie einen ruhigen Ort finden, weit weg von Ablenkungen und Unterbrechungen.

- Versetzen Sie sich in Ihre übliche meditative Haltung. Schließen Sie Ihre Augen und finden Sie Ihren Atem. Verbinden Sie sich mit der Aura und nehmen Sie wahr, wie sie in Ihren Körper eintritt, sich durch ihn hindurchbewegt und ihn wieder verlässt. Für einige Momente sollten Sie sich nur auf dieses Gefühl

konzentrieren.
- Reiben Sie bei noch nicht geöffneten Augen 30 Sekunden lang die Handflächen fest aneinander. Machen Sie das so zügig wie möglich.
- Strecken Sie Ihre Hände vor sich aus. Achten Sie darauf, dass Ihre Ellbogen leicht gebeugt sind und Ihre Handflächen etwa einen Meter auseinander liegen.
- Führen Sie die Hände langsam zusammen. Sie dürfen sich nicht berühren.
- Wiederholen Sie den obigen Schritt so langsam wie möglich. Achten Sie bei der Wiederholung der Bewegung auf das Gefühl im Bereich zwischen Ihren Händen. Wiederholen Sie den Vorgang noch einige Male.
- Öffnen Sie dabei nicht die Augen, und hören Sie nicht auf, sanft ein- und auszuatmen. Wenn Sie sich von Ihrem Atem lösen, stellen Sie die Verbindung wieder her, indem Sie sich seines Eintritts, seiner Bewegung und seines Austritts aus Ihrem Körper bewusstwerden. Das wird Ihnen helfen, sich zu stabilisieren und zu erden.
- Achten Sie auf den Bereich zwischen Ihren Händen und nehmen Sie alle Empfindungen, Gedanken und Bilder wahr, die während der Wiederholung in Ihrem Geist auftauchen. Seien Sie sich dessen bewusst, was zwischen Ihren Händen geschieht.

Es gibt keinen richtigen oder falschen Weg, diese Übung durchzuführen. Die Gefühle, die Sie in diesem Moment fühlen, sind Ihre eigenen, also nehmen Sie sie an. Sie erleben die Wahrnehmung Ihrer Aura als Energiekörper. Mit etwas Übung wird das Gefühl, das Sie von Auren bekommen, stärker und dominanter werden.

Übung 2: Die Aura sehen

Beim Sehen von Auren gilt: Übung macht den Meister. Arbeiten Sie zuerst daran, Ihre eigene Aura zu sehen, bevor Sie mit anderen Menschen üben. Sobald Sie Ihre eigene sehen, sind Sie bereit, die Auren anderer Menschen zu sehen. Anfänglich werden Sie feststellen, dass Sie nur die unteren Ebenen Ihrer Aura sehen können. Mit Beständigkeit und etwas Übung können Sie schließlich auch die höheren Ebenen der Aura sehen. Wie immer sollten Sie sich für diese Übung einen ruhigen und dunklen Ort suchen. Wenn Sie keinen dunklen Ort finden, warten Sie bis zur

Dämmerung, um diese Technik zu üben. Ich denke, Sie sollten idealerweise einen Teil Ihres Hauses speziell für meditative Sitzungen und Übungen wie diese reservieren. Auf diese Weise müssen Sie nicht jedes Mal, wenn Sie üben wollen, einen neuen Ort zum Praktizieren finden. Außerdem gewöhnen sich Ihre Sinne an die Umgebung, wenn Sie immer wieder am gleichen Ort üben, was Ihr Erinnerungsvermögen und Ihre Konzentration steigern sollte.

- Setzen Sie sich mit dem Gesicht in Richtung einer weißen Wand und stellen Sie Ihre Füße fest auf den Boden. Stützen Sie Ihren Rücken gegen einen Stuhl.
- Konzentrieren Sie sich auf Ihren Atem und führen Sie eine kurze Atemübung durch, um sich in einen entspannten Zustand zu versetzen.
- Strecken Sie einen Ihrer Arme in Richtung der weißen Wand aus. Lassen Sie Ihre Handfläche zur Wand zeigen, während Sie Ihre Finger näher zusammenbringen. Verringern Sie sanft die Intensität Ihres Blicks und lassen Sie ihn weicher werden. Behalten Sie den weichen Blick bei, während Sie auf Ihre Hand schauen. Sie sollten nun beginnen, die Umrisse Ihrer Aura um Ihre Hand herum zu sehen.
- Spreizen Sie Ihre Finger langsam auseinander, während Sie den sanften Blick halten. Konzentrieren Sie sich auf den Raum zwischen Ihren Fingern und nehmen Sie wahr, was sich dort befindet.
- Mit der Zeit werden Sie beginnen, die Umrisse Ihrer Aura um Ihre Hand und Finger herum zu sehen. Anfänglich mag das Feld farblos sein. Aber mit der Zeit werden Sie anfangen, die verschiedenen Farben zu sehen, die es umgeben.
- Lassen Sie sich auf den Moment ein und beobachten Sie geduldig Ihre Hände und Finger.

Wenn Sie regelmäßiger üben, können Sie diese Übung auch bei Tageslicht oder ungünstigen Lichtverhältnissen durchführen. Nach einer Weile werden Sie nicht einmal mehr den weißen Hintergrund brauchen, um Ihre Aura zu sehen. Sie können trotzdem ein weißes Blatt Papier als Hintergrund verwenden, wenn Sie möchten.

Übung 3: Die Aura der anderen sehen

Sie können mit einem Partner üben, wenn Sie deren Aura vor einem weißen Hintergrund sehen wollen.

- Bitten Sie Ihren Partner, sich an die weiße Wand in Ihrem Übungsraum zu stellen. Er sollte ein paar Zentimeter entfernt stehen, damit er den weißen Hintergrund nicht berührt.
- Stellen Sie sich ein paar Meter von Ihrem Partner entfernt auf, damit Sie ihn von Kopf bis Fuß gut sehen können. Stellen Sie sicher, dass Sie auch die weiße Wand hinter der Person sehen können.
- Stellen Sie Ihre Füße fest auf den Boden und führen Sie eine kurze Atemübung durch.
- Schließen Sie die Augen für einen Moment und öffnen Sie sie dann wieder. Betrachten Sie mit sanftem Blick den ganzen Körper Ihres Gegenübers. Nehmen Sie alles wahr, was sich an der weißen Wand erhebt. Seien Sie nicht erpicht darauf, etwas Bestimmtes zu sehen. Beobachten Sie den Bereich einfach erwartungsvoll.
- Bald werden Sie sehen, wie die Aura um den Kopf und den Oberkörper aufsteigt. Dieser Teil der Aura ist am einfachsten zu sehen. Anfangs sieht sie farblos aus, aber nach ein paar konsequenten Übungen wird die Farbe erscheinen.

Um Auren sehen zu können, müssen Sie engagiert und geduldig bleiben. Mit der Zeit werden Sie zu einem wahren Maestro werden, der nicht einmal eine Übung braucht, um das aurische Feld zu sehen. Hören Sie nicht mit dem Üben auf, bis Sie diesen Punkt erreicht haben.

Was kommt nach dem Sehen der Aura? Natürlich das Lesen.

Aura-Farben und ihre Bedeutungen

Die Farben der Aura, ihre Schattierungen, ihr Ton, ihre Intensität und ihre Schärfe verraten viel über Ihr körperliches, emotionales, mentales und spirituelles Wohlbefinden. Im Folgenden erkläre ich die Bedeutung der verschiedenen Aura-Farben.

Sie können die Farbe als eine Art Welle definieren, die sich durch den Raum bewegt. Je nach dem Abstand zwischen den Spitzen der elektromagnetischen Wellen nehmen Ihre Augen unterschiedliche

Farben im Energiespektrum wahr. Mit anderen Worten: Ihr Gehirn interpretiert die Abstände zwischen den elektromagnetischen Wellen als Farben. Ihre Aura zeigt verschiedene Farben, weil ihre Energiekörper alle mit unterschiedlichen Frequenzen schwingen. Die Frequenzen und Wellen sind das, was Sie als Farben sehen, wenn Sie das aurische Feld betrachten. Beim Lesen der Aura geht es darum, die Farben zu interpretieren, die erscheinen, wenn Sie das Energiefeld sehen. Im Folgenden finden Sie einen kurzen und detaillierten Einblick in die Farben des aurischen Feldes und deren Deutung.

Rot

Wie Sie bereits wissen, ist Rot die Farbe des Wurzelchakras. Wenn Rot in der Aura eines Menschen auftaucht, ist das oft auf die eine oder andere Weise mit den Funktionen des Wurzelchakras verbunden. Diese Farbe erscheint in verschiedenen Schattierungen im aurischen Feld. Manchmal ist sie tief und kraftvoll, ein anderes Mal ist sie klar und hell wie der Tag. Eine andere Schattierung, die auftreten kann, ist fast schlammig, während einige unerträglich hell erscheinen. Jede Rotschattierung, die in der Aura erscheint, hat eine andere Bedeutung.

Rot erscheint typischerweise in der Aura von mutigen und furchtlosen Menschen, die bodenständig und in der Erde verwurzelt sind. Solche Menschen haben ein natürliches Verständnis für ihre physische Realität, und das erlaubt ihnen, die Wünsche der materiellen Welt anzunehmen. Wenn Sie Rot in Ihrem Aura-Feld sehen, bedeutet das, dass Sie leidenschaftlich, abenteuerlustig, dynamisch und unverfroren sind. Sie haben keine Angst vor der Sterblichkeit, vor Sinnlichkeit, übermäßigem Genuss und anderen Adrenalin-auslösenden Aktivitäten. Dunkles, schlammiges Rot deutet normalerweise darauf hin, dass eine Person mit negativen Emotionen und vergangenen Traumata belastet ist. Es kann auch für Erschöpfung, geringe Energie oder Überarbeitung stehen.

Orange

Diese Farbe erscheint in der Aura von Menschen, die viel Wert auf ihre Beziehungen und Interaktionen mit anderen legen. Orange strahlt freudige und positive Schwingungen aus. Die Farbe steht oft im Zusammenhang mit positiver Energie in Bezug auf Geld, Zeit, Lebensfreude, Liebe, Ressourcen und Arbeit. Wenn Sie Orange in Ihrem feinstofflichen Körper wahrnehmen, bedeutet das, dass Sie aufgrund Ihrer kontaktfreudigen und umgänglichen Persönlichkeit Teamarbeit lieben. Sie sind aber auch sehr scharfsinnig und dynamisch. Sie knüpfen schnell

Freundschaften mit Menschen, die Sie gerade erst kennen gelernt haben, weil Sie gut mit sozialen Interaktionen umgehen können. Orange bedeutet auch, dass Sie das Abenteuer lieben. Sie interessieren sich für alles, was die Welt Ihnen zu bieten hat, und das macht Sie zu einem Menschen, der den Nervenkitzel sucht. Da Sie sich nach neuen Erfahrungen und Abenteuern sehnen, kann es passieren, dass Sie süchtig nach Beziehungen werden oder es schwierig finden, sich auf eine einzige Beziehung festzulegen.

Gelb

Gelb in Ihrer Aura zeigt an, dass Sie ein starkes Selbstbewusstsein haben, nicht schüchtern sind und die Fähigkeit besitzen, in Ihrer Umgebung Gefühle von Größe und Autorität auszustrahlen. Gelb schwingt mit starken Schwingungen, die in der Regel vom Glück herrühren. Als jemand, der Gelb in seinem Energiefeld hat, sind Sie eine natürliche Führungspersönlichkeit. Sie wissen, wie man das Kommando übernimmt und die Meute anführt. Sie haben zusätzlich auch ein unglaublich hohes Energieniveau, was bedeutet, dass Sie nie müde werden, andere Menschen zu führen oder positiv zu motivieren.

Menschen mit gelber Aura sind von Natur aus voller Freude und Großzügigkeit und tendenziell attraktiv für andere Menschen. Dunkelgelb hat jedoch eine negative Konnotation. Wenn das Gelb einen dunklen Farbton hat und tief gefärbt ist, deutet dies darauf hin, dass Sie mit Selbstkritik, Selbstzweifeln, Selbstüberschätzung oder Perfektionismus zu kämpfen haben. Sie handeln also in erster Linie aus Ihrem egozentrischen Selbstgefühl heraus.

Grün

Grün in Ihrer Aura bedeutet, dass Sie bedingungslose Liebe empfinden und förmlich aus Ihrem Inneren herausstrahlen. Wann immer Sie in die Gegenwart von Menschen kommst, spüren diese Ihre Lebensenergie, weil deren magnetische Anziehungskraft sehr stark ist. Sie fühlen sich vielleicht sogar zu Tieren und zur Natur hingezogen. Sie neigen außerdem dazu, ein natürlicher Heiler zu sein. Wenn jemand in Ihre Gegenwart kommt, wird er sofort friedlich und entspannt. Grün in der Aura ist eine sehr kraftvolle Farbe. Im gesamten aurischen Farbspektrum ist Grün eine der ausgeglichensten Farben. Das bedeutet, dass Menschen mit einer grünen Aura auch sehr ausgeglichene Menschen sind. Wenn das Grün dunkel oder trüb ist, könnte das ein Zeichen dafür sein, dass Sie Gefühle von Neid und Eifersucht in Ihrem Energiefeld beherbergen.

Blau

Blau steht für eine Person mit tadellosen Kommunikationsfähigkeiten. Wenn Sie Blau in Ihrer Aura haben, bedeutet das, dass Sie immer Ihre ehrliche Meinung sagen und sich gut offen ausdrücken können; es gibt keine Einschränkungen. Das Blau im Energiefeld deutet auf eine starke Fähigkeit, klar mit anderen zu kommunizieren, hin. Je heller der Blauton in Ihrer Aura ist, desto positiver und friedlicher ist Ihre innere Energie.

Indigo

Indigo ist typischerweise bei intuitiven und sensiblen Menschen zu finden. Indigo ist ein dunklerer Blauton in der Aura und bedeutet, dass Sie sehr empfindsam sind. Starke intuitive Fähigkeiten lassen Sie Dinge erahnen, bevor sie überhaupt geschehen. Sie sind auf eine Art und Weise einfühlsam, die über die übliche Empathie der meisten Menschen hinausgeht. Sie sind von Natur aus ein suchender Mensch und nehmen die Welt als etwas Größeres als sich selbst wahr. Sie leben Ihr Leben, indem Sie sich dem natürlichen Fluss der Dinge anpassen. Nehmen wir einmal an, das Indigo in Ihrer Aura ist trübe. In diesem Fall könnte es bedeuten, dass Sie von Ihrem intuitiven Selbst getrennt sind und mit Selbstzweifeln und Unsicherheit zu kämpfen haben.

Violett

Violett ist das Gleiche wie die Farbe Lila. Ein violettes aurisches Feld bedeutet, dass Sie idealistisch sind und eine Vision für Ihre Zukunft haben. Sie können das große Ganze sehen und gleichzeitig die kleinen Details beachten. Sie haben ein hohes Maß an Originalität, was Sie zu einem innovativen, fortschrittsorientierten und offenen Menschen macht, was die Dinge im Allgemeinen betrifft.

Andere Farben der Aura sind:

- Rosa
- Magenta
- Weiß
- Türkis
- Beige

Obwohl die oben genannten Farben die Hauptfarben sind, die in der Aura der meisten Menschen erscheinen, können einige der nachstehenden Farben auch als Hauptfarbe in der Aura einer Person auftauchen.

Kapitel 9: Tägliche Übungen und positive Gewohnheiten zur Stärkung von Intuition und übersinnlichen Fähigkeiten

Wenn Sie Ihre psychische Entwicklung fortsetzen wollen, müssen Sie dabei aufgeschlossen bleiben. Am wichtigsten ist es, keine Erwartungen zu haben. Wenn Sie zu hohe Erwartungen haben und sie am Ende nicht erfüllen, kann Sie das ein paar Jahre zurückwerfen. Wenn Sie offenbleiben, können Sie sich voll und ganz auf jede übersinnliche Erfahrung einlassen, die Sie machen. Anstatt ängstlich darauf zu warten, dass Sie einen übersinnlichen oder intuitiven „Treffer" landen, konzentrieren Sie sich auf jeden einzelnen Moment und merken es schließlich vielleicht nicht einmal gleich, wenn Sie einen Treffer landen und mit Ihrer Intuition richtig liegen.

Wenn Sie nicht akzeptieren können, dass die Dinge zu ihrer eigenen Zeit geschehen, werden Sie wahrscheinlich kein guter Hellseher werden. Der Schlüssel liegt darin, dass Sie „dem Schicksal aus dem Weg gehen", damit Ihre hellseherischen Sinne die Kontrolle über Ihre Wahrnehmungen und Erfahrungen übernehmen können. Seien Sie jederzeit bereit, Ihre Gedanken loszulassen und sich einfach Ihren hellseherischen Sinnen zu überlassen.

Sie können jeden Tag bestimmte Dinge tun, um Ihre Intuition zu stärken und Schritt für Schritt fortgeschrittener zu werden. Eine Sache, die ich ungeübten Hellsehern in der Regel empfehle, ist regelmäßige Meditation. Die Meditation hilft Ihnen nicht nur, einen Einblick in Ihre Grundlagen zu bekommen, sondern ist auch entscheidend, um Ihren ruhigen Ort zu finden. In diesem Zusammenhang bezieht sich der ruhige Ort auf Ihre ketherische Vorlage, d.h. auf den Ort, an den Ihr Bewusstsein geht, wenn Sie sich in einer meditativen Sitzung befinden. Dies ist der Ort, an dem Sie mit Ihrem Geist, Körper und Ihren übersinnlichen Sinnen eins werden können. Sie werden es wahrscheinlich nicht beim ersten Versuch schaffen, aber Sie werden diesen Zustand schon bald erreichen, wenn Sie weiter regelmäßig üben.

Machen Sie sich die passive Beobachtung Ihres Umfeldes im Laufe Ihres Tages zur Gewohnheit. Das ist der Schlüssel zur Hellsichtigkeit. Der Sinn der hellseherischen Sinne besteht darin, dass Sie in der Lage sind wahrzunehmen, was anderen Menschen entgeht. Lassen Sie Ihr Ego nicht die Oberhand gewinnen, wenn Sie Ihre hellseherischen Fähigkeiten stärken. Urteilen Sie nicht über sich selbst. Kritisieren Sie sich nicht. Setzen Sie sich nicht unter Druck. Wenn Sie einen Freund haben, der ebenfalls übersinnliche Entwicklung betreibt, aber weiter fortgeschritten zu sein scheint als Sie, verurteilen Sie sich nicht und lassen Sie sich nicht frustrieren. Angenommen, Sie drücken in einem solchen Szenario negative Gefühle aus, kann dies ein Zeichen dafür sein, dass Ihr Antrieb zu egozentrisch ist und aus diesem Grunde scheitert. Anstatt das Sie sich mit den Fortschritten anderer beschäftigen, konzentrieren Sie sich auf sich selbst. Bleiben Sie den Empfindungen in Ihrem Körper gegenüber offen. Beobachten Sie die Worte, die Ihnen durch den Kopf gehen, und die Bilder, die oft auftauchen. Wenn Sie all das tun, wird es Ihnen leichtfallen zu erkennen, wenn Sie eine übersinnliche Botschaft erhalten.

Suchen Sie sich ein Tagebuch, in dem Sie Ihre täglichen Erfahrungen mit psychischen Spuren festhalten können. Halten Sie die Spuren und Tests fest. Wenn Sie versagen, schreiben Sie auf, warum Sie das Gefühl haben, versagt zu haben. Und wenn Sie es richtig gemacht haben, schreiben Sie auf, was Sie für den Grund halten, das etwas gut funktioniert hat. Sie können jederzeit auf die Informationen zurückblicken, die Sie in Ihrem Tagebuch notiert haben, um ein Muster zu finden oder den Fortschritt Ihrer Entwicklung zu beurteilen.

Da Sie auch lebhaftere Träume und Albträume haben werden, sobald Sie mit der psychischen Entwicklung beginnen, schreiben Sie die Träume am besten auch auf. Manchmal kommen Botschaften vom Dritten Auge durch diese lebhaften Träume bei Ihnen an. Wenn Sie Ihre Träume nicht aufschreiben, wird es Ihnen schwerfallen, ein wiederkehrendes Muster in Ihren Träumen zu erkennen. Das Führen eines Tagebuchs ist sehr hilfreich, weil es Ihnen die Möglichkeit gibt, sich selbst Feedback zu geben und Ihr spirituelles Wachstum zu bewerten. Sie können nie etwas falsch machen, wenn Sie sich selbst eine Rückmeldung über Ihre Leistung und persönliche Entwicklung geben.

Wenn man gerade erst mit der spirituellen Entwicklung beginnt, ist das immer sehr aufregend. Aber es ist leicht, die Aufregung und den Enthusiasmus zu verlieren, wenn Sie keinen Weg finden, die Übungen in Ihre tägliche Routine einzubauen. Außerdem ist dies eine Sache, die Sie vielleicht nicht in Gegenwart anderer Menschen lernen wollen. Der Prozess an sich ist schon anfällig, aber wenn dann noch Leute hinzukommen, die das Ganze nicht verstehen, könnte es für Sie noch schwieriger werden. Der Schlüssel liegt darin, einen Weg zu finden, mit sich selbst umzugehen, ohne sich Gedanken über die Beurteilung durch die Menschen um Sie herum zu machen. Wie schaffen Sie es also, täglich genug zu üben, ohne dass Sie jemand schief anschaut?

Nun, ich habe drei einfache spirituelle Übungen für Sie, die Sie täglich machen können. Sie sind alle leicht selbst auszuprobieren, Sie brauchen also keinen Partner. Und vergessen Sie nicht, Ihre Erfahrungen mit diesen Übungen aufzuschreiben.

- **Übung 1: Erraten Sie den nächsten Song**: Dies ist eine großartige und lustige Übung, mit der Sie Ihre hellseherischen Fähigkeiten trainieren können, wenn Sie allein im Auto Radio hören. Ich mag diese Übung, weil man sie auch machen kann, wenn man nicht im Auto sitzt. Wenn Sie den Musikplayer oder das Radio eingeschaltet haben und Ihre Ohrhörer eingesteckt sind, können Sie loslegen. Während Sie einen Song im Radio, auf Apple Music, Spotify oder einer Ihrer Musik-Apps hören, lassen Sie Ihre Gedanken mitten im Lied abschweifen. Dann, kurz vor dem nächsten Lied, holen Sie Ihre Gedanken zurück und versuchen, den Titel des nächsten Liedes zu erraten, bevor es losgeht. Vielleicht hören Sie den Anfang des Liedes sogar in Ihrem Hinterkopf, bevor es zu spielen beginnt.

- **Übung 2: Quiz-Show:** Obwohl diese Übung „Quiz-Show" heißt, ist sie eine lustige Übung. Sie könnte Sie sogar richtig umhauen.

Diese Übung geht sehr schnell, d. h. Sie können nicht lange über Ihre Antworten nachdenken. Wenn Ihnen eine Frage gestellt wird, sagen Sie sofort das Erste, was Ihnen in den Sinn kommt. Sie werden eine Menge interessanter Antworten geben. Manchmal werden Sie sich daran erinnern können, wie und warum Sie die Antwort auf die Frage wissen. Zu anderen Zeiten wissen Sie bestimmt nicht, warum oder woher Sie die Antwort wissen. Nehmen wir einmal an, Ihre psychische Entwicklung ist schon etwas in Gang gekommen. In diesem Fall werden Sie sich bei der Quiz-Übung oft fragen: „Woher weiß ich das?". Wichtig ist, dass Sie sich bewusst machen, wie Sie die Antwort erhalten haben. Überlegen Sie, ob die Antwort auf eine Erfahrung zurückzuführen ist, die Sie bereits gemacht haben, oder auf etwas Neues, zum Beispiel auf Ihre Intuition. Was auch immer es ist, vergessen Sie nicht, es aufzuschreiben.

Wenn Sie einen Freund oder eine Freundin haben, der/die bereit ist, Ihnen beim Üben zu helfen, können Sie die folgende Übung mit ihm/ihr durchführen.

- **Telemetrie:** Wenn Ihr Freund ein Familienerbstück oder einen anderen Gegenstand besitzt, der ihm nicht gehört, können Sie ihn für Telemetrieübungen verwenden. Stellen Sie sicher, dass Ihre Freunde wissen, wer der wahre Besitzer des Gegenstandes ist/war. Der Gegenstand kann beliebig sein, als von einer Uhr über ein Bild bis hin zu einer alten Münze kann funktionieren. Benutzen Sie den Gegenstand zur Meditation und schreiben Sie Ihre Gefühle während der Meditationssitzung auf. Erzählen Sie dann Ihrem Freund oder Ihrer Freundin, was Sie gesehen haben, und finden Sie heraus, ob Sie bei einigen der Informationen richtig liegen.

Die oben genannten Übungen lassen sich leicht in die tägliche Routine integrieren, Sie müssen also keine Angst haben, dass Sie etwas verpassen. Wenn Sie die Übungen jeden Tag konsequent durchführen, werden sie sogar schnell zur Gewohnheit. Vergessen Sie dabei nicht Ihre tägliche Meditation und Affirmation und Ihre Ernährungsumstellung. Diese Dinge mögen einzeln weniger wichtig erscheinen, aber zusammen können sie eine große Veränderung in Ihrem Leben bewirken.

Fazit

Hellsichtigkeit mag eine angeborene Fähigkeit sein, aber man braucht Übung und ausdauernde Disziplin, um diese Fähigkeit richtig zu nutzen. Die psychische Entwicklung kann ein mühsamer und langwieriger Prozess sein. Vergewissern Sie sich, dass Sie die richtige mentale Einstellung haben, bevor Sie mit dem spirituellen Erwachen beginnen. Es ist wichtig, dass Sie Ihr Drittes Auge nicht öffnen, bevor Sie sich sicher sind, dass Sie mit den Konsequenzen umgehen können. Scheuen Sie sich nicht davor, auf Ihrem Weg des psychischen Erwachens diejenigen um Rat zu fragen, die diese Erfahrung bereits gemacht haben. Das kann Ihnen eine große Hilfe sein. Abschließend empfehle ich Ihnen: Lassen Sie Ihr Ego los, bevor Sie beginnen!

Hier ist ein weiteres Buch von Mari Silva, das Ihnen gefallen könnte

Referenzen

Chopra. "Welcome to the new Chopra.", http://www.chopra.com

Hay House. "Daily Affirmations & Inspirational Stories, Meditations, & Videos By Hay House Authors.", http://www.healyourlife.com

Forever Conscious. "Forever Conscious.", https://foreverconscious.com/

Gabrielle Bernstein. "Gabby Bernstein - #1 NYT Best Selling Author, Speaker & Spirit Junkie.", http://gabbybernstein.com

Perfectly at Peace. "Home - Perfectly at Peace." August 6, 2017. https://perfectlyatpeace.com/

LonerWolf. "Walk the path less traveled * LongerWolf.", https://lonerwolf.com

LostWaldo. "LostWaldo.", https://lostwaldo.com/

ScoopWhoop. "ScoopWhoop - Breaking News, Trending News & Latest Bollywood News.", http://www.scoopwhoop.com

United Church of God. "United Church of God.", https://www.ucg.org/

Are Auras Real? 15 FAQs About Color, Meaning, More. (2018, December 3). Healthline. https://www.healthline.com/health/what-is-an-aura

Are you Psychic? 7 Psychic Abilities You Might Have. (2020, October 21). The Carousel. https://thecarousel.com/wellness/psychic/

Clairvoyance | History of ideas and intellectual history. (n.d.). Cambridge University Press. Retrieved from https://www.cambridge.org/nz/academic/subjects/history/history-ideas-and-intellectual-history/clairvoyance?format=PB

Deb, S. (2020, April 22). *Energy Reading Study Guide | How to Read Energy | TheMindFool.* TheMindFool - Perfect Medium for Self-Development & Mental Health. Explorer of Lifestyle Choices & Seeker of the Spiritual Journey.

https://themindfool.com/energy-reading/

How To Clear and Remove a Psychic Blockage. (n.d.). Soul Truth Gateway

Out-of-Body Experiences: The Psychology of Seeing Auras. (n.d.). Psychology Today. Retrieved from https://www.psychologytoday.com/nz/blog/ten-zen-questions/201907/out-body-experiences-the-psychology-seeing-auras

[PDF] PSYCHIC PROTECTION AND ENERGY CLEARING - Free Download PDF. (n.d.). Silo.Tips. Retrieved from https://silo.tips/download/psychic-protection-and-energy-clearing

Signs Your Third Eye Is Starting To See. (n.d.). Holy City Sinner. Retrieved from https://www.holycitysinner.com/2020/01/22/signs-your-third-eye-is-starting-to-see/

The Human Aura Manual compiled by Dr Gaynor du Perez. (n.d.). http://www.study365.co.uk/wp-content/uploads/2018/08/Module-13-The-Aura.pdf

Third Eye Chakra Healing For Beginners: How To Open Your Third Eye. (2017, October 19). The Law Of Attraction. https://www.thelawofattraction.com/third-eye-chakra-healing/

Writer, C. (2014, January 30). *SENSING ENERGY: 5 strategies to read people's emotional energy.* The Mindful Word. https://www.themindfulword.org/2014/sensing-emotional-energy

www.ingramcontent.com/pod-product-compliance
Lightning Source LLC
Chambersburg PA
CBHW072156200426
43209CB00052B/1278